KB201488

우리는 우리를 얼마나 알까?

우리는 우리를 얼마나 알까? : 마음대로 풀어 쓴 『섭대승론』

발행일 초판2쇄 2019년 11월 5일(己亥年 甲戌月 丙午日) | **지은이** 무착 스님 | **풀어쓴이** 정화
펴낸곳 북드라망 | **펴낸이** 김현경 | **주소** 서울시 종로구 사직로8길 24 1221호(내수동, 경희궁의아침 2단지) |
전화 02-739-9918 | **이메일** bookdramang@gmail.com

ISBN 979-11-90351-00-3 03220 | 이 도서의 국립중앙도서관 출판예정도서목록(CIP)은 서지정보유통지원
시스템 홈페이지(http://seoji.nl.go.kr)와 국가자료종합목록 구축시스템(http://kolis-net.nl.go.kr)에서 이용
하실 수 있습니다.(CIP제어번호: CIP2019035187) | **Copyright © 정화** 이 책은 저작권자와 북드라망의 독점
계약에 의해 출간되었으므로 무단전재와 무단복제를 금합니다. 잘못 만들어진 책은 서점에서 바꿔 드립니다.

책으로 여는 지혜의 인드라망, 북드라망 www.bookdramang.com

우리는 우리를 얼마나 알까?

마음대로 풀어 쓴 『섭대승론』 무착 스님 지음 정화 풀어 씀

BookDramang
북드라망

머리말

신체의 내외부(內外部)에서 발생한 감각정보를 수용하고 해석한다는 것은 눈 등의 감각기관이 갖고 있는 수용체의 한계(예를 들어 가시광선밖에 볼 수 없는 눈의 한계)와 기억정보를 재구성해 수용된 감각정보를 해석할 수 있는 한계 안에서 이루어질 수밖에 없습니다. 한계 밖은 없는 것과 같다는 것입니다. 수용된 정보를 해석하는 토대가 되는 기억정보가 사람마다 다를 수밖에 없으므로(일란성 쌍둥이도 다르다고 합니다) 같은 것을 본다고 하더라도 엄밀하게 말하면 같은 것을 봤다고 하기 어렵다는 것이지요. 각자가 해석한 것이 내외부의 사건·사물이 된다는 것입니다.

아직까지는 약 3만 년 전에 세팅된 뇌의 해석 시스템에 의거해 정보를 수용하고 해석하는 것이 이해의 중심축이 되고 있다고 합니다(그 사이에 뇌의 진화적 변이가 크게 일어나지 않았다는 것이지요). 그러다 보니 수행을 통해 뇌의 해석 지도가 바뀌면서 (뇌 시냅스 연결망의 유연성이 있기 때문에 가능한 일입니다) 나타나는 내부영상을 바탕으로 설했던 수행자들의 이야기가 뜬구름 잡는 이야기처럼 들리기도 했습니다. 예를 들어, 보이는 것은 자신의 마음이 만든 환상, 곧 마음이 홀로그램과 같은 영상을 만들고, 그 영상을 외부에 투사해 놓고, 그것을 외부의 실재라고 착각한 것이라는 이야기 등입니다.

이와 같은 이야기가 뜬구름 잡는 이야기가 아니고 세계 이해의 사실이라는 것을 알게 된 것은 뇌에 대한 연구가 깊고 넓게 이루어지면서부터라고 하겠습니다.

『섭대승론』(攝大乘論)은 4~5세기 무렵에 활약한 무착(無着, Asanga) 스님께서 '인식의 토대'와 '인식현상' 그리고 집착을 내려놓는 방법 등을 자세히 밝힌 책입니다. 이 책에서는 부처님께서 설파하신 연기법, 곧 생명계가 하나의 생명공동체라는 가르침을 기반으로 바라밀 수행을 한다면, 인식의 토대가 전환되면서 깨달음을 성취하게 된다고 이야기하고 있습니다.

제가 『우리는 우리를 얼마나 알까?』라는 제목으로 이 책의 가르침을 풀어 쓴 것은 무착 스님께서 생명계 그 자체가 앎의 네트워크라는 것을 전제로 『섭대승론』을 썼다고 생각했기 때문입니다. 무착 스님의 말씀은 앎이 작용하는 인지시스템을 잘 이해하는 것이 수행의 토대이면서 인식의 토대를 전환할 수 있는 바탕이 된다는 것이지요.

무착 스님의 가르침을 이해하는 데는 대만의 인순(印順) 스님께서 강의하신 내용을 정리한 『섭대승론강기』(『攝大乘論講記』, 台北:正聞出版, 1992)라는 책의 도움이 컸습니다. 두 분 스님의 가르침을 제 나름대로 이해하고 풀어 쓰면서 원문 번역에 충실했다기보다는 이해된 내용을 본문처럼 썼다고 할 수 있습니다. 그러므로 허물이 있다면 그것은 모두 저의 탓입니다.

이 책이 나오기까지 반야화, 강성우 보살님과 북드라망 식구들의 도움이 많았습니다. 아울러 부족한 저의 이야기를 끝까지 경청해 주신 분들이 있었기에 부족함을 무릅쓰고 이 책을 쓸 수 있었습니다. 감사드립니다.

모두들 건강하고 평안하며 행복하십시오.

정화 합장

차례

머리말 5

1장

들어가는 말 15

1. 대승이 수승(殊勝)한 까닭 16
2. 마음활동의 근거와 양상 19

2장

인식의 토대 아뢰야식: 기억정보 25

1. 아뢰야식에 대한 논거 26
    1) 아뢰야식과 아타나식을 설명한 경론 26
    2) 아뢰야식에 상당하는 이름들 32
2. 아뢰야식에 대한 논리적 근거 36
    1) 아뢰야식에 대한 개념 정리 36
    2) 청정한 인식과 오염된 인식의 토대 49

3) 종자의 특성과 종자화된다는 것 68

4) 아뢰야식은 선도 악도 아니다 74

3장
—

인식의 활동양상 77

1. 인식현상의 세 가지 모습 78

   1) 의타기상 : 인지시스템 81

   2) 변계소집상 : 허망분별 82

   3) 원성실상 : 집착 없는 앎 83

2. 알려진 것은 마음이 만든 이미지 85

   1) 본다는 것 88

   2) 인식된 것은 기억정보를 재구성한 환상 91

   3) 인식주체도 실재하지 않음 95

3. 세 가지 마음현상에 대한 정리 97

4. 세 가지 마음현상의 같음과 다름(1) 101

5. 세 가지 마음현상의 같음과 다름(2) 106

6. 대승경론을 관통하는 가르침 : 세 가지 마음현상 110

   1) 원성실성의 네 가지 특징 110

   2) 경론의 이야기 113

   3) 깨달음의 근거 : 지성과 불성 117

   4) 기억정보에서 의식으로의 전환 121

   5) 보살수행자가 성취한 서른두 가지 공덕 124

4장
—

인식현상 알아차리기 129

1. 학습과 마음챙김 130

2. 깨달음을 이루는 마음상태 132

3. 연기적 자아를 깨달음 134

4. 집착 없는 마음 씀 138

5. 무분별상태를 경험함 139

6. 견도 직전의 수행 경험 142

    1) 난위 : 순결택분 142

    2) 정위 143

    3) 인위 144

    4) 세제일법 146

7. 도를 봄(見道) 147

    1) 견도에서의 마음챙김 147

    2) 논서의 이야기 152

5장
—

육바라밀 수행 157

1. 유식관 158

2. 자리이타를 완성하는 수행 161

    1) 육바라밀 수행이 수승한 까닭 164

    2) 수행(因)과 성취된 공덕(果)의 관계 165

    3) 육바라밀의 순서를 보시부터 정한 까닭 167

4) 육바라밀을 닦는 방법 170

5) 심상 만들기의 중요성 171

6) 바라밀 수행을 찬탄함 174

6장

체화된 선정과 지혜의 강도 차이 181

1. 견도 이후의 지혜작용 182

2. 견도 이후의 열 단계 명칭 184

3. 각 단계의 특징을 다시 설명함 193

4. 각 단계에서 성취한 선정의 깊이와 지혜의 넓이 199

5. 마음챙김 201

　　1) 지관(止觀) 수행 201

　　2) 십바라밀 수행 206

6. 분별을 넘어서는 의식의 확장 209

7장

계율, 선정, 지혜를 강도 높게 체화함 215

1. 계율을 체화함 216

2. 선정을 체화함 220

　　1) 선정의식이 수승한 까닭 220

　　2) 보살의 열 가지 원 227

　　3) 보살수행자의 깨달음이 깊은 까닭 233

　　4) 반어법으로 본 보살수행 238
　　5) 부처님의 가르침이 깊은 까닭 242
3. 지혜를 체화함 246
　　1) 무분별지의 특징 246
　　2) 법신보살의 의식현상 249
　　3) 무분별지의 종류 261
　　4) 경전의 이야기를 인용함 263
　　5) 보살의 지혜가 수승한 까닭 268

8장

인식토대의 전환 273

1. 전환의 의미 274
2. 전의의 과정 275
3. 게송으로 정리 280

9장

전환된 인식의 토대 283

1. 지혜가 체화된 세 가지 몸 284
2. 법신부처님에 대한 설명 286
　　1) 깨달음이 체화됨 286
　　2) 자리이타를 위한 지혜를 성취함 293
　　3) 지혜를 자재하게 씀 294

4) 법신을 의지처로 삼는 것들 297

5) 법신이 성취한 수행공덕 300

6) 같기도 하고 다르기도 한 법신 305

7) 법신과 상응하는 공덕 306

8) 깊고 깊은 수행공덕 321

9) 염불수행 331

10) 법신보살의 보살행 338

3. 법신보살의 회향 340

1) 하나 된 생명공동체 340

2) 중첩된 생명현상 344

3) 생사 속에서 열반을 삶 345

4) 수용신은 자성신이 아님 346

5) 변화신은 자성신이 아님 348

6) 빈 마음인 여래신 352

7) 공덕을 나누는 머묾 없는 변화신 354

8) 법신보살의 큰 울림 356

10장

나가는 말 359
359

들어가는 말

1장 _ 들어가는 말

1. 대승이 수승(殊勝)한 까닭

아비달마 대승경을 보면 몸과 마음에서 일어나는 모든 현상을 있는 그대로 관찰하여 생명체들이 온전한 생명활동을 할 수 있는 근거가 되는 지성, 곧 불성을 깨달아 대승의 경지에 든 보살님들의 이야기가 많이 나옵니다. 이분들의 가르침에 따르면 낱낱의 생명활동은 생명계 전체가 그물망처럼 상호관계를 맺으면서 이루어지고 있다는 것입니다. 낱낱 그물코와 같은 개체의 생명활동이 전체의 생명활동과 연계되어 있으면서도 개체의 삶이 전체의 부분으로 존재하는 것이 아니라 온전히 자신의 세계를 이룬다는 이야기입니다. 생명계 전체가 하나의 수레(一乘), 곧 큰 수레(大乘)를 함께 타고 있는 것과 같다는 것이지요. 그러면서도 낱낱 생명체의 모습이 그 모습 그대로 대승의 모습이며, 낱낱 대승의 모습이 중첩된 것이 다시 하나의 생명계가 된다는 것입니다. 낱낱 수레이면서 대승이 되는 생명활동은 한계를 가진 듯하지만 실제로는 한계가 없이 크기에, 크다는 말이 상대적으로 크다는 뜻도 아닙니다. 이와 같은 생명계와 생명계의 지성활동을 깨달은 분들은 그 가르침을 펼치지 않을 수 없었을 것입니다. 시공의 전 역사가 하나하나의 생명활동에 연계되어 있다는 것을 알았기 때문입니다. 이와 같은 가르침이 대승의 법문이며, 대승의 법문이 수승한 까닭도 여기에 있다고 하겠습니다.

하여 대승의 법문이 수승한 까닭을 열 가지로 정리해 보았습니다.

첫째, 중생심의 근거, 곧 아뢰야식에 대해서 자세히 설명했으며, 인식토대의 전환이 이루어지고 나면 뭇 생명의 마음 씀 하나도 불성의 작용이 아닌 것이 없다는 것을 설했기 때문입니다(2장).

둘째, 중생심이 작용하는 양상에 대해서 자세히 설명하였기 때문입니다(3장).

셋째, 뭇 생명의 마음작용은 상속된 생명정보와 학습된 기억정보에 의해서 일어난다는 것을 자세히 설명했을 뿐만 아니라 마음살핌을 통해서 기억정보를 지혜정보로 전환할 수 있다는 것을 보여 주고 있기 때문입니다(4장).

넷째, 깨달은 경험을 살려 마음살핌을 시작하는 수행자들의 길잡이가 될 수 있는 방법론, 곧 인식의 근거를 꿰뚫어 알아차릴 수 있는 수행방법론이 뛰어나기 때문입니다(5장).

다섯째, 수행을 통해 이르게 되는 수행결과가 수행자마다 다를지라도 궁극적으로는 생명계의 지성활동, 곧 법계의 불성활동과 계합하는 생명활동을 하게 된다는 것을 이야기하고 있기 때문입니다(6장).

여섯째, 수행과정에서 익히게 된 절제된 습관은 허물을 짓지 않게 할 뿐 아니라 이타행의 기반을 닦는 것이 된다는 것을 설명했기 때문입니다(7장:계율을 체화함).

일곱째, 선정체험은 법계의 불성이 들려주는 법문을 듣게 할 뿐만 아니라 들은 법문이 인식의 근거인 기억정보층에 영향을 주어 자리이타(自利利他)의 보살행이 체화될 수 있다는 것을 설했기 때문입니다(7장:선정을 체화함).

여덟째, 체화된 자리이타의 마음이 보살의 신체를 만들어 보살의 지혜를 자재하게 쓸 수 있게 한다는 것을 설했기 때문입니다(7장:지혜를 체화함).

아홉째, 보살수행자들은 생사에도 머물지 않고 열반에도 머물지 않으면서 대승으로 하나 된 생명계 전체가 자리이타의 마음을 쓸 수 있는 인연을 만드는 가르침이기 때문입니다(8장).

열째, 생명계 전체가 큰 수레를 함께 타고 있으면서도 생명체마다 자신의 세계를 사는 것이므로, 깨달았다는 것은 자신의 세계를 부처의 세계로 만들었을 뿐만 아니라 함께 살아가는 생명체들에게 부처의 향기를 나누는 것과 같다는 것을 알게 하기 때문입니다(9장).

이와 같은 열 가지 수승하고 수승한 경지를 성취한 부처님들의 말씀은 대승인 생명계 전체를 위한 가르침이 될 수밖에 없습니다.

2. 마음활동의 근거와 양상

대승경론은 깨달은 분들이 경험한 대승의 세계를 드러낸 말씀이면서 새롭게 보살수행을 시작한 수행자들의 길잡이가 됩니다. 그렇기에 보살수행을 성취한 분들께서도 대승의 가르침을 다시 이어 가는 것입니다.

우선 대승경론에서 말씀하고 있는 뭇 생명들의 마음활동의 근거와 양상을 간략하게 열 가지로 정리해 보겠습니다.

첫째, 뭇 생명들이 펼치고 있는 마음작용의 근거, 곧 인식의 토대로서 생명정보와 기억정보의 총체인 아뢰야식이 있다는 것입니다(2장).

둘째, 아뢰야식을 의지해서 세 가지 마음작용이 일어나고 있다는 이야기, 곧 기억정보를 토대로 감수된 정보에 대한 심상을 만들고(의타기성[依他起性]), 만들어진 심상에 대한 지각을 하면서 그 이미지를 실재로 착각하는 인식을 하며(변계소집성[遍計所執

性]), 수행을 통해 실재라고 아는 것이 실제로는 기억정보가 만든 환상이라는 것을 꿰뚫어 아는 원성실성(圓成實性)을 이야기하고 있다는 것입니다(3장).

셋째, 생명체마다 다른 모습을 갖고 다른 생각을 하는 것은 그와 같은 것을 주도하는 실체가 있어서 그렇게 하는 것이 아닙니다. 살아온 날들의 기억이 현재의 인연을 재구성해서 그렇게 의식하게 하는 것입니다. 기억정보들이 종자처럼 있다가 인연 따라 특정한 양상으로 감수된 정보를 해석하는 데 주도적인 역할을 한다는 것이지요. 그렇기에 기억정보의 창고(이는 비유입니다)로서 인식의 토대가 되는 아뢰야식이 뭇 생명들의 생명활동을 주도하는 근거가 된다는 것입니다(4장).

넷째, 인식한다는 것은 기억종자가 내부이미지인 심상을 만들고 그에 상응하는 언어개념을 통해 사건·사물들을 알아차리는 활동이라고 할 수 있습니다. 그렇기 때문에 이름에 따라 분별된 사건·사물들을 온전히 다른 실재라고 여기게 됩니다. 언어분별을 내려놓지 않으면 대승의 생명세계를 온전히 알아차리기가 어려운 까닭도 여기에 있습니다. 그와 상대하여 보살수행자가 수행을 통해 분별을 바탕으로 사건·사물을 이해하는 영역의 활동이 쉬게 되어 하나 된 생명계를 깨닫게 되면, 생명활동을 한다는 것은 생명체들마다 이웃과 손잡고 함께하고 있는 것이라는 것을 체험하게 됩니다. 개체의 삶을 온전히 살기 위해서는 함께 살아가야 하는 생명활동을 해야만 한다는 것을 알게 된 것이지요. 그러므로 보살수행자는 생명계의 지성, 곧 불성의 작용과 융합한 마음 씀을 이루기 위해서는 육바라밀 수행을 해야 되고, 이를 통해 개체로서의 삶만을 위한 삶을 잘 사는 삶이라고 여기는 중생심을 내려놓을 수 있다는 가르침을 펼치게 된다는 것입니다(5장).

다섯째, 보살수행자가 육바라밀 수행을 하게 됨으로써 성취하게 되는 수행의 성취단계를 열 가지 단계로 자세하게 설명하고 있는 것입니다(6장).

여섯째, 육바라밀을 수행하는 보살수행자는 생명체 모두가 하나 된 생명계에서 개체로서의 삶을 살아간다는 것을 온전히 이해하고, 그와 같은 이해를 신체화해 가는 수행을 하는 수행자라고 할 수 있습니다. 보살수행자는 언어의 분별을 기반으로 하는 삶은 삶의 한쪽만을 보는 것에 지나지 않음을 알았을 뿐만 아니라 그와 같은 앎과 실천이 인식의 토대인 아뢰야식의 종자, 곧 기억정보로부터 생겨난 것이며, 생겨난 것이 다시 분별하는 기억정보를 강화한다는 것을 알았기 때문입니다. 이와 같은 체험은 분별을 넘어서는 수행정보가 아뢰야식에 스며들어 절제된 행동을 할 수 있게 한다는 것을 체험한 결과라고 할 수 있습니다. 계율에 대한 수행정보가 증장되어야 인식의 토대와 실천방향이 대승의 생명계와 부합하는 기반을 만들어 가게 된다는 것입니다(7장: 계율을 체화함).

일곱째, 생명계를 대승으로 보는 이해와 지계 수행이 강화되고, 무분별이 작용하는 선정의식을 경험하게 되면, 곧 법계의 지성과 상응하는 능가삼매나 허공장삼매를 경험하게 되면, 대승에 대한 이해와 삼매 경험이 상승작용을 일으켜 지혜정보가 작용하는 인식토대를 증장할 수 있게 된다는 것입니다(7장:선정을 체화함).

여덟째, 아뢰야식에서 지혜정보가 증장하여 특정 임계점을 넘었다는 것은 이전의 분별작용이 더 이상 현재 의식에 영향을 줄 수 없게 됨으로써 보살의 지혜를 마음대로 펼칠 수 있게 됐다는 것입니다(7장:지혜를 체화함).

아홉째, 선정의식으로 생명계의 지성이 펼치는 앎의 세계와 융합하게 되면, 분별된 이미지에도 머물지 않고 분별 없는 이미지에도 머물지 않으면서 인연 따라 적의적절한 지혜를 쓸 수 있게 됩니다. 우리의 몸이 지혜의 몸이 됐다는 것이지요. 이는 생명계가 펼치는 삶의 흐름(法界等流)과 함께하는 법신의 세계에 들어가게 됐다는 것입니다(8장).

열째, 법신의 세계에 들어갔다는 것은 자신의 신체가 법신이 됐다(自性身)는 것이며, 인연 따라 지혜로운 인식활동을 한다는 것이므로 어떤 인연에도 걸림 없는 지혜(受用身)를 쓸 수 있으며, 인연 따라 심상을 자유자재로 변용할 수 있는 힘을 성취(變化身)했다는 것입니다(9장).

대승의 가르침을 듣고 수행을 성취해 법신이 됐다는 것은 앞의 열 가지 지혜 활동을 자재하게 펼칠 수 있다는 것을 뜻합니다. 대승의 가르침을 실천하는 보살수행자의 수행 내용과 방법이 생명계(法界)의 지성활동(佛性)과 온전히 융합하는 것이기 때문입니다. 그러므로 보살의 삶, 곧 가장 온전한 자기의 삶을 살기로 작정한 수행자는 수승하고 수승한 대승경론의 가르침을 잘 이해하고, 이해된 내용이 일상의 삶에서 온전히 드러나도록 하는 수행을 해야 할 것입니다.

이와 같이 수승한 가르침을 설명하고 있기에 대승의 가르침이야말로 부처 되는 온전한 가르침이라고 할 수 있습니다. 대승의 가르침을 수행해야 부처의 지혜인 모든 것을 아는 지혜(一切智智)를 성취할 수 있다는 것이지요.

그렇다면 위의 열 가지 순서는 어떻게 정해진 것일까요?

먼저 중생심이 펼쳐지는 원인에 대해서 알아봐야 했습니다. 원인을 알아야만 인연 따라 일어나는 마음작용에 대해서도 알 수 있기 때문입니다. 마음이 일어나고 사라지는 인연을 잘 살펴보면 마음이 변한다는 것은 인식의 토대가 전환되는 것이지 마음이 커진다거나 줄어든다는 것이 아니라는 것을 알 수 있다는 것입니다. 그래서 마음이 일어나는 근거인 아뢰야식, 곧 인식의 토대(所知依)와 이에 근거한 인식의 양상(所知相)에 대해서 먼저 이야기했습니다.

나아가 모든 사건·사물들이 인연 따라 발생한 줄 알아야 바른 수행을 할 수 있으며, 일상의 의식작용에 나타난 심상은 말할 것 없고 수행의 결과로 나타난 심상들도 기억의 자모음과 지혜의 자모음에 의해 만들어진 것들로 실재하는 것이 아니라는 것을 알아야 집착으로 인해 발생하는 마음작용이 없어질 수 있으므로 다음 순서로 아뢰야식이 생명활동의 근거라는 이야기를 했습니다.

더 나아가 중생심의 작용양상에 대해서 통달하고 육바라밀 수행을 가열차게 하게 되면 육바라밀을 수행하는 습관의 강도가 커지게 되면서 마침내 수행에서 후퇴하는 일이 일어나지 않는 신체가 될 것이며, 마음작용도 청정하게 될 것이므로 네번째로 보살수행인 육바라밀법을 이야기했습니다.

그러다가 육바라밀을 닦고자 하는 마음이 마음작용마다 저절로 일어날 수 있을 만큼 신심이 청정하게 된다면 보살수행의 근거를 확실하게 이룬 초지에 이르게 되고(다섯번째), 이를 바탕으로 수행이 지속되면서 보살로서의 실천행과 마음 씀이 점점 확고하게 커지게 되면서, 곧 제2지를 지나 제8지에 오르게 되면서 보살로서의 삶이 원만해지게 되며(6~8번째), 마침내 모든 장애를 넘어선 머묾 없는 열반을 성취하고(아홉번째), 위없는 지혜를 뜻대로 쓸 수 있는 부처가 되므로(열번째), 순서를 그렇게 정했습니다.

대승의 수행자는 누구라도 이와 같은 수행 단계를 지나 마침내 궁극의 깨달음에 이르게 된다는 것이지요.

2장

인식의 토대
아뢰야식:
기억정보

2장 _ 인식의 토대 아뢰야식: 기억정보

1. 아뢰야식에 대한 논거

1) 아뢰야식과 아타나식을 설명한 경론

중생들의 삶을 중생답게 하는 인식의 토대, 곧 중생들이 의지하는 삶과 인식의 근거는 기억과 기억정보들의 창고라고 할 수 있는 아뢰야식입니다. 아뢰야식이라는 말은 부처님께서 아비달마 대승경의 게송 가운데서 중생세계가 펼쳐지는 세상의 모든 사건·사물에 대한 이해가 아뢰야식을 의지해서 발생하며, 다양한 중생세계와 열반도 이 식을 바탕으로 있을 수 있다고 말씀하시면서 쓰신 단어입니다.

아뢰야식이란 생명체가 경험했던 사건들을 기본정보단위(기억의 자모음)로 분류한 다음 무의식층보다 더 깊은 곳에 저장하고 있으면서 뒤따라 일어나는 사건·사물을 해석하여 의식되는 심상을 만드는 토대라는 것입니다. 그렇기 때문에 모든 생명체는 의식적·무의식적으로 아뢰야식을 자아의 본체로 여기면서 자아에 대한 집착을 상속해 가기도 합니다.

자아의식을 상속해 간다라는 뜻에 방점을 두는 경우는 아뢰야식을 아타나식이라고 부르기도 하는데, 이 단어가 나오는 경은 『해심밀경』입니다. 『해심밀경』에서는 의식되지 않는 상태에서도 기억의 자모음인 종자가 폭포수처럼 흐르고 있는데, 이 상태에서도 종자가 흩어지지 않도록 집지(執持)해 인지의 흐름, 곧 생명의 흐름을 유지하는 식이 있다고 했으며, 이 식의 기능에 따라 이름을 집지식(아타나식)이라고 했다는 것입니다. 부처님께서 그와 같은 미세한 의식의 흐름을 모두에게 말씀하시지 않은 것은, 자아에 대한 성찰이 깊지 않은 사람들은 생명흐름을 집지하는 아타나식이 있다는 이야기를 듣고, 이 식을 자아라고 집착하기가 쉽기 때문이었다고 합니다.

아뢰야식(종자식)을 아타나식(종자를 집지하는 식)이라고 하는 까닭은 사람의 경우 다섯 가지 감각기관의 활동양상을 집지하고 유지하기 때문이며, 획득한 기억과 정보를 그 모습 그대로 유지할 수 있는 공능이 있기 때문입니다. 아뢰야식을 아타나식이라고도 부르는 것은 하나인 식을 두 가지 측면에서 설명하고 있다고 하겠습니다.

아뢰야식을 마음(心)이라고 부르기도 하는데. 부처님께서 설법하실 때 마음(心), 의(意), 식(識)이라는 세 가지 단어를 쓰시면서 신체가 무의식적으로 정보를 감수하고 해석하는 과정을 마음이라고 하셨으며, 수용되고 해석된 정보를 자아와 같은 하나의 이미지로 일반화하는 작용을 의라고 하셨으며, 그렇게 만들어진 이미지를 인지하는 것을 식이라고 하셨기 때문입니다.

의(意)에는 두 가지 뜻이 있습니다.

첫째, 기억의 자모음과 단위정보를 재구성하여 갖가지 심상을 만들면 하나하나의 의식현상이 나타나게 되는데, 앞선 의식과 뒤에 오는 의식이 인지하고 있는 내부영상은 다르지만 인식의 주관이라고 할 수 있는 의의 흐름으로 보면 틈이 없다고 해서 무간멸(無間滅)이라는 뜻이 있습니다.

둘째, 생명계 그 자체가 시공간적으로 상호의존하는 연기로서 하나인 생명의 장, 곧 인드라망으로서 하나 된 생명계라는 것을 모름으로써 분별된 개체로서의 자아가 실재한다는 견해를 갖게 되고(살가야견[薩迦耶見]), 그에 따라 아만심을 가지면서 자기에 대한 애착을 키우게 되어, 대승에 대해 알지 못하는(無知) 오염된 인식이 발생하는 근거가 된다는 뜻이 있습니다.

이미 갖고 있는 기억과 정보를 토대로 인지활동을 하면서 오염된 무지도 상속되고 있다는 것입니다. 왜냐하면 종자는 경계를 분별하여 알아차린 의(意)작용의 결과물이면서 다음 인식의 원인이 되기 때문에, 곧 시공간을 분별하여 인식하는 의(意)의 작용이 그대로 상속되기 때문에, 양적으로 분별하는 일이 지속된다는 것입니다.

인식의 흐름이 기억의 자모음을 통해서 상속된다는 것은 알 수 있겠는데, 의(意)의 활동이 오염됐다는 것을 어떻게 알 수 있습니까?

첫째, 의식활동을 보면 지혜로운 마음 씀과 행동을 할 때도 있지만, 일반적으로는 양적 분별을 바탕으로 인식활동을 함으로써 생명계가 연기로서 하나의 생명계임을 알지 못하는 무지가 면면히 흐르고 있는 것과 같기 때문입니다.

둘째, '눈의 마음'(眼識)이 눈을 의지해서 발생하듯 '의의 마음'(意識)은 의를 의지해서 발생하므로 의가 의식의 근거가 되는데, 일상의 의식이 경계를 분별하는 것을 중심으로 인식활동을 한다는 것은 의식작용의 근거인 의가 분별망상에 의해 오염됐기 때문이라는 것입니다.

셋째, 경전에서는 마음, 의, 식을 다른 뜻으로 사용하고 있기 때문입니다. 마음은 아뢰야식을, 의는 말나식을, 식은 전6식을 가리키고 있는데, 이 가운데 의의 역할은 비슷한 것들을 하나로 묶어 특정한 개념으로 일반화하는 작용이라는 것입니다.

넷째, 무상정과 멸진정에 차이가 있기 때문입니다. 무상정은 내부에 있는 기억의 자모음이 작용할 수 있는 통로가 쉼으로써 내외부의 감각자료가 수용되지 않아 의식되는 내부영상(想)이 만들어지지 않는 빈 마음상태를 체험한 것이라고 한다면, 멸진정은 무분별상태와 빈 마음상태를 체험하게 됨으로써 아뢰야식에 지혜정보가 강도 높게 스며들어, 곧 인식의 토대인 아뢰야식에 심상에 현혹되지 않는 지혜작용이 자리 잡게 되어 더 이상 오염된 의의 분별이 일어나지 않는 상태를 뜻하기 때문입니다. 애초부터 분별된 기억정보를 만드는 오염된 의가 없다면 오염된 의의 공능이 다 사라졌다는 멸진정의 의미도 있을 수 없다는 것이지요.

다섯째, 만일 오염된 의가 없다고 하면 무상정을 증득하고 나면 다시는 오염된 인식활동이 일어나지 않아야 하지만, 무상정을 경험하고 나서도 미세하게나마 오염된 인지작용이 일어나고 있는 반면, 멸진정을 증득하고 나면 오염된 인지활동이 다시는 발생하지 않기 때문에 오염된 의가 있다는 것을 알 수 있다는 것입니다.

여섯째, 인지가 발생할 때마다 자아에 대한 집착이 동반되는 것이 오염된 의가 있다는 것을 증명한다는 것입니다. 만일 오염된 의가 없다면 나쁜 마음이 일어날 때만 아집이 동반되어야 하지만 좋은 일을 할 때도 아집이 있다는 것은 자아와 시공간을 경계짓는 의가 오염됐기 때문이라는 것입니다.

무의식적으로 자아의 경계를 만들어 자타를 분별할 수 있게 하는 의의 작용이 경계를 넘어 하나의 생명계를 이루는 생명활동을 볼 수 없게 하므로 의의 역할이 오염됐다는 것입니다. 그렇기 때문에 분별의식이 쉬지 않으면 경계를 만들면서도 경계를 넘어서는 생명계의 지성활동을 온전히 볼 수 없습니다. 오염된 의가 항상 아만(我慢), 아애(我愛), 아치(我癡), 아견(我見) 등의 번뇌를 재구성해 심상에 스며들게 함으로써 공성의 연기활동을 볼 수 없게 하기 때문입니다. 그렇지만 의의 그 작용 자체는 심층에서 기억의 자모음을 강화하고 조합하는 역할을 하는 인지활동이라고 할 수 있으므로 그 성격을 악이라고 규정할 수 없어 무기(無記: 선 또는 악이라고 규정할 수 없는 상태)라고 합니다.

의식되는 심상을 만드는 의의 작용은 알아차림만 있는 선정 상태와 유사하다고 할 수 있기 때문에 그 성격을 선 또는 악이 아닌 무기라고 하지만, 분별상(分別相)을 만듦으로써 머묾 없이 흐르는 생명의 실상을 볼 수 없게 한다는 점에서는 지혜작용의 근거인 공성을 덮고 있다고 할 수 있으므로, 미세망상의 토대가 된다는 것입니다. 그러므로 무의식적으로 자아의 경계를 형성하면서 양적인 분별을 만들어 내는 의의 활동을 오염됐다고 하며 미세하다고 합니다.

마음은 기억과 정보의 창고라고 할 수 있는 아뢰야식을 제외하고는 달리 있을 수 없습니다. 그러므로 아뢰야식을 종자식이라고 합니다. 심상을 만드는 기억의 자모음을 종자라고 하며, 종자들을 재구성하여 자아상 등 갖가지 분별상을 만들고, 만들어진 분별 이미지인 심상을 의식하면서 기억의 자모음에도 영향을 미쳐 분별의 경향성을 강화하기 때문입니다.

아뢰야식과 아타나식이라는 명칭이 초기 경전에 등장하지

않는 까닭은 무엇입니까?

수행은 생명의 실상인 연기법을 학습한 연후, 일어나고 사라지는 심상을 알아차리거나 특정한 심상을 의도적으로 사유의 대상으로 삼으면서 의식을 조율하는 것이라고 할 수 있습니다. 이와 같은 마음챙김이 무의식의 작용에도 영향을 미쳐 마침내 부처가 될 수 있기 때문입니다. 처음부터 의식의 이면에 미세하게 작용하고 있는 종자식을 구태여 강조할 필요가 없었다는 것이지요.

그렇지만 시대와 환경이 달라지고 부처님 가르침에 대한 이해가 깊어지자 '의식되는 심상'(法)이 발생하는 전 과정을 자세하게 설명해야 할 필요가 생겼습니다. 하여, 인식의 토대이며 의식의 근거인 아뢰야식과 아뢰야식의 기억정보가 지혜정보로 완벽하게 전환되어야 모든 것을 아는 지혜를 성취할 수 있다는 것을 말하게 됐다는 것입니다.

2) 아뢰야식에 상당하는 이름들

그렇다고 해서 초기경전에 아뢰야식이라는 이름이 나오지 않는 것은 아닙니다. 『증일아함경』을 보면 세간 사람들이 아뢰야식을 애착하고 있다는 이야기도 있으며, 아뢰야식이 펼쳐 내고 있는 업의 습관을 즐기고 아끼며 기뻐하고 있다고 이야기한 대목도 있기 때문입니다. 부처님께서 보시기에는 이와 같은 업의 습관을 넘어서지 못하고서는, 곧 아뢰야식이 펼쳐 내는 세계해석과 그에 따른 행동양상을 끊지 않고서는 결코 번뇌로부터 벗어날 수 없으므로 아뢰야식에 대한 설명과 번뇌를 불러오는 습관을 벗어나는 법을 설명했다는 것이며, 대승경전에서는 이를 더욱 자세히 설명했다는 것입니다. 그러므로 번뇌 없는 삶을 살고자 한다면 공경하는 마음으로 부처님의 가르침에 귀 기울이고, 기억정보에 집착하는 마음을 내려놓고 지혜를 성취하여 해탈된 마음으로 살기를 바라면서 수행해야 할 것입니다.

부처님께서 깨닫고 나서 펼치신 가르침은 연기법, 곧 생명체마다 온갖 인연이 중첩된 상태에서 개체로서의 삶을 살아가고 있다는 것으로 이전까지 들어 보지 못한 가르침이기 때문입니다.

초기 경전인 『증일아함경』의 4덕경에서도 아뢰야식이라는 이름을 말했으며, 대중부의 경에서는 근본식이라는 이름으로, 화지부의 경에서는 궁생사온이라는 명칭으로 아뢰야식과 비슷한 이름이 나오고는 있으나, 그 경들에서는 습관에 따라 수용된 감각 자료를 해석하는 인지시스템이 일시적으로 중지된 것과 같은 무상정이나 빈 마음을 일시적으로 경험한 멸진정을 최고로 여기고 있다는 점이, 대승경론에서 아뢰야식의 기억정보를 지혜정보로 전환시키는 것을 수행의 완성으로 삼고 있는 점과는 다르다고 하겠습니다.

여러 경론에서 의식 발생의 근거로서 아뢰야식, 아타나식, 마음, 아뢰야, 근본식, 궁생사온, 과보식(정량부), 유분식(상좌부) 등을 이야기하고 있지만, 그 가운데서 아뢰야식이라는 개념이 가장 포괄적으로 의식 발생의 근거를 설명하고 있다는 것입니다.

학자에 따라서는 마음(心)과 의(意)와 식(識)이 말만 다르지 뜻은 하나라고 주장하는 이도 있으나 바른 주장이라고 할 수 없으며, 초기 경전 가운데 아뢰야를 애착한다는 등의 문구를 보고 아뢰야를 오취온이라고 주장하기도 하며, 즐거움이 동반된 탐심의 근거라고도 하며, 무의식적으로 작용하는 아견이라고도 하는데, 이들의 주장은 아뢰야라는 뜻을 제대로 알지 못한 주장에 지나지 않는다는 것입니다. 그들 스스로는 자신들의 견해가 초기 경전의 가르침에 따라 바르게 설정된 것이라고 하나, 이 주장은 초기 경전의 가르침과도 상응하지 않습니다. 지혜 있는 자는 '아뢰야식'이라는 개념이 초기 경전에서 말씀하신 아뢰야를 바르게 설명하고 있다는 것을 알 것입니다.

만일 오취온을 아뢰야라고 여긴다면 오온을 취착하는 무의식적 집착심이 아뢰야라는 뜻인데 일상에서 일어나는 의식내용을 보면 결코 현재의 자기를 그렇게 애착한다고 할 수 없습니다. 오온에 대한 무의식적 집착심을 의식작용의 온전한 근거라고 하기 어렵다는 것이지요.

그렇다고 즐거움이 동반된 무의식적 탐심을 현행의식의 근거라고 한다면, 제4선정 가운데는 탐심의 작용이 없을 뿐만 아니라 그와 같은 선정을 경험하고 나면 탐심 자체를 싫어하고 벗어나려 하므로 탐심이 집착의 근거라고 하는 것도 도리에 맞지 않습니다.

무의식적 아견을 아뢰야라고 하는 주장은, 생명체들의 삶은 온갖 인연이 중첩되어 이루어지고 있다는 연기의 도리를 이해하게 되면 홀로 존재할 수 있는 실체로서의 자아가 있을 수 없다는 것을 분명하게 알게 되어 아견(불변의 실체로서 자아가 있다는 견해)으로부터 벗어나게 되고, 아견으로부터 벗어난 삶이야말로 있는 그대로의 자기를 사는 것인 줄 알게 되므로, 아견이 아뢰야라는 주장 또한 도리에 맞다고 할 수 없습니다.

기억정보의 창고라고 할 수 있는 아뢰야식에는 자아라는 개념을 만드는 기억정보, 곧 아뢰야식 그 자체를 자아라고 여기는 기억정보가 상속되기 때문에 인식토대가 전환되기 전까지는 아견이 상존할 수 있다는 것입니다. 심상(心象:想)을 만드는 기억의 자모음들은 그 활동이 극히 미세할 뿐만 아니라 자아의식을 발생시키는 기억정보와 함께 유전하고 있으므로 아견들의 장애를 떠나고자 할지라도 쉽지 않다는 것입니다. 색계 사선정(四禪定) 이상의 특별한 선정의식상태를 경험하고서 탐욕을 충족시키는 즐거움이 진실한 즐거움이 아닌 줄 알았다고 해도 아뢰야식에 자아에 대한 애착을 상속하는 정보노 있기 때문에 자아에 대한 집착을 벗어나기 어렵다는 것이지요. 생명의 실상인 연기법을 제대로 학습함으로써 무아에 대한 견해를 받아들였다고 하더라도 아뢰야식에 각인되어 있는 것과 같은 자아에 대한 애착이 온전히 사라지지 않는 한 생명의 실상과 융섭하는 삶을 살기 어렵다는 것입니다. 이상과 같은 이유로 아뢰야식이 아뢰야를 포괄적으로 설명하고 있다는 것을 알 수 있습니다.

2. 아뢰야식에 대한 논리적 근거

1) 아뢰야식에 대한 개념 정리

그렇다면 아뢰야식이란 무엇입니까?

인식의 토대인 아뢰야식에는 다음과 같은 세 가지 뜻이 있습니다.

첫째, 생명체들이 살아오면서 경험했던 기억정보들이 언어의 자모음과 같이 응축되어 있으면서, 곧 종자화되어 있으면서 시시각각으로 수용되는 감각자료를 분류하고 해석하여 의식되는 심상을 만드는 정보의 총합체라는 것입니다.

둘째, 아뢰야식을 종자식이라고 부르는 것과 같이 종자들이 아뢰야식에 함장되어 있는 것이 아니라 종자들의 총합이 아뢰야식이라는 것입니다.

셋째, 종자화된 기억의 자모음은 신체화된 습관의 토대와 같은 것으로, 이에 따라 내외부의 감각자료를 수용하고 해석하면서 자신의 세계이해를 상속하고 정립해 간다는 것입니다.

경험이 신체화된다는 것은 무슨 뜻입니까?

생명체들이 살아가면서 맞닥뜨리게 되는 모든 인연은 낱낱 생명체가 갖고 있는 감각기관과 해석기관의 수용범위와 어울려 그 생명체의 기억을 만든다고 할 수 있으므로, 한편으론 생명계의 인연이 기억을 만드는 주체라고 할 수 있으며, 다른 한편 낱낱 생명체가 취해 온 삶의 양상에 따라 기억형성이 달라지기도 하므로 삶의 인연과 생명체들의 생명활동이 신체화되는 기억을 만든다고 할 수 있으나, 결과적으로는 신체화된 기억이 생명활동을 규정하게 된다는 것입니다.

이것은 향이 없는 물질에 향기 나는 꽃을 묶어 오래 두다 보면 꽃의 향기가 향이 없는 물질에 스며들어 그 물질을 짜면 향기 나는 기름이 나오는 것과 같습니다. 처음에는 꽃이 향의 원인으로 작용했다고 할 수 있지만 나중에는 향이 없는 물질이 향기 나는 기름의 원인이 되는 것과 같다는 것이며, 향이 스며드는 것으로 보면 향이 없는 물질과 향기 나는 꽃이 함께함으로써 향내 나는 물질을 새로 생산하면서 꽃과 물질의 물성이 변하게 된 것과 같다는 것입니다.

그렇기 때문에 체화된 탐욕의 강도가 강한 사람은 하는 일마다 탐욕의 기운이 강하게 스며든 것과 같아 탐욕을 벗어나기 어렵고, 부처님의 가르침을 자주 듣고 실천하는 사람은 하는 일마다 부처님의 향기가 스며든 것과 같아 집착으로부터 벗어나기 쉽다는 것입니다. 체화된 마음 씀이 자신의 행동양상을 규정한다는 것이지요. 체화된 인지능력이라고 할 수 있는 아뢰야식을 이루는 기억정보, 곧 종자가 인연 따라 현상하는 것도 이와 같다는 것입니다.

① 아뢰야식과 기억정보(종자)의 관계

그렇다면 아뢰야식을 이루고 있는 종자들과 아뢰야식의 관계는 무엇입니까?

아뢰야식과 종자는 다른 것인가 아니면 같은 것인가라는 질문입니다. 아뢰야식은 '창고'라는 뜻을 갖는 '아뢰야'와 인지공능을 뜻하는 '식'이 합쳐진 말이기 때문입니다. 마음챙김 수행으로 인지의 실상을 이해하지 못하면 인지의 공능 가운데 사건·사물을 양적으로 분별하여 알아차리는 인지의 습관과 기억으로 남겨진 정보인 종자가 인지활동의 중심이 되고 맙니다. 아뢰야식을 종자식이라고 하는 까닭도 여기에 있습니다.

그러나 마음챙김 수행으로 분별된 종자를 중심으로 일어나는 마음작용이 쉬게 되면 우주 법계와 하나된 무분별의 세계를 경험하기도 하고 빈 마음을 경험하기도 하면서, 사건·사물을 분별하여 알아차린 심상이 실제로는 분별된 기억정보에 의지해서 만들어진 내부영상에 지나지 않는다는 것을 실증적으로 알게 됩니다. 더 나아가 심상을 만드는 기억정보인 종자도 인지공능인 식이 집지하고 있는 것이며, 집지의 강도에 따라 종자의 색깔을 전환하기가 쉽기도 하고 어렵기도 하다는 것을 알게 됩니다.

기억정보인 종자도 인연 따라 생겨나고 상속되며 사라지기도 한다는 것이며, 수행으로 인식의 토대인 아뢰야식이 지혜의 토대로 전환될 수도 있다는 것입니다. 현재의 의식 활동이 특정 색깔의 종자기능을 강화할 수도 있고 약화시킬 수도 있기 때문입니다.

일반적으로는 사건·사물을 분별하여 알아차리는 '식'과 인식된 결과가 기억으로 남아 있는 '종자'가 같은 것은 아니지만, 종자를 생성하는 식과 만들어진 종자를 바탕으로 인지활동을 하는 식이 상생작용을 하고 있기 때문에 이 둘의 관계는 다르면서도 같고 같으면서도 다르다고 하겠습니다. 식에 종자를 집지하는 공능이 있고 집지된 종자들의 총합인 아뢰야식의 작용이 인식작용으로 현상하기 때문입니다.

그렇다고 하면 (아뢰야)식과 종자들이 서로를 성립시키는 원인이 된다고 할 수 있는데 어떻게 하면 이것을 알 수 있습니까?

비유를 들어 보면 등불의 불빛은 심지가 타면서 발생하므로 심지를 태우는 불과 타는 심지가 불빛을 만드는 원인으로 함께 작용하는 것과 같고, 여러 개의 다발이 서로 의지해야 갈대의 단이 서 있을 수 있는 것과 같습니다. 아뢰야식의 작용에서 식과 종자의 관계도 이와 같다는 것입니다. 아뢰야식을 근본식이라고도 하는데, 이 식의 인지작용과 집지작용에 의해서 모든 종자가 생성되고 상속될 수 있고, 생성되고 상속된 종자들이 분별영상을 만드는 정보가 되어 함께 유전하기 때문입니다. 아뢰야식 이외에 다른 근본식을 설정할 수 없다는 것입니다.

그렇다고 해도 아뢰야식에서 지각하는 능력인 식의 공능으로만 보면 다양한 종자들의 색깔과 상응하는 다양한 무늬가 없는데 어떻게 다양하고 잡다한 종자가 생겨날 수 있습니까?

이를 비유로서 설명하면, 흰 천에는 본래 다양한 색깔과 무늬가 없었으나, 염색을 하게 되면 가지가지 색깔과 모양이 나타나는 것과 같습니다. 아뢰야식의 인식공능으로 보면 한 가지 색이라고 할 수 있으나 인식된 내용으로 보면 다양한 모습으로 나타날 수 있다는 것이지요.

인식이 발생하는 식장(識場)에서 식의 공능은 온갖 사건·사물들의 차이를 알아차리는 것입니다. 차이가 없다면 알아차리는 일도 발생하지 않는다는 것이지요. 그러므로 안다는 것과 알려진다는 것은 다릅니다. 아는 공능으로 보면 하나이지만 알려진 내용으로 보면 온갖 차이가 그 속에 들어 있다는 것이며, 알려진 내용이 기억으로 남게 되면 식의 공능을 특정한 색깔로 알아차릴 수 있게 물들이는 것과 같습니다. 그러므로 특정한 기억들이 생기고 나면 미래에 나타날 가지가지 색을 갖고 있는 것과 같다고 하겠습니다.

② 대승경론에서 설명하는 연기법

대승경론에서는 (근본)식과 종자들의 융합체인 아뢰야식이 펼치는 세계 이해의 과정을 자세히 설명하고 있으나, 여기서는 간략하게 두 가지 측면에서 살펴보고자 합니다.

첫째, 아뢰야식, 곧 분별하는 공능과 그 공능에 의해서 분별되고 집지된 기억정보들이 다음 찰나의 인연을 해석하는 기반도 되므로, 곧 아뢰야식이 만든 세계상이 의식되는 세계상이 되므로 우리들의 세계는 아뢰야식이 생성한 세계라는 것입니다. 이를 아뢰야식의 연기라고 합니다. 산다는 것은 주어진 세계를 사는 것이 아니라 아뢰야식이 만든 세계상을 실재의 세계로 여기면서 산다는 것이지요.

둘째, 분별된 기억들이 상속되는 것을 열두 항목으로 나누어 설명하는 12연기법이 있는데, 12연기법은 애착의 강도가 중심이 됩니다. 기억정보를 집지하는 식의 공능은 애착의 강도에 따라 집지된 종자와의 접속강도도 다르고, 그에 따라 감수된 감각자료를 해석하기 위한 종자의 발생빈도와 강도도 달라지기 때문입니다. 12연기법의 첫번째 항목이 인지의 실상을 알지 못하는 무지무명(無知無明)이지만, 실제로는 기억정보와 접속하는 빈도수나 강도의 차이에 의해 인지의 색깔이 드러난다는 것입니다.

아뢰야식 연기이론이 말하고자 하는 것은 생명체마다 세상과 접속하면서 상속되는 삶은 인지공능(식)과 기억종자(아뢰야)가 하나처럼 상호작용하면서 접속되는 빈도수에 따라 애착의 강도를 달리하면서 유전하고 있다는 것입니다. 이와 같은 연기이론, 곧 아뢰야식을 중심으로 유전한다는 연기이론을 듣고 어떤 사람들은 아뢰야식이 모든 것들의 본질을 규정하는 근본 원인이 된다고 하고, 어떤 사람들은 과거의 기억이 현실을 규정하니 숙명론과 같다고 하고, 어떤 사람들은 아뢰야식의 기억종자들이 변화하는 모든 것의 원인이 된다거나 자아의 본질을 이루는 실재라고 여기기도 하며, 종자가 다음 사건들을 이미 규정하기 때문에 인연 관계가 성립될 수 없다고 주장하는 사람들도 있고, 또 다른 사람들은 아뢰야식이 모든 업을 짓는 자라고 여기거나, 아뢰야식이 근본 실재로서의 주재자는 아니지만 업을 받는 자라고 여기는 사람들도 있습니다. 그렇지만 이 모든 생각들은 눈먼 사람이 코끼리의 여러 부분을 만져 보고서 상아를 만져 본 사람은 방아깨비(杵) 같다고 하고, 귀를 만져 본 사람은 키(箕)와 같다고 하고, 다리를 만져 본 사람은 절구(臼) 같다고 하고, 꼬리를 만져 본 사람은 추(帚)와 같다고 하고, 등을 만져 본 사람은 돌산과 같다고 주장하는 것과 같습니다.

아뢰야식 연기이론은 본래부터 하나인 것이 기능적으로는 기억정보를 집지하고 있어 창고의 역할을 한다는 뜻의 아뢰야와 인식의 역할을 한다는 뜻의 식(識)이 상호작용을 하면서 앎의 상속이 이루어지고 있다는 것입니다. 식인 인지의 기능과 인지의 결과들인 기억정보가 상속되는 인지활동에 영향을 주면서 인지의 결과를 산출하고 산출된 인지의 결과가 다시 기억에 영향을 주면서 끊임없이 변해 간다는 것입니다. 이는 본질적 사고와 근본부터 다릅니다. 왜냐하면 사건·사물을 분류하여 자기만의 고유한 본질인 자성이 있는 것처럼 인식하는 아뢰야식의 인지시스템에 의해서 '본질이 있다'는 사유가 상속된다는 것이 아뢰야식 연기이론이기 때문입니다.

기억정보의 총합체이면서 분별된 기억의 자모음을 재구성해 사건·사물들을 분류하고 해석하는 토대인 아뢰야식은, 분별의 빈도수와 강도에 따라 분별된 것들에 대한 애착의 강도도 달라지고, 그에 따라 기억의 총합을 증장시킬 뿐만 아니라 인식의 경향성을 달리 설정해 다음에 만나게 되는 사건·사물들을 분별하므로, 사건·사물들이 그와 같은 본질을 갖는다는 인지가 상속될 수 있다는 것입니다. 아뢰야식이 집지하고 있는 기억정보는 경험된 것들과 증장된 것들의 총합이면서 이들 정보가 다음 찰나의 인지를 발생시키는 종자의 역할을 하기 때문입니다.

그러므로 중생들이 인식한 세계상은 있는 그대로의 세계를 보는 것이 아니라 기억의 자모음이 재구성한 세계상이면서도 그것만이 개체가 접속하는 유일한 세계상이 될 수밖에 없다고 하겠습니다.

③ 종자(기억정보)에 대한 개념 정리

인식이 발생하는 관계망은 중첩된 것이라고 할 수 있지만 인식의 내용은 자기만의 세계입니다. 그렇기에 기억정보, 곧 인식의 토대를 이루는 종자 자체만으로는 선 또는 악이라고 규정할 수 없습니다. 자모음이 모여 심상이 만들어지고 선·악이라고 규정할 수 있는 생각과 말과 행동이 뒤따를 때 선·악이라고 규정할 수 있기 때문입니다.

종자에는 다음과 같은 여섯 가지 특성이 있습니다.

첫째, 찰나에 소멸한다는 것입니다.

우리들의 인지시스템은 과거의 기억조차 그때의 이미지(想)를 온전히 보관하고 있다가 그것을 다시 떠올리는 것이 아닙니다. 회상된 과거의 경험도 기억의 자모음을 조합하여 재구성된 심상이라는 것이며, 만들어진 심상 속에 시간이라는 자모음이 들어 있어야 과거, 현재, 미래라는 시간 개념이 나타난다는 것입니다. 기억의 자모음이라고 할 수 있는 여러 단위들이 융합돼야 비로소 인지되는 심상이 만들어지는데, 하나의 이미지를 만드는 작은 단위들인 자모음이 찰나에 조합되고 흩어지기를 반복하므로 찰나 생멸이라는 것이며, 재구성되는 조건에 따라 자모음을 연결하는 배선망도 달라진다는 것입니다.

둘째, 함께 있다는 것입니다.

기억의 자모음은 인연 따라 모이고 흩어지기를 찰나적으로 반복하되 이웃 자모음과 이야기를 주고받을 수 있는 관계망을 굳건히 이루면서 신호를 주고받을 준비가 되어 있다는 것입니다. 나아가 특정 이미지가 만들어지면 그 이미지가 곧바로 기억정보에 영향을 주기 때문에 인지의 빈도수에 따라 기억종자들의 강도와 배선망도 달라지면서 종자의 상속이 이루어지고 있다는 것이지요.

셋째, 항상 유전한다는 것입니다.

종자가 심상을 만들 준비를 항상 하고 있다는 것은 생명활동이 이루어지는 인연의 흐름과 함께 유동하고 있다는 뜻입니다. 함께하면서 상속되지 않는다고 하면 종자라는 이미지도 상실하고 말겠지요.

넷째, 각 종자의 공능에는 특정 자모음의 역할로 결정된 것과 같은 특성이 있다는 것입니다.

그렇지만, 곧 심상을 만드는 기본단위로 보면 결정되어 있는 것 같으나, 각각의 자모음은 어떤 자모음들과 융합하느냐에 따라 다른 역할을 한다고도 할 수 있으므로 반드시 결정되어 있다고 할 수도 없습니다. 또한 의식된 이미지가 그 이미지를 만드는 단위 정보에도 영향을 미쳐 단위 정보들의 증장과 감소도 있을 수 있으며, 새로운 자모음이 생겨나기도 하고 기존 자모음이 사라지기도 하므로 특정 종자의 성격이 한결같다고 이야기할 수도 없습니다.

다섯째, 종자가 상속되는 것과 종자가 심상을 만드는 일은 언제나 중첩된 인연의 관계망 속에서 이루어진다는 것입니다.

여섯째, 종자라는 개념이 말해 주듯, 종자의 공능은 내부영상을 만들어 수용된 감각자료를 해석하게 하는 씨앗 역할을 한다는 것입니다.

앞서 말씀드렸듯이 인연 따라 각 종자의 힘이 증강되거나 약화되기도 하고 새로운 종자가 생겨나기도 하지만, 일상으로 벌어지고 있는 삶의 흐름과 그 흐름을 알아차리는 인지시스템이 비슷하므로 하나의 종자는 그와 인연이 되는 하나의 열매를 맺는 것처럼 보일 수 있습니다.

비슷한 일상은 비슷한 기능을 하는 종자가 만든 인지의 결과라는 것이며, 비슷한 인지의 결과가 종자의 영역에 스며들기 때문입니다. 그렇다고 해도 인지의 과정에서 분별의 빈도수와 강도에 따라 특정 종자의 영역이 견고하게 굳어지면 그 부분의 힘이 커졌다고 할 수 있고, 하나의 영역이 여러 영역과 관계를 구성하면서 이미지를 생성할 때는 다른 기능으로 참여하는 것과 같으므로 낱낱 종자의 특징이 언제나 같은 것으로 고정되었다고 할 수도 없습니다. 종자들끼리도 영향을 주고받으며, 종자와 인식 결과가 상호 영향을 주면서 종자의 역할과 상속이 이루어지고 있기 때문입니다.

종자라는 뜻이 이와 같기 때문에 의식을 종자라고 할 수는 없습니다. 의식되는 것이 종자의 영향을 받고 의식이 종자에 영향을 미치기는 하지만 의식이 종자라는 뜻과는 부합되지 않는다는 것입니다. 의식은 내외부로부터 감수된 감각자료를 해석하기 위해 기억의 자모음을 조합해 심상이 만들어지고 난 이후의 인식이기 때문이며, 감각기관에 따라 서로 다른 지각이미지가 만들어질 뿐 아니라 감수된 감각자료가 지각되기 위해서는 그 대상에 주의가 기울여질 때만 의식되기 때문입니다. 또한 종자들은 언제나 함께 상속하지만, 의식의 흐름은 전후가 항상 함께하는 것이 아니므로 의식이 종자가 된다는 것은 성립될 수 없습니다.

더 나아가 깊은 잠과 같은 경우 의식이 작용하지 않는데도 불구하고 깨어나자마자 인지의 상속이 이루어지고 있다는 것을 보면 인지가 발생할 수 있는 공능을 갖춘 종자가 상속되고 있다는 것을 알 수 있습니다.

우리들의 기억정보는 외부로부터 영향을 받아 변하기도 하고 새로 생기기도 하지만 생명활동의 근간이며 인식의 토대가 되는 것은 이미 이루어진 종자가 중심이 될 수밖에 없다는 것입니다. 외부의 영향은 여러 상황에 따라 있기도 하고 없기도 하지만 기억정보는 항상 인지에 영향을 주면서 상속하고 있기 때문입니다.

기억정보의 공능은 수행과정에서도 여실히 드러납니다. 부처님의 가르침을 배우고, 배운 바를 자세하게 되묻고 살피는 사유의 과정을 통해 정립된 내용을 체화해 가는 과정이 수행이기 때문입니다. 배움도 없고 체화되는 수행도 없이 부처가 된다는 것은 있을 수 없습니다. 기억과 정보의 총합인 아뢰야식이 외부의 인연을 받아들여 종자화하고 종자화된 기억정보가 외부를 해석하는 기반이 되므로, 곧 내외부가 상호 융섭할 수 있는 기반이 있으므로 학습과 수행이 진행될 수 있다는 것이지요.

④ 기억정보가 의식으로 나타나는 네 가지 인연

사유와 수행은 인식의 토대인 아뢰야식에 함장된 기억정보가 심상을 만든 다음에야 진행된다는 것입니다. 이 과정을 간략하게 정리해 보면 기억정보(종자식)인 업식(業識), 곧 무의식층에서 미세하게 작용(業)하는 식(識)인 업식이 함장하고 있는 종자를 조합해 전식(轉識)이 심상(現識)을 만들고 나서야 의식적인 사유와 수행이 일어난다는 것입니다. 심상을 만드는 공능을 전식이라고 하는 것은 심상을 만들 때 어떤 종자를 조합해야 하는지를 알기 때문이며, 심상을 현식이라고 하는 것은 식이 상으로 나타난 것이기 때문입니다. 무턱대고 전환되는 것이 아니라 알고서 전환된다는 것입니다. 전식에 의해 종자가 인식될 수 있는 현식으로 전환되어야만 감수된 세계상을 파악할 수 있으며, 즐거움과 고통 등이 인지될 수 있다는 것입니다.

그러므로 전식을 온갖 인연과 접속하고 있으면서 능동적으로 즐거움과 괴로움을 받아들이는 식이라고도 합니다. 그렇기에 중변분별론(중간[中]과 가장자리[辺]를 분별한 논서)에서는 온갖 세계를 펼쳐 내는 근본식을 연식(緣識)이라고 하고, 전식을 연식에 의거하여 세계상을 만들어 인식이 가능하게 함으로써 온갖 인연을 받아들이는 식이라고 정의했겠지요. 전식이 수용(受)된 감각자료를 기억정보와 대조해서 특정 색깔로 분별(想)해야, '생각하고 말하고 행동(行)'하게 된다는 것입니다.

인식의 토대인 아뢰야식과 전식(여기서는 현식과 의식까지를 포함한 개념)이 상호작용하면서 인지가 발생한다는 것입니다. 이 말은 종자가 심상으로 현상할 뿐만 아니라 현상한 심상을 인지한 결과가 아뢰야식에 스며들어 종자화되면서 인지가 상속된다는 것입니다.

아뢰야식 연기를 아뢰야식과 전식이 상호 원인과 결과가 되어 상속되는 것이라고 한다면, 애착과 애착하지 않는 것은 무슨 인연으로 상속됩니까?

그것은 학습이 이루어지는 삶의 환경인 증상연이 중심이 됩니다. 6식이 일어날 수 있는 인연은 친인연(전식:의)과 소연연(현식:법)과 등무간연과 증상연이지만, 특정 사건·사물을 애착하거나 싫어하게 되는 인식을 현상하게 하는 것은 학습과 환경 등의 연이 중심이 된다는 것입니다.

의식적인 인지가 발생하기 위해서는 아뢰야식이 의(意: 전식)와 심상(法: 현식)으로 전환되어야 하는데, 이것을 네 가지 연으로 대비해 보면 인식주관으로 작용하는 듯한 의(意)가 친인연이 되며, 아뢰야식에 저장된 기억정보인 종자들을 재구성해 만들어진 심상(의[意]의 인식대상인 법[法])을 소연연이라고 하며, 의와 심상이 만나 의식작용이 발생하고 상속될 때 전후가 틈이 없이 연속되는 것을 등무간연이라고 하며, 이 세 가지 인연 밖에 인식에 관여하는 모든 인연을 증상연이라고 하는데, 이 네 가지 연 가운데 애착과 애착하지 않는 일이 발생되고 상속되는 데는 증상연의 힘이 가장 크게 작용한다는 것입니다.

2) 청정한 인식과 오염된 인식의 토대

의식을 발생시키는 근거로서 아뢰야식을 세운 것은 이 식이 있어야 청정한 마음 씀과 온갖 오염된 마음 씀을 설명할 수 있으며, 모든 번뇌와 업과 생각이 일어나고 사라지는 것을 설명할 수 있기 때문이며, 일상에서의 청정한 삶과 수행을 통해 증득하게 된 청정한 삶을 설명할 수 있기 때문입니다.

의식과 신체의 작용만으로는 온갖 번뇌와 번뇌에 따라 일어나는 온갖 마음작용을 설명할 수 없다는 것입니다. 의식작용과 신체의 활동 이면에 그것들을 일정한 양상으로 작용하게 하는 기억정보를 설정해야만 의식작용을 이해할 수 있으며, 수행과정에서 심상이 변환되는 체험을 통해, 곧 수행 가운데 내부영상이 만들어지고 해체되는 과정을 직관하게 됨으로써 의식의 토대가 되는 아뢰야식이 있다는 것을 체득하기 때문입니다.

예를 들어 안식, 곧 시지각이 발생할 때 탐욕 등이 함께 발생하고 함께 소멸한다고 하면 시지각이 사라지는 순간 탐욕 등도 사라질 수밖에 없을 것입니다. 그렇게 되면 기억되는 종자도 있을 수 없기 때문에 안식 등이 기억종자의 주체가 된다는 것은 성립될 수 없다는 것이며, 안식 등이 탐욕 등과 함께 생겨난다고 하면 탐욕 등의 습관이 체화되는 일도 일어나지 않게 된다는 것입니다. 탐욕이 체화된다는 것은 탐욕 그 자체의 공능이라기보다는 탐욕의 습관이 증장된다는 것을 뜻하기 때문입니다. 탐욕의 경향성이 커져 가는 것은 체화된 탐욕의 강도가 커져 간다는 것이므로 체화된 기억정보의 총합체인 아뢰야식이 탐욕을 상속하는 주체가 될 수밖에 없다는 것이지요.

안식과 이식 등 전6식은 인지가 발생하는 신경망의 배선이 달라, 여러 지각이 함께 생겨나거나 소멸할 수 없어 인지를 상속하는 주체가 될 수 없다는 것입니다. 아울러 안식 등이 습관을 만들어 가는 주체라고 할 수도 없습니다. 왜냐하면 안식이 발생했다고 해서 반드시 탐욕 등이 동반하여 함께 생겨나고 소멸하는 것이 아니기 때문이며 안식에 다른 식과 동반해 발생한 탐욕 등의 습관이 스며드는 것도 아니기 때문입니다. 이와 같은 이유로 안식 등의 전식에 여러 번뇌의 종자가 스며 있다고 할 수 없다는 것입니다.

만일 시지각인 안식이 탐욕 등의 습관과 기억의 주체가 되어 안식이 발생할 때 탐심 등도 따라서 발생한다고 하면, 아무런 심상도 만들어지지 않는 무상정이라는 선정의식상태에서는 탐욕 등도 있을 수 없으므로 무상정에서 나온 이후로는 탐욕 등이 의지할 곳이 없어진 것과 같게 됩니다. 그렇게 되면 탐욕 등이 스며드는 일도 일어날 수 없어 탐욕이 일어나지 않아야 하나, 선정의식에서 일상의 의식으로 돌아온 이후에도 여전히 탐욕 등의 마음이 발생하므로, 안식 등의 전식에 탐욕 등이 체화되어 있다는 것은 도리에 맞지 않습니다.

번뇌를 다스릴 수 있는 선정의식을 자재하게 쓸 수 있게 된 이후로도 거친 번뇌는 다스릴 수 있지만 미세한 번뇌를 다스릴 수 있는 힘이 생기지 않는 경우도 있기 때문입니다. 이 경우 미세한 번뇌는 어디에 스며 있다고 할 수 있겠습니까? 기억정보를 함장하고 있는 종자식, 곧 아뢰야식을 떠나서는 그와 같은 일이 있을 수 없으므로 안식 등의 전식에 번뇌가 스며 있다는 말은 맞지 않다는 것입니다.

번뇌를 다스릴 수 있는 선정의식은 의식 그 자체가 번뇌로부터 해탈된 상태와 같은데 어떻게 번뇌가 스며들 수 있으며, 번뇌와 함께 생겨나고 소멸될 수 있겠습니까? 의식 등의 전식이 번뇌의 주체라고 한다면 앞서 말씀드렸듯이 선정의식을 경험하고 나면 다시는 번뇌가 발생하지 않아야 하지만, 선정의식에서 일상의 의식으로 돌아올 때 번뇌가 발생하는 것만 보아도 전식 이외의 식이 번뇌 등의 기억종자를 함장하고 있다는 것을 알 수 있다고 하겠습니다.

의식이 알아차리고 있는 내부이미지인 심상은 같은 심상이라고 할 수 있는 것조차 실제로는 매 순간 앞서의 심상이 사라지고 새롭게 만들어진 심상이라고 할 수 있는데, 그것을 같은 것이라고 여기는 것은 같은 것으로 알아차리게 하는 기억정보 때문이라고 할 수 있습니다. 이 말은 의식이 이미지를 생성하는 주체라고 할 수 없다는 것입니다. 선정의식이든 일상의 의식이든 의식 그 자체가 다음 이미지를 만드는 종자로서 작용할 수 없다는 것이지요. 의식과 다른 식으로서 기억정보를 함장하고 있는 종자식이 있어야만 의식의 상속도 있을 수 있다는 것입니다.

① 오염된 인식의 근거

12연기설을 보면 생각과 말과 행동이 아뢰야식(기억정보)을 성립시키는 원인이 된다고 했으며, 그 행위의 결과가 기억종자로서 응축되어 있는 것을 업식이라고 한 것만 보아도 인식의 상속이 무엇을 토대로 일어나고 있는지를 잘 알 수 있습니다. 의식 그 자체가 종자이면서 업식이라고 한다면 행위로 말미암아 업식이 생긴다는 말도 성립되지 않을 것이고, 이미 지난 행위가 다음 행위에 영향을 미친다는 말도 성립되지 않을 것입니다. 의식현상인 애착 등의 색깔에 의해서 다음의 행위와 존재상태를 규정한다는 말이 성립되지 않는다는 것입니다.

만일 기억종자를 함장하고 있는 아뢰야식이 없다고 하면 세세생생 자아의식을 중심으로 한 인지가 상속된다는 말도 성립되지 않게 됩니다. 아뢰야식이 함장하고 있는 기억정보는 유전정보와 태어난 이후의 학습결과에 의해서 형성된 것이기 때문입니다.

부모로부터 유전정보를 반반씩 물려받아 수정된 수정란이 품고 있는 유전정보는 각각의 생명체가 부모세대로부터 물려받은 수직적인 정보이면서 동시에 이웃 생명체들과의 공생관계에서 얻게 된 생명정보이긴 하지만, 그 과정에서 변이와 교환 그리고 섞임 등으로 인해 대를 이어 정보의 발현양상이 달리 일어날 수밖에 없도록 대물림된 것입니다. 생명체마다 물려받은 기억종자와 학습된 기억정보를 종자식이라고 통칭하고 있지만, 발현양상이 다르도록 대물림된 것도 있기 때문에 생명활동의 실상은 낱낱 생명체마다 다른 생존환경과 접속하는 것과 같다는 것입니다.

따라서 아뢰야식의 기능은 의식 등의 전식과는 다를 수밖에 없습니다. 의식이 정보를 상속시키는 주체라고 한다면 의식작용 그 자체가 수정란의 정보를 상속한다는 것인데, 이것은 이치에 맞는 말이 아니라는 것입니다. 대물림된 것이 백지와 같이 청정한 인지능력만이 아니라 사건·사물을 분별하고 그것을 실재시하는 분별공능도 물려받은 것과 같다는 것이지요. 의식이 이와 같은 일을 할 수 없는 까닭은 시간을 연속해서 의식작용이 계속되지 않는다는 점 때문이며, 또 수정란으로 있을 때는 의식작용조차 명료하지 않기 때문입니다.

그러므로 기억정보와 생명정보를 상속하는 것은 의식이 아니라 일체종자를 함장한 아뢰야식일 수밖에 없습니다. 또한 아뢰야식과 의식이 화합한 상태에서 새로운 의식이 발생하고 그 의식이 종자식이 되는 것도 아닙니다. 수용된 감각자료를 해석하기 위해 기억의 자모음을 재구성하여 심상이 만들어지면 의식적인 앎이 발생하며, 이와 같은 의식작용에 의해 해석된 정보가 다시 종자로 수렴되는 것이 사실이라고 하더라도 의식 그 자체가 종자식이 될 수는 없다는 것입니다. 기억의 자모음인 종자들이 화합하여 하나의 인지주체를 이루는 것은 일체종자식일 수밖에 없다는 것이지요.

일체종자를 함장하고 있는 아뢰야식을 이숙식(異熟識)이라고도 하는데, 그 까닭은 해석된 심상이 종자화될 때 심상 그대로가 기억되는 것이 아니라 심상을 만든 자모음으로 해체된 이후에 자모음이 종자로 남기 때문이며, 그 결과 앎과 기억의 양상이 다르기 때문입니다. 그렇기 때문에 종자화된 기억정보가 상속될 때, 상속의 주체인 듯한 이숙식이 없다고 하면, 우리의 신체와 기억정보가 현재와 같이 유지되고 상속될 수도 없을 것입니다. 왜냐하면 이숙식 이외의 다른 식, 곧 전식은 내외부의 정보를 수용하는 눈 등의 감각기관과 그 기관에 수용되는 빛 등의 정보에 따라 지각양상이 다르기 때문입니다. 예를 들어 안식이 상속의 주체가 된다면 이식(耳識) 등이 발생할 수 있는 신체를 상속시킨다는 것은 성립될 수 없다는 것입니다. 더구나 안식 등은 지속해서 상속되는 견고한 특성도 없으므로 신체의 여러 감각기관이 생기기 위해서는 반드시 이숙식이 있어야 합니다.

이숙식이 없다고 하면 12인연에서 식과 명색이 서로를 의지하여 상속하는 일도 있을 수 없습니다. 아뢰야식 또는 이숙식이라고 이름하는 것에 의해 기억의 자모음을 잃지 않고 집지하고 있기에 몸과 마음의 발현양상이 유지될 수 있다는 것입니다. 이숙식이라는 공능이 있기 때문에 생명이 태어난다거나 태어난 생명체들의 생명활동인 먹는 일과 생각하는 일 등이 연속될 수 있다는 것이지요. 기억정보를 토대로 먹는 일과 생각하는 일 등의 생명활동이 이루어지기 때문이며, 매 순간 새로운 인연을 만날지라도 그 인연을 이미 경험한 기억을 토대로 해석하면서 생명활동이 이루어지기 때문입니다.

또한 욕망을 토대로 삶을 살다가도 인연에 따라 욕망을 떠나는 삶을 살려고 할 경우에도 생명활동의 연속성이 담보될 수 있는 것은, 현재 의식의 이면에 생각과 말과 행동의 습관을 기억의 자모음 형태로 변환하여 기억정보를 상속해 가는 이숙식이 있기 때문에 가능하다는 것입니다. 예를 들어 번뇌가 작용하지 않는 선정 상태를 경험했다고 하더라도 다시 번뇌가 발생하는 것만 봐도, 의식 이면에 모든 심리현상의 뿌리가 되는 종자가 면면히 상속된다는 것을 알 수 있다고 하겠습니다. 종자식이 온전히 전환되기 전에는, 곧 뿌리가 뽑히기 전에는 번뇌로부터 자유로울 수 없다는 것이지요.

유전정보와 기억정보의 상속이 이와 같이 이루어지고 있기 때문에 새로 태어난 생명체라고 하더라도 인지의 조건이 백지와 같은 상태가 아니라는 것이며, 유전되고 상속된 기억의 자모음을 통해서 인지가 이루어지고 있다는 것입니다.

② 청정한 인식의 근거

경험의 일반상이 기억의 자모음으로 해체되어 상속되고 있기 때문에 마음 씀에 따라서 욕탐에 물들지 않는 심상을 만들 수도 있고, 아무런 심상이 만들어지지 않는 상태도 있을 수 있는데, 이와 같은 경험의 강도가 강해지면 인지망의 배선도 달라지면서 이전과 다른 삶을 살 수 있게 됩니다. 욕탐을 여의는 경험의 강도가 약하다고 하면 심리상태를 발생시키는 인지의 망이 이전의 배선에 의지하게 되므로 다른 세계를 경험하기가 어렵지만, 선정 등 특정 의식세계를 경험하는 강도가 증가하게 되면 인지의 배선망이 달라지면서 인지의 경향성도 달라지기 때문입니다. 수행의 힘이 강해진다는 것은 번뇌를 여의는 추동력이 강해진다는 것이며, 추동력의 강도에 따라 차례대로 번뇌를 여의게 되면서 다른 세계를 경험하게 된다는 것입니다.

차례대로라고 하는 것은 선정의식을 발생시키는 신체화된 배선의 강도에 따른다는 뜻입니다. 선정의 경험이 다음에 일어나는 심리현상에 영향을 끼치게 되는데, 그 영향력이 일정 정도의 임계점을 넘게 되면 다른 세계(색계 등)를 경험할 수 있다는 것입니다. 이 또한 이숙식이 있기 때문에 가능하다는 것이지요.

이 말은 부처님의 설법을 듣고 그 말씀에 의지하여 마음챙김과 행동을 깊이 있게 할 수 있고, 그와 같은 활동을 통해 바른 견해를 획득할 수 있는 것도 기억된 정보를 집지하고 상속하면서도 현재의 인연에 따라 인지의 배선망을 새로 설정하는 이숙식이 있기 때문에 가능하다는 것입니다.

부처님의 가르침과 그 가르침에 따른 행동을 하기로 주의를 기울였다는 것은 단순히 들었다는 것과 그 의미를 이해했다는 의식에만 의지하는 것이 아니라는 것입니다. 의식하는 일이 중요하다고는 해도, 곧 듣는다는 일과 이해하는 일이 중요하다고는 해도 그 일이 연속되는 것도 아니고 다른 인지 상황과 겹치면서 순일하지도 않기 때문입니다.

한발 더 들어가 본다면 듣는다는 일과 그에 따른 이해는 이미 과거와 만나는 일과 같으므로, 곧 기억정보를 의지해서 재구성된 현재라고 할 수 있으므로 의식이 기억정보를 집지하고 상속을 담당하기에는 한계가 있다는 것입니다.

아뢰야식, 곧 기억정보(종자)와 인지공능인 식(識)이 전식인 의식으로 전환되기에 부처님의 가르침을 이해할 수 있고, 이해한 내용을 체화할 수도 있지만 의식작용이 연속될 수 있는 것은 의식 그 자체의 공능이 아니라 상속되는 종자식이 있기에 가능하다는 것입니다.

종자를 집지하고 있는 이숙식이 있기 때문에 '오염된 인지현상'이 발생한다는 것을 알 수 있겠는데, 그와 같은 오염된 마음현상을 다스릴 수 있는 종자는 어디에서 생겨납니까?

이 말은 "온전히 청정한 마음작용은 일찍이 경험하지 못했기에 청정한 마음이 생겨날 수 있는 경험종자가 없는데도 불구하고 욕탐으로 얼룩진 세계를 넘어선다는 것은 어떻게 가능한가"라는 질문입니다.

이 질문에 대한 부처님의 답은 우리의 삶이 연기법, 곧 상호의존의 관계망을 통해서 이루어지고 있기 때문에 가능하다는 것입니다. 지성을 바탕으로 한 생명계의 흐름은 끊임없이 변해 가는 사건들의 총합이라고 할 수 있으므로, 생명흐름의 실상은 어떤 색으로도 물들 수 없다는 것입니다. 그러므로 생명의 실상에서 흘러나온 소리에 귀를 기울이면 욕탐에 머물러 있는 마음현상에 구멍을 뚫어 집착 없는 생명의 흐름을 깨닫게 되고, 이때 청정한 마음이 생겨나는 것과 같다는 것입니다.

생명의 실상인 법계가 들려주는 이야기를 들은 빈도수와 강도에 따라 지혜정보가 증장되면서 인지시스템의 질적인 전환이 이루어져 깨닫게 된다는 것입니다. 질적인 전환이 이루어지는 단계를 상·중·하로 나눌 수 있습니다. 정견을 학습하게 됨으로써 이루어지는 낮은 단계의 인식의 전환이 쌓이고 쌓이다 임계점을 넘게 되면, 무상 무아를 바탕으로 한 중간 단계의 사유수행인 지혜관찰이 깊어지게 되다, 마침내 깨달음이 온전히 체화되는 최종 단계에 이르기 때문입니다. 이는 삶의 근거가 들려주는 이야기를 들을 수 있는 내적 수용력의 크기에 따라 여러 단계가 있다는 것이며, 각 단계마다 그에 상응하는 소리를 듣게 된다는 것입니다.

③ 기억과 지혜의 본질과 작용양상

삶이 이루어지고 있는 인연의 관계망, 곧 인드라망의 법계가 들려주는 이야기를 듣는 능력에 따라 깨달음을 이루는 지혜의 작용이 상·중·하로 나뉜 것 같으나, 지혜의 공능은 아뢰야식이 품고 있는 종자와는 달리 법계 그 자체의 공능으로서 집착을 비우게 하기 때문에 청정하다고 할 수 있으며, 지혜의 열매를 맺게 한다고 할 수 있으며, 욕탐과 상응하지 않는다는 뜻에서 세간을 벗어나게 하는 공능이라고 할 수 있습니다.

생명의 흐름은 지혜의 작용이 욕탐의 종자와 함께 유전하고 있기 때문에 주의를 기울여 법계의 소리를 들으면 욕탐의 인지망에 구멍을 뚫어 어느 정도 욕탐을 다스릴 수 있고, 욕탐을 다스리는 힘이 커 가는 정도에 따라 아뢰야식이 지혜로운 판단의 토대로 전환되는 영역도 넓어지므로 불보살님들의 삶과 상응하는 삶을 살 수 있다는 것입니다. 수행자 스스로가 불보살이 되어 간다는 것이지요. 수행으로 지혜의 작용이 커진 만큼 자신의 몸과 마음이 연기법계와 상응하는 수행신, 곧 법신이 되어 간다는 것입니다. 대승수행자는 인드라망과 같은 법계의 인연과 상응하는 마음가짐이 커 가기 때문에 성문승과 독각승이 체득한 해탈신에 더해 보살신이면서 법신이 된다는 것입니다.

해탈된 몸이 되고 법의 몸이 된다는 것은 아뢰야식과 결별하는 것을 뜻합니다. 수행의 힘은 아뢰야식을 전환시키는 공능이라고도 할 수 있으므로, 해탈신과 법신의 영역은 아뢰야식의 영역이라고 할 수 없다는 것입니다. 바른 이해를 동반한 수행의 힘이 점점 커진다는 것은 신체화된 지혜의 강도도 커진다는 것이며, 그에 따라 분별의 토대가 되는 이숙식이 지혜의 토대인 대원경지(大圓鏡智)로 전환되어 간다는 것이기 때문입니다.

인식의 토대가 전환된다는 것은 본질적 사고, 곧 사건·사물들을 분류하여 일반상을 만들 뿐만 아니라 추상된 일반상에는 그와 상응하는 본질이 실재한다고 여기는 인지시스템의 토대인 기억종자들이 분별과 무분별 그리고 빈 마음을 자재하게 쓸 수 있는 지혜정보로 전환된다는 것입니다. 이는 생명의 실상인 연기법과 어긋나는 인지체계가 소멸된다는 것을 뜻하며, 종자라는 개념조차 사라지게 된다는 것을 뜻합니다.

의식적으로 무언가를 알아차린다는 것은 인식대상인 듯한 심상이 만들어지면, 인식주체인 듯한 식이 그것을 알아차리는 것처럼 보입니다. 심상과 의식은 아뢰야식, 곧 심상의 재료가 되는 기억종자를 함장하고 있는 창고라는 뜻의 '아뢰야'와 알아차리는 공능을 뜻하는 '식'이 무의식적으로 수용된 감각자료를 해석하기 위해 기억종자를 재구성해 심상을 만들고 나면, 곧 아뢰야식에서 인식주관인 듯한 의와 인식대상인 듯한 심상이 현상하게 되면서 의식적인 앎이 발생한다는 것입니다. 그러므로 알아차리는 공능 그 자체인 식은 청정하거나 또는 청정하지 않다는 의미를 갖고 있지 않습니다. 심상에 스며 있는 요소에 따라 청정과 청정하지 않음이 결정된다는 것입니다. 아뢰야식에 함장된 기억의 자모음이 갖고 있는 강도와 색깔을 재구성해 사건·사물을 분별하므로, 분별하는 것이 앎이 되면서도 사건·사물의 실상을 오도하게 된다는 점이 청정하지 않다는 것입니다.

그렇기는 해도 마음챙김 수행을 통해서 무분별과 빈 마음상태를 경험하게 되고, 그와 같은 수행정보가 아뢰야식에 스며들게 되면 분별된 일반상(언어와 상응하는 이미지)을 중심으로 사건·사물을 파악하는 아뢰야식의 공능에 변화가 일어나다가, 분별이미지에 집착하는 공능이 완전히 사라지게 되면 아뢰야식이라는 개념을 쓸 수 없게 됩니다. 아뢰야식의 공능 전체가 지혜작용으로 전환됐기 때문입니다(이 상태를 대원경지라 합니다). 이 일이 가능한 것은 아뢰야식이 기억의 자모음을 바탕으로 심상을 만들고 해체하기를 반복하고 있기 때문입니다.

마음챙김이 깊어져 심상에 현혹되지 않는 인지가 아뢰야식의 인지활동을 전환할 수 있는 까닭도 여기에 있습니다. 이런 뜻에서 심상을 만들고 심상을 집지하고 심상에 집착하는 측면에서는 아뢰야식이 청정하지 않다고 할 수 있으나, 찰나찰나 심상을 해체하고 인연 따라 기억을 재구성하는 측면을 보면, 곧 심상 그자체에 집착하지 않는 측면에서 보면 청정하지 않다고만 이야기할 수 없다는 것입니다.

인지의 능력만으로 보면 청정과 물듦이 있을 수 없는 상태를 물이 섞인 우유를 가지고 비유할 수 있습니다. 거위가 우유가 섞인 물을 마신다고 할 때 물을 마신다고 할 수도 있고 우유를 마신다고 할 수도 있다는 것입니다. 이 말은 번뇌를 여의고자 욕탐을 있는 그대로 지켜보는 고요한 마음이 욕망에 들뜬 거친 마음에 스며든다고도 할 수 있고, 청정한 마음의 활동강도가 높아진다고도 이야기할 수 있다는 것입니다. 그러므로 고요히 지켜보는 마음의 강도가 커진 만큼 거친 심리활동이 잦아들게 되면, 곧 외부의 대상(실상은 자신의 기억정보를 토대로 만들어진 것으로 잘못된 가치판단 등이 개입된 대상)에 따라 흔들리는 거친 마음이 일어나지 않게 되면 세상을 보는 눈의 근거가 전환될 전기를 마련했다고 할 수 있겠지요.

④ 멸진정의 근거

이와 같은 선정의식 가운데는 멸진정, 곧 빈 마음상태가 있는데, 이때에는 지각의 스위치가 잠시 꺼진 것과 같습니다. 그렇다고 해서 신체의 분자지성이 활동을 멈춘 것은 아닙니다. 신체는 그 자체로 온전한 지성체이기 때문입니다. 그러다가 지각의 스위치가 켜지면 일상의 의식작용이 다시 발현됩니다. 빈 마음이라고 해서 아뢰야식인 마음 그 자체가 빈 것이 아니라 심상을 만드는 인지시스템이 잠시 쉬게 되면서 의식작용이 잠시 일어나지 않는 상태라는 것입니다.

멸진정을 경험했다는 것은 마음조차 상주하지 않는다는 것을 체험했다는 것이며, 빈 마음상태에서 인연 따라 모든 현상이 펼쳐지는 것을 체험한 것과 같습니다. 그러므로 인식의 장은 비었지만 빈 것이 아니며 현상하지만 실재라고 할 수 없습니다. 이 일이 가능한 것은 낱낱 사건·사물마다 그것의 실재를 규정하는 실체가 있는 것이 아니라 중첩된 인연에 의해서 그 모습으로 현상하기 때문입니다. 이 상황을 공성이라고 합니다.

인식의 토대가 전환됐다는 것은 이와 같은 상태를 자유자재로 시현할 수 있게 됐다는 것입니다. 실제로 많은 수행자들께서 이와 같은 경험을 했으므로 이구동성으로 같은 이야기를 하셨겠지요. 이 일이 가능한 것은 아뢰야식에서 식의 역할이 심상을 있는 그대로 비추는 거울과 같은 작용을 하기 때문입니다(아뢰야식이라는 것은 심상과 거울이 분리되지 않는 상태라고 할 수 있고, 의식작용으로 현상할 때는 거울과 심상이 분리된 것과 같은 상태에서 안다는 사건이 일어난 것과 같다는 것입니다). 그렇기 때문에 멸진정상태에서 일상의 인식 세계로 나온다고 해서 아뢰야식이 새로 생기는 것이 아닙니다. 빈 마음상태는 오염된 인식결과를 가지고 내부이미지를 만들지 않는다는 뜻에서 보면 아뢰야라는 이름을 쓸 수 없지만 식이라는 지성활동 그 자체가 사라지거나 새로 생기는 것이 아니기 때문이며, 오염된 인식결과를 상속시켜 가듯 청정한 인식내용도 상속시켜 가는 것이 근본식(根本識)의 특성이기 때문입니다.

멸진정에 대해서, 어떤 학파는 멸진정의 상태에서도 미세한 의식이 있으므로 마음작용이 계속된다고 주장하기도 하지만 이 주장은 도리에 맞지 않습니다. 진정한 멸진상태라고 한다면 멸진이라는 이름이 뜻하듯이 거친 마음작용은 말할 것도 없고 미세한 마음조차 작용하지 않는 상태이기 때문입니다. 마음작용이 끊어졌다는 것은 시간과 공간의 경계 나눔이 사라진 것과 같습니다. 시공간의 경계를 구분하면서 사건·사물을 분별하는 일상의 의식상태와 다른 상태라는 것입니다. 그렇다고 해서 식이 몸을 떠난 것은 아닙니다. 몸과 마음 그 자체가 본래부터 하나의 지성체이기 때문입니다.

멸진정상태에서는 분별되는 내부이미지가 만들어지지 않으므로 식의 작용이 멈춘 것과 같아 거친 마음은 말할 것 없고 미세한 의식도 있을 수 없습니다. 이미지가 만들어지지 않는다는 것은 청정한 마음상태라는 말조차 성립되지 않는다는 것입니다. 이것이 지성의 특성입니다. 지성 그 자체가 선도 악도 아니기에 청정한 인지와 오염된 인지가 발생할 수도 있고, 바른 이해와 선정체험에 의해서 오염된 기억종자를 소멸할 수도 있으며, 선한 마음을 쓰는 습관의 강도가 증장될 수도 있다는 것입니다. 거칠거나 미세한 상태를 막론하고 의식이 있다는 것은 내부이미지가 만들어졌다는 것이며, 내부이미지와 접속이 발생하게 된다는 것이기에 감각자료를 수용하는 수(受)의 작용과 내부영상을 만드는 상(想)의 작용이 전혀 발생하지 않아야 멸진정인 빈 마음을 경험했다고 할 수 있습니다.

내외부에서 발생한 감각정보를 수용한다는 것은 무의식적으로 그 정보에 주의가 기울여진 상태라고 할 수 있는데, 이 상태에서 경계가 분명한 심상이 만들어지지 않는 것이 무상정(無想定)이고, 멸진정, 곧 무수상정(無受想定)이란 지각의 스위치가 꺼져 마음작용이 일어나는 단초인 감각정보를 수용하는 일조차 발생하지 않는 빈 마음상태를 뜻하기 때문입니다.

심상은 만들어지지만 그것을 알아차리는 마음작용이 없는 상태를 멸진정이라고 주장할 수도 없습니다. 심상이 있다는 것은 언제나 그것을 알아차리고 있는 마음이 있다는 것입니다. '심상'과 '심상을 알아차리는 의식'은 갈대의 단이 서로 의지하여 서 있는 것과 같기 때문입니다. 숨 쉬는 것과 몸의 관계는 떼려야 뗄 수 없는 것이기는 하지만, 숨을 잠시 멈춘다고 해서 몸이 사라지지 않는 것과는 달리 지각과 심상의 관계는 항상 짝으로 작용한다는 것이지요.

만일 멸진정상태에서도 미세한 의식이 있다고 한다면 '선심'이나 '악심' 또는 '선악이 아닌 마음'이 번갈아 일어날 수도 없습니다. 멸진정상태에서 작용하는 미세한 의식이 상속되는 마음이므로, 이 마음에 악한 마음이 자리 잡았다면 선심 등은 상속될 수 없기 때문입니다.

또한 몸과 의식이 기억종자를 상속하고 있다는 주장도 있는데 이 주장 또한 성립되지 않습니다. 몸이 기억종자를 상속하고 있다면 몸에 대한 지각이 사라지는 선정상태를 경험하고 나면 다음부터는 몸에 대한 지각이 생겨나지 않아야 되기 때문입니다.

더 나아가 몸의 감각이 사라지는 선정체험과 의식이 사라지는 선정체험에서 깨어난 이후의 현실경험을 통해서도 앞서의 몸과 마음상태가 뒤따르는 몸과 마음상태의 종자가 된다는 것은 성립되지 않는다는 것을 알 수 있습니다.

앞서의 마음상태가 뒤따르는 마음상태의 종자가 된다고 하면 아라한이 된 뒤로는 아라한이 되기 이전의 감각지각이 발생하지 않아야 하나, 그렇지 않는 것을 보면 미세한 의식이 종자를 함장하고 있기 때문에 의식이 상속된다는 것도 성립되지 않음을 알 수 있습니다(다만 의식흐름이 시간차 없는 듯이 상속된다는 뜻[等無間緣]은 성립됩니다).

⑤ 기억정보의 상속

아뢰야식이 함장하고 있는 기억종자를 '경험과 달리 익은 것'(異熟)이라고 하는 것은 의식된 것들이 기억의 자모음으로 해체되어 상속되기 때문입니다. 오염된 인식과 청정한 인식이 일어날 수 있는 근거로서 이숙식인 아뢰야(기억종자의 창고) 식(근본지성)이 있기 때문에 의식도 있을 수 있습니다.

그렇다면 몸과 아뢰야식의 관계는 어떻게 됩니까? 이 둘은 같은 것도 다른 것도 아닙니다. 왜냐하면 몸 그 자체가 기억의 자모음을 엮는 인지의 배선망이라고 할 수 있기 때문입니다. 배선망의 강도와 넓이에 따라 인지의 내용과 감정의 색깔이 달라질 수 있으므로 오염된 인식과 청정한 인식도 일어나게 되지만, 곧 배선망 그 자체가 인지를 결정하기도 하지만 인연 따라 배선망의 양상이 변하면서 인지의 내용과 색깔을 결정하기도 하므로 배선망이 인지의 중심이 아니라 무의식층에서 아뢰야식이 펼치는 지성의 작용이 인지의 중심이 될 수밖에 없다는 것입니다. 아뢰야식은 신체의 내외부의 조건과 공명하면서 인식작용을 하기 때문에, 몸과 다른 것이 아니면서도 몸에 한정되지 않는다는 것입니다. 우리의 신체 속에 신체의 속성과 다른 지성이 깃든 것이 아니라 신체 그 자체가 온전히 지성의 활동을 하면서도 신체의 한계를 넘어서는 추상작용도 일어나고 있다는 것입니다.

보살수행을 통해 청정한 마음 씀이 가능한 것도 기존의 기억 정보만을 의지하지 않기 때문에 가능하다는 것입니다. 사건·사물을 분류하여 일반상을 만들고, 만들어진 일반상이 그 자체로 본질을 갖는다는 인지체계에 구멍을 뚫어 본질적 사고로부터 벗어나는 사유를 하게 하는 것이 수행이라는 것이지요. 그 결과 기억정보에 집착하지 않게 됨으로써 집착의 결과로 파생하는 번뇌가 일어나지 않게 된다는 것입니다. 지혜수행으로 인식의 토대가 지혜정보로 전환될 수 있는 것도 몸과 마음이 같으면서도 다르기 때문이라는 것입니다.

이 말은 마음챙김으로 번뇌가 발생하지 않는 의식현상만을 놓고서 인식의 근거가 변했다고 말하기는 어렵다는 것입니다. 신체화된 오염된 종자가 사라져야만 인식의 전환이 온전히 일어날 수 있다는 것입니다. 만일 마음챙김만으로 인식의 토대가 변한다면 수행하는 마음작용(因) 그대로가 열반인 과(果)를 성취한다고 할 수 있으나, 실상은 마음챙김이 남긴 수행공덕이 기억정보층을 전환시켜야만 온전한 열반의 과를 이루게 된다는 것입니다. 마음챙김 수행으로 청정한 마음 씀이 한 번 일어났다고 해서 상속되는 마음의 흐름이 곧바로 청정해지지 않는다는 것입니다.

3) 종자의 특성과 종자화된다는 것

아뢰야식이 함장하고 있는 종자의 특성과, 인식의 결과가 종자화되는 과정에 대해 알아보겠습니다.

종자의 특성에는 다음의 세 가지가 있습니다.

첫째, 명언(名言)에 따른 차별입니다.

일상에서 만나게 되는 갖가지 사건·사물들을 분류하여 일반상을 만들고, 그것에 이름을 붙이면서 감수된 정보를 해석하는 행위가 기억으로 남겨지기 때문에 종자인 기억의 자모음에 색깔과 강도의 차이가 생긴다는 것입니다.

둘째, 아견에 따른 차별입니다.

뭇 생명체마다 서로 다른 삶의 경험에 따라 형성된 종자의 총합을 나의 경험이라고 여기는 인지가 상속되면서 발생하는 차별입니다.

셋째, 종자들의 강도와 색깔에 따라 각자의 삶이 달리 이루어진다는 차별입니다.

다양한 생존조건에서 발생하는 사건·사물을 해석할 때 신체화된 종자의 색깔과 강도에 따라 인식의 내용과 감정의 강도 등이 다르게 정해진다는 것입니다.

종자화된다는 것에도 다음의 네 가지 뜻이 있습니다.

첫째, 우리의 지각은 기억정보에 의존해서 현재를 해석하는 행위이면서, 현재의 지각이 다시 기억정보에도 영향을 주어 종자의 경향성을 재배치하는 것과 같으므로, 지각하는 행위 자체는 과거를 드러내면서 동시에 새로운 미래를 만들어 가는 영향력을 남기는 것과 같습니다. 기억종자라고 해서 과거의 영역에 머무는 것이 아니라 현재의 지각에 영향을 주기도 하고 현재의 영향을 받아 미래의 좌표 설정을 위해 강도와 색깔을 재정비한다는 것입니다.

둘째, 일상의 행위가 종자화된다는 것은 인식된 심상이 자모음으로 해체된 연후 재배치된다는 것입니다.

생명체들의 행위가 기억의 자모음으로 해체된 연후 기존의 자모음에 배치되면 기존의 자모음이 갖고 있는 색깔과 강도에 변화가 생기게 된다는 것이며, 이들 자모음이 재구성되면서 상속되는 해석에 영향을 주기 때문에 갖가지 사건·사물들을 그 나름대로 이해할 수 있게 된다는 것입니다.

셋째, 인식의 토대인 종자식에 함장된 경험들이 경계 나눔을 바탕으로 각자 다르게 종자화되어 있기 때문에 자아에 대한 인상 또한 다를 수밖에 없다는 것입니다. 낱낱 생명체의 삶은 온갖 인연이 중첩되어 있기에 오직 자기만의 자기는 있을 수 없는데도 불구하고 분별된 자아가 있다고 여기는 오염된 의식이 발생하는 것도 각자 경험했던 삶의 내용들을 다르게 경계지어 종자화하고 그것을 집지하고 있기 때문이라는 것입니다.

넷째, 인식의 토대가 되는 종자식에는 생명체들끼리 공유하는 공통의 이미지와 각자의 독특한 신체상과 개별적 세계상이 종자화되었다고 할 수 있기 때문에 종자식이 상속된다는 뜻은 공통의 이미지조차 개별적 세계상과 사유의 방법에 의해서만 파악된 세계 이해가 상속된다는 것이라고 할 수 있습니다. 개체의 이미지이면서 공동체의 이미지이기도 한 세계 이해는 개체의 마음 씀이 어떠한가에 따라서 오염된 세계를 만들기도 하고 청정한 세계를 만들기도 한다는 것이지요.

그렇기 때문에 개인의 인식이 전환됐다고 해서 다른 생명체들의 인식조차 전환될 수는 없습니다. 공통의 인식기반이 있기 때문에 영향을 주고받기는 하겠지만 개체마다 종자식에 함장된 기억내용과 인지 습관이 다르기 때문에 한 사람이 청정해진다는 것은 그 사람이 살아가는 세계가 청정해진다고 할 수는 있지만, 뭇생명 모두가 청정해진다고 할 수는 없다는 것입니다.

이 말은 수행을 통해 인식의 기반이 전환된다는 것은 온전히 개인의 독자적인 세계 해석 기반이 바뀐다는 것을 뜻한다는 것입니다. 다만 자신만의 세계가 하나의 세계로 따로 있는 것이 아니라 생명계의 모든 역사가 중첩된 다세계(多世界)라고 할 수 있기 때문에 중첩된 자신의 다세계가 청정해졌다고는 할 수 있습니다.

세계를 보는 눈이 바뀐다는 것은 개인이 갖고 있는 내부이미지의 조성방식이 바뀐다는 것이지만, 그 이미지 속에 중첩되어 있는 공통 요소 때문에 개인의 이미지 조성방식이 바뀐다는 것이 참으로 어려우며, 기억정보를 이용해 현재를 해석하는 인지시스템으로 말미암아 만들어진 세계상에 대한 바른 이해가 발생하기도 어렵다는 것입니다. 자신의 삶, 곧 생각하고 말하고 행동하는 것들을 온전히 살피는 수행을 했을 때만이 갖가지 심상이 기억이 만드는 세계상임을 이해할 수 있고, 바른 이해가 깊어지면 심상의 유혹을 견딜 수도 있지만, 세계 그 자체가 온갖 생명체들의 삶이 중첩되어 있기에 세계의 이미지를 바꾼다는 것이 쉽지 않다는 것입니다.

그렇기 때문에 수행을 통해 마음이 청정하게 됐다는 것은 수행자 자신의 견해가 전환됐다는 것을 뜻하며, 자신의 인식토대가 청정하게 되면서 자신과 접속하는 세계상을 바르게 이해하게 됐다는 것을 뜻합니다. 어떤 사람이 부처가 되어 인지가 온전히 청정해졌다고 해도 인연이 중첩된 세계가 온전히 청정해지지 않는 까닭도 여기에 있습니다. 세계 그 자체로 보면 청정하거나 오염됐다고 할 수 없지만, 세계를 인식하는 뭇 생명체의 인지 조건에 따라 청정한 세계도 있고 오염된 세계도 있다는 것이지요.

각자의 삶마다 온전히 개체로서의 이미지를 만들어 사는 삶이면서도 그 이미지 속에 공통의 기억종자도 있기 때문에 공명하는 세계이미지를 그릴 수 있으나, 개체가 접속하는 세계상은 각자가 살아온 경험기억인 종자식을 기반으로 해석된 세계라고 하겠습니다. 그렇지 않다고 하면 세계를 보는 각자의 눈이 어찌 다를 수 있겠습니까!

종자식의 종자를 크게 나누어 보면 아집의 강도를 키워 가는 무거운 종자들과 자리이타의 경향성을 키워 가는 가벼운 종자들이 있습니다. 이와 같은 종자들의 구성비에 따라 자신이 펼치는 세계상이 다르며, 그에 따라 개인이 감당하는 삶의 무게도 다르게 됩니다.

또한 인연 따라 종자의 강도가 변하기도 하고 없어지기도 하는 선과 불선(善不善)의 종자도 있고, 언어와 같이 이미지를 상속하는 종자도 있습니다. 행위의 결과에 따라 선(善)의 경향성과 불선(不善)의 경향성이 커지기도 하고 없어지기도 한다는 것이며, 사건·사물들의 일반상을 취해 이름 붙이면서 그것의 실재를 사유하게 하는 희론, 곧 허상의 이미지를 통해 사건·사물들을 이해하는 명언종자(名言種子)도 상속되고 있다는 것입니다.

스스로가 행했던 행동의 결과들이 습관의 강도를 정하므로 선행과 악행의 과보가 증장하기도 하고 소멸하기도 한다는 것이며, 이름 짓는 습성은 그것 자체가 생물체가 접속되는 정보를 파악하는 것과 같으므로 생존활동이 계속되는 한 결코 끝나지 않는 활동이 된다는 것입니다.

생명체의 생존활동은 시공간의 여러 인연이 중첩된 상태에서 갖가지 모습들을 드러내고 있기 때문에 사건·사물의 본질을 규정하는 실체로서의 특정인자가 있다고 할 수 없는데, 아뢰야식의 종자로 남아 있는 것들은 사건·사물들을 분별하고 이름 붙이면서 실재시한 것이라고 할 수 있으므로, 종자 그 자체는 환(幻), 아지랑이, 꿈과 같은 것이면서 사건·사물의 본질을 규정하는 요소라고 할 수 있습니다. 그러므로 아뢰야식을 이루는 종자를 통해 사건·사물들을 이해한다는 것은 자신이 만든 세계상을 외부의 세계라고 이해한 것이며, 생명계의 실상인 연기의 공성을 이해하지 못한 것으로 공성과 대척점에 있는 실체적인 사유, 곧 사건·사물들에 그것을 규정하는 특정한 본질이 있다는 전도된 생각을 하게 됩니다.

그렇기 때문에 아뢰야식인 종자식의 경향성을 어떻게 조율하는가에 따라 삶에 대한 바른 이해도 생겨날 수 있고, 번뇌의 힘도 줄어들 수 있습니다. 바른 이해를 바탕으로 번뇌의 강도를 어느 정도 줄였는가에 따라 수행단계가 정해지게 되는 것도 종자의 경향성에 늘어나고 줄어드는 특성이 있기 때문입니다.

수행을 통해 부처가 됐다는 것은 자리이타의 인지체계를 완성한 것으로 '본질주의적인 인식체계'에서 '연기적인 인식체계'로 인지의 습관이 변했다는 것이며, 본질주의적인 이해에 따라 발생했던 번뇌, 곧 아집 등에 의해서 형성됐던 번뇌가 사라졌다는 것을 뜻합니다. 다만 연기적인 인식체계를 이해했다고 하더라도 이미 익혀진 습관적인 본질사고의 영향력이 어느 정도 해소됐느냐에 따라 수행의 단계에 차이가 있을 수 있습니다. 종자식의 경향성이 변해 가는 정도가 수행의 단계와 의식활동의 내용이 변해 가는 정도를 결정하기 때문입니다.

4) 아뢰야식은 선도 악도 아니다

종자식 그 자체로 보면 선과 악 등의 행위가 남긴 경향성이라고 할 수 있으나(아뢰야), 근본에서 보면 생명활동의 본바탕이라고 할 수 있는 인지능력(식)이 있기에 분별도 가능하고 분별된 것들의 경향성도 연속될 수 있으며, 식이 있기에 자신의 인지시스템을 되돌아보는 수행도 가능하고, 수행으로 선정의식을 경험하게 되면서 종자식의 전환도 일어나게 됩니다.

　아뢰야식에서 인식능력 그 자체인 식은 접속된 정보를 분별하고 해석하는 능력(지성)이지만, 분별된 심상을 종자화하여 집지하는 아뢰야의 역할도 있으므로 인지시스템을 통찰하지 못한다면(지성이 불성으로 작용하지 않는다면) 종자화된 사유습관인 본질주의에 빠지고 맙니다. 이를 무명, 곧 근본적인 무지(지혜 없는 인식)라고 합니다.

　그렇기 때문에 인식능력이 깨달은 인식활동을 하기 위해서는 본질주의적인 사유의 근거가 되는 종자의 영향력을 넘어서는 수행이 필요합니다. 지성(불성)이 있다고 해서 깨달음이 저절로 일어나지 않는다는 것입니다. 종자의 영향력을 넘어선다는 것은 기억된 정보의 총합인 아뢰야를 넘어선다는 것이지만, 기억의 자모음인 종자들이 내부의 이미지를 만들어야 의식되는 인지활동이 있을 수 있기 때문에, 지성이 인식능력의 근거가 된다고 해도 종자의 활동을 넘어서지 못하면 종자가 만든 인지의 한계에 머물고 말기 때문입니다. 그렇다고 해서 종자의 활동 자체가 지성 그 자체를 반조해서 아는 불성으로의 작용을 온전히 가린 것이 아니기 때문에 마음챙김을 통해 오염된 분별의식을 넘어설 수 있습니다. 아뢰야식의 특성이 함장된 기억종자를 토대로 인지활동을 주도하는 역할을 한다고 하더라도 불성으로도 작용하는 식 그 자체의 공능을 가릴 수 없으므로, 상생하는 연기적 삶의 본바탕을 깨달을 수 있다는 것입니다.

3장
___

인식의
활동양상

3장 _ 인식의 활동양상

1. 인식현상의 세 가지 모습

지금까지 인식의 토대에 대해서 살펴보았으며, 다음부터는 인식의 양상에 대해서 살펴보겠습니다.

인식활동의 양상에는 의타기상, 변계소집상, 원성실상이라는 세 가지 특성이 있습니다.

의타기상이란 우리들의 인식활동은 기억된 경험정보들에 의지(依他)해서 일어나고 있다(起相)는 것입니다. 인식의 토대인 아뢰야식에 의지해서 의식적인 인식활동이 일어나고 있다는 것이지요. 아뢰야식은 감수된 감각자료인 사건·사물들의 정보를 있는 그대로 비추어 아는 것이 아니라, 사건·사물이 갖고 있는 여러 항목들을 분리해서 알아차린 후, 그것들을 통합하여 내부영상을 만드는 일을 한다고 할 수 있으며, 영상이 만들어져야 의식되는 사건·사물이 된다는 것입니다. 그러므로 인지된 것은 아뢰야식이 매 순간 하고 있는 창조적 해석의 결과라고 할 수 있습니다. 다만 분리의 기준은 내부화되어 있는 형식에 따른 것이라고 할 수 있기 때문에 세계 해석은 필연적으로 자기 이해이면서 외부가 되는데, 이 사실을 알지 못하면 내부형식의 개입 없이 외부를 있는 그대로 알아차린다고 여길 뿐만 아니라 내부 또한 외부와 전혀 관계없는 실재라고 여기게 됩니다.

분별된 것들의 실체성을 추상하는 내부형식에 의해 사건·사물의 존재성이 규정된다는 것입니다. 규정된 존재로서의 사건·사물을 알아차리는 의식활동이 아뢰야식을 의지해서 일어난다고 해서 의식을 전식(轉識)이라고 했습니다. 의식이 독자적인 인지활동을 하는 것이 아니라 아뢰야식이 의식으로 전환된 상태에서 일어나는 인식활동이 의식이라는 것입니다.

그렇다 보니 의식활동에는 기억의 자모음이 만든 착각이 반드시 개입되어 있다고 할 수 있습니다. 이를 착각이라고 하는 것은 변해 가는 사건·사물을 변치 않는 기억의 자모음에 의지해서 알아차리다 보니, 필연적으로 변치 않는 실재성을 전제로 사건·사물을 알아차리게 되기 때문입니다. 그렇기 때문에 종자식을 오염된 인식이 의지하는 곳이라 했으며, 종자가 오염돼 있기에 의식작용에도 착오가 일어나고, 착오된 인지결과를 고집하게 된다고 했습니다. 오염된 기억을 바탕으로 일어나고 있는 전식, 곧 의식의 활동은 착오된 인식이며 집착하는 인식이라는 것이지요.

의식을 전식이라고 하며, 내부영상을 실재라고 여기는 인식의 양상을 변계소집상이라고 하는 것은 이미 갖고 있는 기억들을 끄집어 내어 이리저리 맞춰보면서(邊計) 기억 이미지를 고집(所執)하는 것이 무상한 생명흐름과 어긋나는 인식활동(相)이 되기 때문입니다.

삶의 순간마다 펼쳐지는 인연으로 보면 결코 기억된 이미지만으로는 온전히 해석할 수 없는데도 불구하고, 인지의 편의성을 위해 무의식적으로 기억된 종자를 활용하게 되면서, 사건·사물이 연기의 공생 관계에서 되어 가는 사건·사물인 줄 모르고, 실체를 갖는 존재라고 여기는 것이 변계소집상이라는 것입니다.

이 말은 종자의 실상을 제대로 이해하게 되면 사건·사물들을 온전히 이해할 수 있다는 말과 같습니다. 아뢰야식을 의지해서 일어나고 사라지는 인지의 현상을 있는 그대로 지켜보면서 사건·사물들의 변화를 있는 그대로 보기 시작하면 오염된 본질주의적 사고로부터 자유롭게 되므로, 사건·사물들이 시공간적으로 상호 의존관계에서 '되어 가는 활동'을 하는 원만한 세계, 곧 연기적 실상을 깨닫게 된다는 것입니다.

깨달음이란 인식의 토대가 지혜가 작용할 수 있는 토대로 전환됐다는 것이며, 일상의 의식 가운데 변계소집상의 착오된 인식이 일어나지 않는 인지활동, 곧 생명흐름의 실상인 원성실상과 상응해 집착 없는 인지활동이 이루어지고 있는 상태라는 것입니다.

1) 의타기상 : 인지시스템

우리들의 인지시스템은 아뢰야식에 함장된 기억종자를 바탕으로 알아차리는 활동을 하게 되어 있기 때문에 착오된 인식, 곧 허망한 분별을 하게 된다고 했습니다. 허망한 의식의 분별양상을 보면 각자의 몸이 시공간의 인연이 만든 중첩된 몸이라는 생각보다는 분별된 나만의 몸이라는 생각과 그 몸의 주인격인 실체로서의 자아가 있다고 생각하거나, 그 자아가 감각정보를 수용하는 주체라고 여기며, 외부와 관계없는 것이라고 여기는 것 등이라고 하겠습니다. 이와 같은 생각은 자기와 타인의 차별을 본질적이라고 여길 뿐만 아니라 갖가지 생명의 관계를 종속적으로 파악하는 세계상을 만들어 차별을 정당화하기도 합니다. 그렇게 할 수 있는 것은 종자의 특성이 언어분별과 연계되어 있을 뿐만 아니라 감정의 기억들을 자아의 감정으로 여기는 인지의 상속이 계속되기 때문입니다.

아뢰야식이 함장하고 있는 기억정보(他)들에 의지(依)해서 발현(起)되는 이미지(相)가 자신이 만나는 세상이라는 것입니다. 인지시스템이 그렇기 때문입니다. 그렇다 보니 접속된 세상이 그 이미지대로 존립하지 않는다는 점에서 의식된 세계상은 허망한 분별에 지나지 않는다는 것입니다. 그렇지만 그것만이 우리들이 만나는 세계이므로 세계는 오직 식에 의해서 구성된 세계이면서, 인지의 한계 내에서 생성된 세계상이라고 하겠습니다. 인지되는 세계가 있는 그대로의 세계이면서 변해 가는 세계이기에 머물러 있는 언어이미지로 잡히는 세계일 수 없다는 것입니다. 이런 뜻에서 우리가 접속하는 세계는 허망한 세계이면서 진실한 세계라고 하겠습니다. 자신이 생성한 세계 밖에 다른 세계가 없다는 측면에서는 허망한 분별에 매몰되어 있을 때는 그 세계만이 진실하다고 여길 것이고, 허망한 이미지에 매몰되지 않게 되면 연기공성의 세계만이 진실한 세계라고 여길 것이기 때문입니다. 그렇기 때문에 '인지시스템을 아는 것'이 나와 세계에 대한 바른 이해의 출발점이 된다고 하겠습니다.

2) 변계소집상 : 허망분별

우리들이 매일 만나고 있는 세계는 실재의 세계가 아니라 이미지의 세계입니다. 그러므로 내부에서 해석된 이미지를(遍計) 실재라고 고집(所執)하는 인식은 허망한 분별일 수밖에 없다는 것입니다. 하여 인식된 세계는 아뢰야식이 펼쳐 낸 세계라는 것을 아는 것이 세계이해의 출발점이 된다고 말씀드렸습니다. 실체로서 존재하는 사건·사물이 아니라 아뢰야식이 그와 같이 존재하는 듯한 사건·사물의 이미지를 만들어야만 만날 수 있는 세계가 우리들이 만나는 세계라는 뜻입니다. 이런 뜻에서 살핌 없는 의식활동의 모습을 변계소집상이라고 이름한 것입니다.

　그렇기 때문에 인지의 내용이 아뢰야식이 현상한 것임을 철저하게 인지하게 되면 변치 않는 이미지에 집착하지 않는 지혜정보가 증장하다가 마침내 인식의 전환이 일어나게 됩니다. 인식의 토대가 지혜정보로 전환된 것이지요. 이 사건을 깨달음이라고 하며, 의지처(依)가 전환됐다(轉)는 뜻으로 전의(轉依)라고도 하며, 중첩된 인연에 상응하여 머묾 없는 생명활동을 할 수 있는 원만한 지혜를 성취했다고 해서 원성실상이라고도 합니다. 중첩된 생명계의 인연망인 연기실상을 온전히 이해하게 된 인식, 곧 지혜를 원만히 성취한 삶의 모습이라는 것입니다.

3) 원성실상 : 집착 없는 앎

우리들의 신체에 내외부의 감각자료를 수용해서 해석하는 여섯 가지 감각기관이 있음으로 인해 외부세계 또한 여섯 가지 형식으로 존재하게 됩니다. 눈 등이 없다면 형색 등의 세계도 있을 수 없다는 것이지요. 신체가 갖고 있는 기능에 의해서 그와 상응하는 세계가 펼쳐진다는 것입니다.

　그렇다고 해서, 곧 감각기관과 그에 상응하는 외부형식이 있다고 해서 인지가 저절로 발생하는 것은 아닙니다. 인지가 발생해야만 내외부가 있는 듯이 인식되기 때문입니다. 이 말은 내외부를 인지하는 것처럼 보여도 실제로는 내외부를 해석해야만 내외부가 존재하는 듯이 인지된다는 것이므로 아뢰야식이 펼쳐 내는 이미지가 자신의 세계가 될 수밖에 없다는 것이지요.

인지된 세계는 외부에 있는 사건·사물 그 자체가 아니라 내부에서 만든 세계에 지나지 않는다는 것입니다. 현실의 세계도 꿈의 인식과 크게 다르지 않다는 것입니다. 꿈꿀 때 만나는 사건·사물은 오직 기억종자들이 만들어 낸 사건·사물로서 실재의 사건·사물이 아니듯, 깨어 있을 때의 인식내용도 그와 같다는 것입니다. 꿈과는 달리 만져 볼 수 있다고 해도 만져진 느낌 그 자체는 온전히 내부에서 해석된 느낌이라는 것이지요. 사건·사물에 그와 같은 느낌이 있는 것이 아니라 기억된 종자들이 펼쳐 낸 느낌이라는 것입니다. 보고 맛보고 생각하는 것 또한 아뢰야식이 현상한 세계라는 것입니다.

꿈에서 깨어나면 꿈이 꿈인 줄 알 것이고, 꿈에 대한 이해가 깊어지면 꿈은 기억정보가 만들어 낸 세계라는 것을 이해할 수 있을 것입니다. 수행을 통해 세계에 대한 해석체계를 이해하게 되면 경험하는 세계 또한 기억종자들이 만들어 낸 세계라는 것을 알게 된다는 것입니다. 이 말은 꿈속에 있을 때는 꿈의 세계가 기억정보가 만든 허상인 줄 모르다가 꿈에서 깼을 때 비로소 그 세계가 허상인 줄 알 듯, 수행을 통해 깨달았을 때 비로소 경험되는 세계가 실재의 세계가 아니라 여러 인연이 중첩되어 흐르는 세계로서 어떤 것도 그 자체로 실재하지 않는 공의 세계임을 안다는 것이지요. 인식의 전환이 일어난 것입니다.

그렇기는 해도 인식의 전환이 일어난다는 것은 쉬운 일이 아닙니다. 갖가지 세계상에 대한 설명을 들어야 하는 까닭도 여기에 있습니다. 이미 밝혀진 사실을 토대로 기존의 인식현상을 살펴보고, 그릇된 인식기반이 있다면 바꾸어 가는 수행이 필요하다는 것이지요. 부처님의 가르침과 현재 밝혀진 여러 사실들을 토대로 세계인식이 오직 기억종자를 바탕으로 일어나고 있다는 것을 알아야 한다는 것입니다.

2. 알려진 것은 마음이 만든 이미지

『십지경』(十地經) 등을 보면 갖가지 세계상은 모두 마음이 만든 것이라고 이야기하고 있으며, 『해심밀경』에서는 선정의식 가운데서 발현되는 갖가지 영상 또한 마음의 세계라고 이야기하고 있는 것이 좋은 예라고 하겠습니다. 아뢰야식의 종자들이 펼쳐 내는 세계라는 것에서는 일상의 의식이나 선정의식이나 마찬가지라는 것입니다. 다만 선정의 경험이 체화된 것을 종자라고 하지 않고 선정의식 또는 지혜라고 하는 것은, 수행은 사건·사물을 존재로서 이해하게 하는 종자의 세력에 구멍을 뚫어 되어 가는 것으로서 사건·사물을 보게 하는 지혜가 스며들게 하는 것이며, 궁극적으로는 인식의 토대를 지혜가 작용하는 토대로 전환하는 역할을 하기 때문입니다.

깨달음을 성취해 인식의 토대가 온전히 전환되기 전에는 정도의 차이는 있지만 어느 경우에나 아뢰야식이 펼쳐 내는 세계라는 것입니다. 아뢰야식이 펼쳐 낸 세계는 인식대상으로서의 세계만이 아니라 인식주체인 듯 여기는 자아의식도 함께 펼쳐 내고 있기 때문에, 아뢰야식이 '보는 마음'과 '보이는 이미지'로 나누어져서 인식이 발생하는 것이라고 할 수 있습니다. 마음이 펼친 세계가 외부의 이미지가 되기 때문에 인식은 마음이 마음을 보는 것과 같다는 것이지요.

이 말은 만들어진 이미지만 실재하지 않는 것이 아니라 보는 마음 또한 실재하지 않는다는 것입니다. 실제로는 주관과 객관이 찰나찰나 만들어지고 해체되는 과정만 있다고 하겠습니다. 변치 않는 존재로서의 실체를 갖는 것은 아무것도 없다는 것입니다. 펼쳐질 때 보면 있는 것 같고 영상이 사라지면 없는 것 같을 뿐입니다.

심상을 만드는 기억정보들이 인연 따라 모였다 흩어지면서 실체가 있는 것 같은 것도 만들고 그것에 대한 이미지도 그릴 수 있게 된다는 것이지요. 마음거울에 비친 자신의 그림자를 자기로 아는 것도 환상이지만 이 환상 밖에 실재하는 마음거울이 있다는 것도 착오에 지나지 않는다는 것입니다. 마음이지만 영상을 떠나 있는 마음도 없고, 영상이지만 마음 밖에 존재하는 영상도 없습니다. 깨닫기 전까지는 '영상으로 드러나는 인연의 장'이 아뢰야식의 장이면서 유동하는 생명의 활동을 영상이미지 속에 가두는 인지시스템이 작동하는 세계라고 하겠습니다.

이와 같은 인지시스템을 깨닫고, 아뢰야식이 집지하고 있는 이미지에 대한 집착으로부터 벗어나게 하는 가르침이 부처님의 가르침입니다. 때문에 부처님께서는 일상의 의식으로 파악되는 이미지는 말할 것도 없고, 선정의식 가운데 나타나는 모든 영상 또한 아뢰야식이 펼쳐 내는 현상이라고 말씀하셨습니다. 보이는 영상마다 자신의 마음이라는 것입니다.

보살수행자, 곧 낱낱의 생명활동이 개체의 생명활동이면서 동시에 생명공동체를 이루는 활동이라는 것을 아는 수행자는 필연적으로 함께 아름다운 삶의 장을 이루기 위한 수행을 하며, 분별된 일체의 사건·사물들이 실재하는 것이 아니라 마음이 만들어 낸 분별이라는 것을 알기 때문에 보살의 삶을 사는 것이야말로 온전히 자신의 삶을 사는 것이면서, 생명공동체를 부처의 세계로 장엄하는 일이라는 것을 압니다. 선정의식 가운데 여러 가지 영상들이 생겨나고 사라지는 체험을 함으로써 기억조차 옛 기억을 그대로 재현하는 것이 아니라 기억의 자모음을 가지고 재구성한 영상인 줄 알아 만들어진 영상에 현혹되지 않기 때문입니다. 옛일을 기억하는 것처럼 보여도 실제로는 지금 만들어진 영상이 옛 기억을 회상케 하는 것과 같다는 것이지요. 영상은 어느 경우나 지금 여기의 인연이 만들어 낸 현재의 사건이라는 것입니다.

꿈이나 선정의식과 같은 경우에는 인식된 영상을 마음이 만들었다는 것을 이해할 수 있지만, '경험한 과거의 영상을 떠올리

는 것이 어찌 마음이 만든 이미지라고 할 수 있겠는가'라는 의문
을 품을 수는 있습니다. 하지만 옛날에 들었던 것을 기억하고 그
것을 통해 여러 가지 생각을 하는 경우라도 실제로는 과거를 그대
로 재현하는 것이 아니라 현재의 인연과 상응하여 과거의 영상에
스며 있는 기억의 자모음을 다시 조립하고 재구성해야만 과거의
경험이라고 재인된다는 것입니다. 재인된 기억은 아뢰야식을 이
루는 기억의 자모음을 의거해 재현된 영상이기 때문에 어떤 영상
이라고 할지라도 오롯이 마음이 만들어 낸 영상에 지나지 않는다
는 것입니다.

　이와 같은 비유와 비교를 통해서 사건·사물들을 이해한 사람
들은 비록 그 이해가 온전히 신체화되지 못했다고 할지라도 바른
이해를 정립할 근거를 마련한 것이 됩니다. 비유를 통해 모든 현
상은 마음이 만든 영상이라는 것을 이해하게 됐다는 것이지요.

1) 본다는 것

바른 이해(正見)를 정립했다는 것은 꿈이 마음이 만든 영상이라
는 것을 알듯, 눈으로 보는 사건·사물의 영상 또한 마음이 만든
영상이라는 것을 이해했다는 것입니다.

　본다는 일이 눈을 통해 이루어지고 있는 것 같기는 하지만 눈
은 외부의 감각자료를 수용하는 기관일 뿐 수용된 감각자료를 해
석하고 이미지를 만들어 인식에 이르게 하는 것은 마음이 하는 일

이라는 것을 알았다는 것입니다. 눈으로 들어오는 감각자료가 일정한 경우라도 마음상태에 따라 여러 가지 형색으로 해석되는 경우가 있는 것을 보면 마음이 만든 세상을 마음이 본다는 것을 쉽게 이해할 수 있다고 하겠습니다.

그렇기 때문에 감각기관에 수용된 사건·사물에 대한 정량적인 이해도 연속될 수 있는 것입니다. 잠시도 머물지 않는 생명흐름의 실상을 있는 그대로 알아차리기만 한다면, 한 순간의 인식은 사건·사물의 실상을 그대로 인식하는 것일 수는 있지만 이름에 상응하는 사건·사물에 대한 일반적인 이해가 발생하기 어렵다는 것입니다. 눈으로 들어오는 감각자료가 언제나 똑같기 때문에 그것을 같은 것이라고 이해하는 것이 아니라 이미 갖고 있는 이름에 의해서 수용된 감각자료가 그렇게 이해되면서 그것의 존재양상을 결정한다는 것이지요. 변치 않는 견고한 특성을 가지고 있기때문에 변치 않는 것이 아니라 이미 갖고 있는 개념이 변치 않기에 사건·사물을 존재로서 파악한다는 것입니다.

인연의 흐름에 따라 두 찰나를 이어 동일한 것이 상속되는 것일 수 없는 사건·사물들이 이름에 따라 두 찰나를 이어 동일한 것으로 상속하는 듯이 보인다는 것입니다. 다만 그 이름 속에는 시대 군중들이 함께 이루어 온 공유의 영역이 있기 때문에 상호간에 언어를 통한 이해가 발생할 수 있지만, 그 언어를 쓰고 있는 개인들의 내부현상을 보면 온전히 똑같을 수 없으므로 공명된 상호이해라고 하더라도 근본적으로 일치된 이해일 수 없습니다. 곧 각자

만나고 있는 세계상은 공유의 측면과 개인의 측면이 함께 만들어온 아뢰야식의 종자에 의해서 이미지화된 세계라는 것입니다.

변치 않는 세계를 보는 것이 아니라 변치 않는 이미지의 세계를 보는 것이 우리들이 세계를 이해하는 방식이며, 그와 같은 이미지를 만드는 종자들이 있기에 그 일이 가능하다는 것입니다. 사건·사물을 있는 그대로 이해하는 것이 아니라 종자가 사건·사물로 나타난 것과 같다고 하겠습니다. 그러므로 인식이 발생하고 있는 근거를 바르게 이해하지 못했다면, 분명하게 인식하는 것조차 뒤집혀진 인식이 되기 쉽습니다. 잘못된 인식을 토대로 번뇌가 발생하기 때문에 인지시스템을 바르게 이해하고 심상에 현혹되지 않는다면 번뇌와 그릇된 인식이 발생하지 않게 되는 까닭도 여기에 있습니다. 마음이 번뇌를 만들기도 하고 번뇌가 없는 세계를 만들기도 한다는 것입니다.

보여진 이미지는 사건·사물의 실상이 아니라 기억정보에 의해서 만들어진 것이면서 눈에 보이는 세계가 되니, 눈이 수용한 감각과 해석된 감각은 같은 것이라고 지칭되는 것의 두 가지 측면이라고 하겠습니다. 해석되지 않는다면 눈에 보이는 것이 될 수 없으며, 해석된 형상은 그렇게 보이도록 기억종자들이 만들어 준 것이므로, 해석하는 상황에 따라 지각내용이 달라질 수밖에 없습니다. 같은 사건·사물이라고 지칭되는 것도 그렇게 여기는 인식 습관에 의해서 그렇게 보인다는 것입니다.

그렇기 때문에 인식의 토대인 아뢰야식을 중심으로 우리들의 몸과 마음, 그리고 세계가 함께 상속된다고 할 수 있습니다. 각자의 세계이해는 아뢰야식의 기억정보들의 작용에 따라 빈틈없는 듯이 일어나고 있다는 것이지요.

더 나아가 본다면 아뢰야식을 이루고 있는 기억정보들의 양만큼 세계상을 만들 수 있으므로 사건·사물과 접속하는 감각기관도 진화를 통해 형성될 수 있었으며, 그 정보 또한 상속되었으므로 다섯 가지 감각기관의 역할과 의식작용이 끊임없이 이어질 수 있었을 것입니다. 이 말은 생명체의 수만큼 다른 세계상이 있을 수 있다는 것이며, 생명체의 수만큼 애착과 애착하지 않는 정도가 다를 수밖에 없다는 것입니다.

생물체마다 갖고 있는 기억정보들의 양과 강도의 차이에 따라 자신들이 수용하는 세계가 다를 것이므로 세계 또한 한없이 많으며, 그 세계에서 벌어지는 생존활동의 양상도 헤아릴 수 없이 많다는 것이지요.

2) 인식된 것은 기억정보를 재구성한 환상

내외부를 보거나 느낀다는 것은 그렇게 보고 느낄 수밖에 없는 이미지를 내외부에 투사해 놓고 그것을 내외부라고 알아차리는 것입니다. 우리들의 인지시스템이 그렇기 때문입니다. 보이는 세계뿐만 아니라 보는 주체 또한 아뢰야식이 만든 해석체계 속에서의 주체와 객체에 지나지 않는다는 것입니다. 의식이 파악하는 자아와 세계는 언어와 같이 분명하게 이미지화된 것, 곧 법화(法化)된 것들이기 때문입니다. 법화되지 않으면, 곧 의식될 수 있는 심상이 만들어지지 않으면 있다거나 없다고도 말할 수 없지만, 법화된 것들도 그 모습 그대로 실재하는 것들이 아닙니다.

법화된 것들은 오직 인식에 의해서만 파악될 수 있는 것들이며, 시간을 사유하게 되면서 시간을 이어서도 변치 않는 실체를 갖는 것으로 재이미지화된 것들이기 때문입니다. 세계의 흐름은 인연화합에 따라 변하므로 두 찰나를 이어 동일한 사건·사물들이 유전되지 않지만 기억종자로부터 파생된 것들, 곧 법화된 것들은 언제나 같은 이미지로 파악된다는 것입니다. 그렇기에 법화된 이미지를 통해 접속되는 세계는 오직 해석된 인식의 세계일 뿐, 실재하는 자아나 세계를 만나는 것이 아닙니다.

그럼에도 불구하고 법화된 기억의 자모음 그 자체가 개념의 일관성을 담보하고 있으므로 법화된 인식주체로서의 자아와 인식된 대상으로서의 세계가 불변의 실체를 갖는 존재처럼 알려지게 됩니다. 이와 같은 해석체계에 의해 인식주체와 인식대상이 각각 다른 실재로서 존재하는 것이 된다는 것입니다. 더 나아가 인식과 인식의 결과가 상호작용하면서 가열차게 자기와 세계를 구별하고, 구별된 이미지를 정보화하여 기억하고, 기억된 정보를 토대로 인식되는 이미지(법화된 이미지)를 다양하게 생산하면서 생존을 이어 가기 때문에 이미지에 집착하지 않기가 어렵게 됐다고 하겠습니다.

예를 들어 시지각이 발생되는 일차적인 현상은 망막에 감각 자료가 도달되는 것이라고 할 수 있으나(이 경우에도 눈이 갖고 있는 수용체의 한계가 외부로부터 접수된 감각자료의 한계를 규정합니다) 수용된 정보 가운데 주의를 기울이는 정보만 의식될 수 있기 때문입니다. 무의식적인 아뢰야식의 주의작용이 시지각의 내용을 정한다는 것입니다. 이 말은 무엇에 주의를 기울여야 하는지를 결정하는 것은 눈이 하는 것이 아니라 아뢰야식이 한다는 것이며, 이 결정에 따라 수용된 감각자료에 대한 내부영상이 만들어진 것을 알아차리는 것이 의식이라는 것입니다. 시지각이 발생하는 인지 시스템을 보면, 눈의 지각도 실제로는 아뢰야식의 지각이라고 할 수 있다는 것입니다. 보는 것과 보이는 것이 그 모습 그대로 있는 것 같기는 해도 실제로는 아뢰야식이 현상한 것들이 보이기 때문입니다.

그러므로 유식관법을 수행하는 보살수행자들이 인식주관과 인식대상 모두가 기억정보를 토대로 만들어진 것인 줄 통달하게 되면, 법화된 이미지인 심상뿐만 아니라 그 이미지를 알아차리고 있는 것 같은 인식주체로서 주관적 자아도 없는 줄 알게 됩니다. 마음이 만들어 낸 심상에도 속지 않아야 하겠지만 변덕스런 마음에도 속지 않아야 하는 까닭도 여기에 있습니다. 인식의 주체로서 의식이 있고, 그 의식이 눈 등과 상응하면서 시지각 등이 발생한다고 여겨서도 안 된다는 것입니다.

현재의 연구결과에 따르면 눈에 수용된 감각대상을 해석하기 위해서 180개의 영역으로 나누어진 뇌의 신피질 가운데 약 25 개 영역이 부분적인 해석을 하고, 그 해석이 합쳐져야 시지각이 발생한다고 하며, 지각된 내용에 따라 운동영역 등으로 신호를 보내야만 운동을 할 수 있다고 하니, 의식의 주체로서 단일한 어떤 것이 있고 그것이 주관이 되어서 인식과 운동 등이 발생하지 않는다는 것을 알 수 있다고 하겠습니다. 의식조차 아뢰야식의 영역인 신체화된 정보들의 통합에 의해서 발생하며, 이때 인식주관인 자아와 인식대상인 심상이 만들어지면서 의식되는 인지현상도 있을 수 있다는 것이지요.

그렇기는 해도, 곧 의식된 이미지는 뇌에 의해서 만들어진 이미지이긴 해도, 만들어진 이미지를 외부로 투사해 놓고 외부라고 읽고 있기 때문에 의식의 확장은 필연적이라고 할 수 있습니다. 확장된 의식의 영역은 개체의 영역이면서 중첩된 공유의 영역이라고 할 수 있는 까닭도 여기에 있습니다. 그렇지만 그 세계 또한 자신이 해석한 세계상이기 때문에 인간이 만든 세계상은 인간의 수만큼 많다고 할 수 있으며, 인식되는 이미지 그 자체로만 보면 홀로그램과 같기 때문에 인식된 이미지가 인식대상 그 자체라고 할 수도 없으며, 주체의식 또한 진화의 과정에서 발명된 것이라고 하니, 언어이미지에 상응하는 자아를 찾는 일이 참으로 허망한 일이라고 하겠습니다. 인지된 것이 실재처럼 읽혀지기는 하나 실제로는 실체를 갖는 실재는 없기 때문입니다.

인식을 토대로 살아가는 삶의 실제가 이렇기 때문에 홀로그램을 어떻게 만드느냐에 따라 청정한 삶도 만들 수 있고 청정하지 않은 삶도 만들 수 있습니다. 다만 한 사람의 세계상에도 공유의 문화가 깊숙이 스며들어 있기에 한 사람의 세계상이 변한다는 것도 쉽지 않고, 변했다고 해도 공유의 영역에 미치는 영향력도 한계를 가질 수밖에 없습니다.

3) 인식주체도 실재하지 않음

일상의 인식활동은 유전정보와 기억정보를 바탕으로 드러난 인식활동이며, 안팎으로 접속되는 수많은 정보들이 융합한 활동이므로 현행의식은 기억정보들이 만들어 놓은 미래상이 현재의 의식내용으로 드러난 것과 같다고 할 수 있습니다. 그러므로 드러난 의식과 드러나지 않는 의식(아뢰야식)의 상호작용으로 말미암아 독자적인 의식이 있는 듯이 여겨지지만 실제로는 내외부의 조건에 따라 시지각·청지각 등으로 작용한다고 할 수 있으니, 마음작용의 실상은 연기적 융합에 의한 작용일 뿐 마음조차 인식의 실체로서 존재하지 않는다는 것입니다.

　　아뢰야식조차 변치 않는 것이 아니라는 것입니다. 아뢰야식의 실체라고 할 수 있는 기억정보가 끊임없이 생성소멸하면서 현재 의식의 내용을 만들고, 만들어진 내용에 영향을 받으면서 종자의 상황이 변하기 때문입니다. 아뢰야식이라는 개념으로 보면 변치 않는 것 같지만 그 내용으로 보면 잠시도 같은 상태가 없다는 것입니다. 세계 인식은 자기 인식이나, 한 사람의 세계 인식조차 기억종자의 상황에 따라 다를 수밖에 없다는 것이지요.

그렇게 주장할 수는 있지만, 어떻게 그것을 알 수 있습니까?

이 일은 마음집중상태에 따라서 세계상이 변하는 것을 직접 경험한다면 쉽게 알 수 있습니다. 많은 보살수행자들도 마음집중을 통해 기억정보가 세계상을 만드는 것을 직관했기에 그렇게 이야기했습니다. 보살수행자들이 일상과 선정상태에서 경험한 심상의 변화를 네 가지 측면에서 살펴보면 다음과 같습니다.

첫째, 같은 것이라도 마음상태에 따라서 다른 영상으로 나타난 경험.

둘째, 선정의식상태에서 꿈처럼 갖가지 영상이 나타난 체험.

셋째, 보살수행자가 첫번째와 두번째의 경험을 통해서 인식되는 대상은 마음이 만들어 낸 이미지라는 것을 알게 됨으로써, 이미지에 집착하지 않는 지혜의 활동이 지속적으로 아뢰야식에 스며들어 신체화된 지혜가 일정 정도의 강도를 얻게 되면, 더 이상 의식적인 노력을 하지 않더라도 이미지 그 자체를 실재라고 여기는 오류를 범하지 않는 지혜작용이 지속되는 경험.

넷째, 지혜로운 판단이 지속되는 지혜의 몸을 이루게 됨으로써 다음과 같은 세 가지 뛰어난 능력을 성취하게 되는 경험이 이를 증명한다고 할 수 있습니다.

하나, 마음대로 이미지를 조율할 수 있는 능력입니다. 이 능력을 갖게 된 보살수행자는 언제 어디서나 집착 없는 사유를 할 수 있습니다.

둘, 뜻대로 선정에 들 수 있는 능력입니다. 이 능력을 갖게 된 수행자는 무상, 무아 등 부처님의 가르침을 깊고 넓게 체험할 수 있게 됨으로써 모든 이미지를 마음이 만든다는 것을 온전히 경험할 수 있습니다.

셋, 분별하는 마음작용을 뜻대로 그칠 수 있는 능력입니다. 이 능력을 성취했다는 것은 마음이 쉬면 어떤 이미지도 드러나지 않는다는 것을 철저하게 아는 지혜를 성취했다는 것을 뜻합니다.

보살수행자가 이와 같은 세 가지 수승하고 미묘한 능력을 성취했다는 것은 기억종자가 만든 심상에 현혹되어 발생하는 인식의 오류를 벗어나 생명흐름과 상응하는 공성을 아는 지혜를 자재하게 쓸 수 있게 됐다는 것입니다.

3. 세 가지 마음현상에 대한 정리

지금까지의 이야기를 종합해 보면 우리들의 인식은 타(他), 곧 인식의 토대인 아뢰야식에 의지(依)해서 일어난 것(起性)인데도 그와 같은 인지시스템을 모르기 때문에, 알려진 것들이 존재로서 실재한다는 오염된 인식, 곧 변계소집성의 인식이 발생한다는 것입니다.

의식현상은 유전정보와 기억정보인 종자에 의지해서 발생하지만, 발생한 내용으로 보면 기억정보들이 준비해 놓은 미래의 인상을 가지고 현재의 사건을 분별하는 것과 같으므로, 해석의 일관성을 담보할 수는 있지만 인연이 중첩된 생명흐름의 실상을 왜곡시키는 인식도 지속적으로 일어나게 된다는 것입니다.

종자가 만든 심상을 이리저리(遍) 헤아려(計) 실재라고 집착(所執)하는 인지현상인 변계소집성의 인식이 지속적으로 일어나고 있다는 것이지요. 의타기상, 곧 종자가 만든 심상을 실재하는 사건·사물이라고 여기는 것은 집착에 지나지 않는다는 것입니다.

그렇다면 생명흐름의 실상은 어떠할까요?

인식을 토대로 생명현상이 일어나고 사라지는 '인연의 장'은 두 찰나를 이어 동일하지 않은 흐름이므로 양화하여 집착할 수 있는 상황 자체가 본래 없으며, 이와 같은 흐름, 곧 인연 따라 되어가는 흐름이 인지 이전에 이미 원만하게 이루어지고 있다는 것입니다. 이것이 생명흐름의 본래 모습입니다.

더 나아가 마음챙김을 통해 '의식된 이미지가 만들어진 것'임을 사무치게 알아차려, 이미지에 집착하지 않는 청정한 인지시스템을 갖추게 되면 '어느 상태에도 머물지 않는 생명의 흐름'과 계합한 인식을 할 수 있습니다. 그렇기 때문에 수행자가 성취한 지혜활동을 생명활동의 진실상에 상응한 모습이라고 하여, 원만히(圓) 성취된(成) 진실상(實相) ── 원성실상 ── 이라고 이름한 것입니다.

학습과 수행으로 이와 같은 인지상태를 신체화했다는 것은 그물망처럼 얽혀 있는 생명계의 생명활동과 상응하는 삶을 산다는 것입니다. 그러므로 지혜를 성취했다는 것이 집착이 없는 인식 상태만을 뜻하는 것이 아니고 함께 아름다운 삶을 살아가는 모습으로 원성실상의 삶을 실현하는 것을 뜻합니다.

아뢰야식의 종자를 토대로 현재의 인연을 분별하고 해석하는 일이 가능한 것은 아뢰야식의 종자에서 인식주관과 인식대상이 함께 현상하면서 인지작용이 일어나기 때문입니다. 전식인 의식이 발현된 이미지(인식대상)를 분별하는 인식활동이 상속되는 것도 아뢰야식이 있기 때문이며, 부처님의 가르침을 학습하고 학습한 내용이 신체화되면서 수행의 공덕이 쌓일 수 있는 것도 아뢰야식의 공능이 있기 때문이며, 수행공덕이 임계점을 넘으면 아뢰야식의 작용이 지혜의 작용으로 전환될 수 있는 것도 아뢰야식이 불변의 실체가 아니기 때문입니다.

능동적으로 인식활동을 하는 것 또한 아뢰야식이 의식활동으로 전환된 것이며, 의식되는 시지각 등의 이미지(相識)가 종자화되면서 분별하고 해석하는 공능도 상속되기 때문에 의식내용에 따라 집착이 강화되기도 하고 약화되기도 한다는 것입니다. 인식주관과 같은 의식(意)과 인식대상인 듯한 이미지(法)가 함께 현상해야 의식적인 분별이 발생하고, 분별된 이미지를 집착하는 일과 집착을 내려놓는 일도 가능하다는 것입니다.

유전정보와 학습을 통한 기억정보 등을 바탕으로 만들어진 생각의 지도를 통해 현재의 인연을 해석하며, 해석된 인지내용이 다시 종자화되는 인지시스템에 의해서 뭇 생명의 세계와 부처의 세계가 건립된다는 것입니다. 다섯 가지 감각기관이 감수된 지각 정보를 각기 다른 양상으로 분류하고 통합하여 해석할 때 기억의 자모음을 조합하여 내부영상을 만든다는 것이며, 이 과정을 통해 온갖 추상적인 분별이 현상하게 되므로 의식의 분별양상도 한이 없으며, 한없는 분별영상이 상속되어 갈 수 있다는 것입니다. 결과적으로 의식의 작용은 일체의 사건·사물을 분별하고 해석하는 일이 될 수밖에 없다는 것입니다.

인지시스템을 전체적으로 보면 아뢰야인 종자와 식인 인지 공능이 함께 현상할 때 분별과 무분별의 의식작용도 일어나고 인지된 내용이 아뢰야식에 영향을 미치기 때문에 중생계와 불세계가 건립될 수 있다는 것입니다.

다시 말씀드리면 아뢰야식이 감수된 정보와 상응하는 기억의 자모음을 조합하여 감수된 정보의 이미지를 만듦과 동시에 그 이미지를 알아차리는 공능인 의(意)도 현상하게 되면서 만들어진 이미지 속에 들어 있는 언어 등의 정보를 인지하고 집착한다면 중생계를 건립하는 것과 같고, 의(意)의 알아차리는 공능이 알아차릴 뿐 집착하지 않는다면 불세계를 건립하는 것과 같다는 것입니다.

이와 같은 현상이 일어날 수 있는 것은 아뢰야식에 기억된 정보를 집지하고 있는 아타나(식)의 공능이 있기 때문이며, 그렇기에 아뢰야식을 아타나식이라고도 부른다고 했습니다. 의식되는 인지과정을 보면 기억의 자모음을 조합하여 심상을 만들고 만들어진 심상에 이름을 붙이면서 분별하기 때문에, 의식작용은 언어분별을 강화하는 작용이면서 감각자료를 그 언어이미지로 묶는 작업이 되기 쉽습니다. 그렇기 때문에 이미지에 해당되는 실재의 사물·사건이 존재하지 않음에도 불구하고 의식의 의해 분별된 사건·사물이 그 상태로 실재한다고 여기는 의식내용을 변계소집성이라고 했으며, 이미지에 집착하지 않는 의식현상을 원성실성이라고 말씀드렸습니다.

4. 세 가지 마음현상의 같음과 다름(1)

알아차리는 인지시스템에 의해서 세 가지 마음현상이 있는 것 같지만, 원성실성과 의타기성 그리고 변계소집성이 각기 다른 본질을 가지고 있는 것은 아닙니다. 작용하는 공능과 양상에 따라서 다르게 부를 뿐이므로 이들 셋은 다르지도 않지만 같은 것도 아닙니다.

　의식적인 인지가 타(他:아뢰야식)에 의지해서(依) 발생한다(起)는 측면에서 '의타기'라는 이름을 갖게 되고, 의식된 내용은 기억의 자모음인 종자가 만든 심상을 통해 일체의 사건·사물을 두루(遍) 분별(計)하고 분별된 이미지를 집착하는 일(所執)이라는 뜻에서 '변계소집성'이라고 했으며, 의타기의 인지현상에서 이미지에 집착하는 마음을 내려놓으면 인지의 실상이 공성(空性)에 상응한다고 해서 '원성실성'이라고 이름한다는 것입니다.

위의 세 가지 이름은 작용양상에 따라 각각 두 가지 특성을 갖고 있는 것과 같습니다.

의타기라는 이름에는,

첫째, 타(他)인 아뢰야식에 의거해서(依) 생기(生起)한다는 뜻과,

둘째, 기억종자에 의거해서 발생하기는 하지만 발생된 이미지를 어떻게 인지하느냐에 따라 착각도 있고 착각 없는 지각도 있을 수 있기 때문에 의타기성 그 자체를 오염됐다거나 청정하다고 할 수 없다는 뜻이 있습니다.

변계소집이라는 이름에는,

첫째, 각각의 사건·사물에 그 자체로 다른 것과 분별될 수 있는 독자적인 실체가 있다고 집착한다는 뜻과,

둘째, 독자적인 실체가 있기 때문에 다른 것과는 근본적으로 다르다고 분별한다는 뜻이 있습니다.

원성실이라는 이름에는,

첫째, 집착 없이 안다는 것은 인연의 변화를 있는 그대로 알아차린다는 것이므로 알아차리는 공능 그 자체는 청정할 수밖에 없다는 뜻과,

둘째, 그러므로 수행으로 성취한 지혜로운 마음 씀도 청정할 수밖에 없다는 뜻이 있습니다.

더 나아가 의식의 분별작용을 살펴보면 다음과 같은 네 가지 측면이 있습니다.

첫째, 사건·사물마다 독자적인 본질을 갖고 있다는 분별과,

둘째, 그렇기 때문에 하나의 사건·사물은 근본적으로 다른 것과 다르다는 분별,

셋째, 언어분별에 대한 자각이 있는 분별과,

넷째, 어린이와 같이 아직 언어분별에 대한 자각이 없는 분별입니다.

이들 분별을 다시 다섯 가지로 나누어 보면,

첫째, 하나의 언어에는 그에 상응하는 사건·사물이 실재로 존재한다는 분별과,

둘째, 각각의 사건·사물 그 자체가 본질적으로 다른 것과 다르므로 각각에 상응하는 언어가 있어야 한다는 분별,

셋째, 이미 알고 있는 이름에 의지해서 이름 그 자체에도 독자적인 본질이 있다고 여기는 분별과 이름에 따라, 아직 알지 못한 사건·사물을 헤아리는 분별,

넷째, 이미 알고 있는 사건·사물에 의거하여 그것들이 각각 독자적인 본질이 있다는 분별에 따라, 아직 이름을 알지 못한 사건·사물을 분별하는 것과,

다섯째, 이미 알고 있는 이름과 사물에 의지해서 새로 만나게 된 것들의 이름과 본질을 분별하는 양상이 있습니다.

다시 인지시스템이 갖고 있는 분별양상을 열 가지로 나누어

보면 다음과 같습니다.

첫째, 근본 분별로 아뢰야식의 종자들이 하고 있는 분별이며,

둘째, 아뢰야식의 종자에 의거해서 만들어진 이미지를 분별하는 것이며,

셋째, 만들어진 이미지를 통해 발생하는 칠전식(七轉識: 의와 의식과 전5식)의 분별이며,

넷째, 만들어진 이미지가 인연에 따라 변이하는 것을 분별하는 것이며,

다섯째, 인식의 조건에 따라 만들어진 이미지뿐만 아니라 이미지를 만드는 종자도 변한다는 것을 아는 분별이며,

여섯째, 외부의 환경, 곧 학습에 따라 내부의 인지조건이 달라짐으로써 생기는 분별이며,

일곱째, 잘못된 학습에 따라 사실과 어긋나는 분별을 하는 것이며,

여덟째, 바른 가르침을 듣고서 사실과 부합되는 분별을 하는 것이며,

아홉째, 이름과 사물의 특성에 대해 잘 알지 못하고서 이름과 차별된 사물들의 모습에 따라 각기 다른 실재가 있다고 하면서, 차별적인 실재가 가능한 것은 62종의 근본적인 실체가 있기 때문이라고 주장하는 분별이 있으며,

열째, 마음이 산란하고 이리저리 유동하게 됨으로써 가르침을 제대로 이해하지 못한 상태에서 발생하는 분별, 곧 보살수행

자가 아직 가르침에 대한 이해가 깊지 않을 때 생기는 분별 등입니다.

산란하고 유동하는 마음에도 열 가지 모습이 있습니다.

첫째, 무아, 곧 자아의 본질이 없다는 가르침을 듣고서 '없다는 이미지'에 집착하는 분별이며,

둘째, 자아 등의 말을 듣고서 자아 등이 있다고 집착하는 분별이며,

셋째, 마음에 여러 가지 이미지가 새로 생긴 것을 경험하고서는 그와 같은 것들이 실재한다고 여기는 분별이며,

넷째, 마음 가운데 허망한 집착이 사라진 경험을 하고서는 마음이 줄어든다고 분별하는 것이며,

다섯째, 인식공능 그 자체가 아무런 이미지를 갖지 않으면서도 인연 따라 갖가지 이미지를 만들어 내고 있는 것을 알아차리고 인식공능과 인식현상이 하나라고 여기는 분별이며,

여섯째, 인식공능의 공성을 경험하고서 공성과 현상은 완전히 다른 것이라고 분별하는 것이며,

일곱째, 인식의 공능을 인식주체의 능력이라고 분별함으로써 모든 것들도 그에 따른 독자적인 본질이 있다고 분별하는 것이며,

여덟째, 분별된 모든 것들이 독자적인 본질이 있으므로 모든 사건·사물들이 근본적으로 차별될 수밖에 없다고 보는 분별이며,

아홉째, 다른 이름만큼 그에 상응하는 본질을 갖는 실재의 사건·사물이 있다고 분별하는 것이며,

열째, 그렇기 때문에 사건·사물을 볼 때마다 그에 상응하는 이름이 있어야 한다는 분별 등입니다.

이와 같은 여러 가지 잘못된 분별이 있기 때문에 모든 반야바라밀경에서는 바라밀 수행을 통해 선분별(善分別, 지혜로운 분별)과 무분별 그리고 빈 마음을 자재하게 쓸 수 있는 지혜를 체득할 것을 이야기하고 있습니다. 선분별이란 분별을 하지 않는 것이 아닙니다. 사건·사물마다 이름과 상응하는 독자적인 실체가 있는 것이 아니라 온갖 인연이 중첩된 상태에 그와 같은 사건·사물들이 일어나고 사라진다는 것을 아는 것입니다. 그래야만 잘못된 분별을 다스릴 수 있으며 분별된 이미지를 집착하지 않게 됨으로써 마침내 반야바라밀, 곧 무분별과 공성의 지혜를 성취하게 된다는 것입니다.

5. 세 가지 마음현상의 같음과 다름(2)

의타기, 변계소집, 원성실 등을 각기 다른 관점에서 보면 의타기의 자성이 아뢰야식(他)을 의지(依)해서 일어난(起) 것(性)이라는 개념을 갖듯 세 가지의 특성이 분명히 다른데 어찌 세 가지의 독립성도 성립되지 않으며, 차별도 없다고 합니까?

그 까닭은 '다른 관점에서 보면'이라는 뜻에 이미 하나의 사건을 다른 관점으로 파악한다는 뜻이 있는 것과 같습니다. 곧 의타기라는 이름이 고유한 개념분별을 통해 성립된 것이긴 해도 의타기를 통해서 변계소집과 원성실이라는 뜻도 성립되기 때문이며, 의타기와 다른 개념으로 변계소집이라는 뜻이 성립되긴 해도 변계소집으로 말미암아 의타기와 원성실이라는 개념도 성립된다는 것이며, 원성실이라는 개념이 앞의 둘과는 다른 개념이라고는 해도 원성실이라는 개념이 있기에 의타기와 변계소집이라는 뜻도 성립된다는 것입니다.

그렇다고 하면, 곧 기억종자를 조합하여 만든 이미지를 무엇이라고 알아차리는 것이, 실제로는 그것의 본질을 알아차리는 것이 아니라는 것을 어떻게 알 수 있습니까?

그것은 심상에 이름을 붙이기 전에는 알았다는 지각이 발생하지 않는다는 것을 통해서 알 수 있습니다. 이름의 본질과 이미지의 본질이 서로 다른데도 불구하고 이름이 붙여졌을 때 비로소 안다는 사실이 발생한다는 것이지요.

또한 하나의 사건·사물에도 관점에 따라 여러 가지 이름이 있을 수 있는데 만일 이름마다 하나의 본질을 갖는다고 하면 서로 다른 본질이 모여 하나의 사물을 이룬 것이 되기 때문이며, 어떤 경우에는 하나의 이름이 여러 개의 사물을 가리키는 경우도 있는데 이름마다가 사물의 본질을 규정한다고 하면 하나의 이름 속에 잡다한 본질이 있다는 것과 같기 때문입니다. 이름을 통해 사건·사물을 있는 그대로 알아차린다는 것은 경우에 맞지 않는다는 것입니다.

이와 같은 이유로 이름 붙여 사건·사물을 분별하는 인지습관은 사건·사물의 실제를 가리키는 것이 아니라는 것을 알 수 있습니다. 이 말이 뜻하는 것은 일상의 의식현상은 의식된 이미지를 파악하는 것이기는 해도 실제로는 그와 같은 대상이 실재하지 않는다는 것입니다. 마치 꿈처럼 실상이 없는데도 불구하고 인식현상이 발생할 수 있다는 것이지요. 그렇기 때문에 본질적 사고방식을 내려놓는다고 하면 오염되지 않은 인식을 한다고 할 수 있으며, 사건·사물에 이름 붙여 그것들을 인지하는 것의 실상은 '환상을 실상이라고 여기는 것'과 다르지 않음을 알아야 합니다.

기억종자를 통해 만들어진 이미지가 실재를 가리킨다고 보는 것은 착각이나 그것을 알아차리는 인식 그 자체는 착각과 상관이 없으므로, 이미지가 환상인 줄 아는 앎이 청정한 앎이 된다는 것입니다. 구름 가득한 허공을 보고 허공이 구름이라고 알다가 구름이 사라지면 허공이 구름이 아닌 줄을 아는 것과 같습니다. 어느 경우나 안다는 사실 그 자체는 오염과 청정으로 나뉠 수 없으나 인지의 내용에 따라 청정한 인식과 오염된 인식이 있다는 것입니다.

그렇기 때문에 기억종자에 의거해서 만들어진 사건·사물의 이미지가 그 자체로는 내외부에 실재하는 것이 아니라는 측면, 곧 만들어진 심상이 사건·사물의 실재를 가리키지 않는다는 측면에서는 변계소집의 인지내용은 어느 것도 실재하지 않는다고 할 수 있으나, 종자를 바탕으로 감수된 사건·사물을 인지하는 인지시스템인 의타기는 없다고 할 수 없습니다.

종자에 의거해서 심상이 만들어지고 만들어진 심상을 의식하면서 특정 종자의 공능이 강화되는 인지시스템이 없다고 하면 깨달음이라는 인지습관이 형성된다는 일조차 없을 것이고, 청정한 인식체계인 깨달음이라는 사건이 발현되지 않으면 만들어진 이미지를 실상이라고 여기는 것이 오염된 인식이라는 것조차 성립되지 않게 된다는 것입니다.

따라서 의타기의 인지시스템에서 만들어진 심상이 사건·사물의 실재를 가리킨다고 집착하는 인지습관인 변계소집성이 사라진 앎을 불성의 작용이 현상한 원성실성의 지혜라고 하며, 지혜가 온전히 드러나야 세 가지 인식현상을 깊이 이해할 수 있다고 합니다.

그렇기 때문에 부처님께서 의타기라는 인지시스템에 의해 생성된 이미지를 실재라고 여기는 것은 인지상 오류에 지나지 않는 변계소집성이라고 말씀하셨습니다. 왜냐하면 기억정보를 기반으로 심상을 만드는 인지시스템인 의타기의 특성상 심상은 환상, 불꽃, 꿈, 이미지, 빛, 그림자, 메아리, 물속의 달, 변화하는 것과 같기 때문입니다. 인연 따라 기억의 자모음인 종자들을 발현시켜 홀로그램을 만드는 것이 의타기이며, 홀로그램을 실재라고 고집하는 것이 변계소집성이라는 것이지요.

6. 대승경론을 관통하는 가르침 : 세 가지 마음현상

1) 원성실성의 네 가지 특징

원성실성은 다음과 같은 네 가지 청정한 특성을 가지고 있습니다.

첫째, 지성이며 불성인 알아차리는 공능 그 자체는 이미지에 의해서 물들지 않기 때문에 앎 그 자체가 청정하다는 것입니다.

인식의 토대인 아뢰야식 그 자체로 보면 '기억의 자모임인 아뢰야'와 '인지공능인 식'을 분리할 수 없지만, 아뢰야식이 의식으로 전환될 때는 기억의 자모음을 토대로 만든 심상과 인지공능인 식이 분리된 듯이 작용하는 것을 보면, 안다는 공능 그 자체는 안다는 능력 이외의 어떠한 이미지도 존재하지 않는 것과 같기 때문입니다.

생명의 흐름은 의식적이거나 무의식적인 인지의 흐름이라고 할 수 있습니다. 의식적인 인지현상이 없을 때는 안다는 공능조차 발현되지 않는 것 같지만 무의식적인 아뢰야식의 인지흐름은 지속적으로 이루어지고 있으면서 의식적인 인지를 준비하고 있는 것과 같다는 것입니다. 무의식상태라고 해도 앎의 공능 그 자체와 기억의 자모음은 사라지지 않는다는 것입니다. 다만 앎의 공능 그 자체로만 보면 이미지가 텅 빈 것과 같아 공(空)이라고 할 수 있으며, 인연 따라 적의적절한 공능을 발현하고 있는 측면에서는 '참으로 여여한 것'(眞如)이라고 이름할 수 있습니다. 그렇지만 빈 마음상태를 체험하기 위해서는 만들어진 이미지에 가린 인지습관을 벗어나야 합니다.

둘째, 앎의 공능 그 자체는 이미지에 물들지 않기 때문에 마음챙김 수행으로 이미지를 실재로 착각하는 허물을 여읠 수 있다는 것입니다.

앎의 속성이 본래 그렇기 때문에 깨달았다고 해서 청정이 증가한 것도 아니고 오염된 인지가 발생했다고 해도 청정이 감소한 것도 아닙니다. 앎의 본바탕을 보면 그 자체로 청정하다고 할 수 있으며, 수행을 통해 본질적인 사유습관을 버린 것을 보면 허물을 여의고 본래 청정을 회복했다고 할 수 있겠지요.

셋째, 앎의 공능 그 자체가 청정하다고 해도 기억종자를 바탕으로 세상을 해석하는 습관이 강하기에 해석의 조건을 이해하지 못한다면 변계소집의 습성을 버리기가 어렵습니다. 그렇기에 변계소집의 습성을 버릴 수 있는 청정한 가르침이 있어야 새로운 생각길을 만들어 갈 수 있는데, 그 근거가 원성실성이라는 것입니다.

넷째, 변계소집성에 의해서 형성된 세계이해의 틀이 바뀌었다는 것은 낱낱 생명체의 생명현상이 중첩된 공생의 관계망에 의해서 이루어지고 있는 인연의 법계를 자각한 이후라고 할 수 있습니다. 이는 의타기의 인지시스템에서 변계소집의 인식현상이 사라지면서 원성실의 공능을 온전히 회복했다고 할 수 있으며, 특정한 이미지에 머물지 않고 흘러가는 생명계의 인지활동과 상응한 인지습관을 형성한 것과 같으므로 청정한 지성활동 그 자체를 체득했다고 할 수 있습니다.

앞서 만들어진 심상이 꿈 등과 같다는 비유를 들어 의타기성을 설명한 것은 사람들이 갖고 있는 여러 가지 의혹을 없애기 위함입니다. 비유 가운데 심상이 환상과 같다는 것은 의식된 심상은 기억의 자모음이 재현한 홀로그램과 같다는 것입니다. 이는 인식된 것들은 어떤 것이든 기억종자에 의거해서 만들어진 내부이미지에 지나지 않는다는 것이며, 이미지가 만들어져야만 의식적인 인식이 발생한다는 것입니다.

인식이 발생하는 양상을 불꽃이 일어난 것과 같다고 한 것은 마음작용이 불꽃이 일어났다 사라지는 것과 같다는 것이며, 만들어진 이미지에 대해서 좋아하거나 싫어하는 것이 마치 꿈 꾼 영상에 대해서 좋아하고 싫어하는 것과 같기에 꿈과 같다고 했습니다. 기억종자가 만든 갖가지 심상이 인지되는 것이 마치 영화의 필름에 빛을 비추면 갖가지 영상이 나타난 것과 같기에 심상을 빛의 그림자와 같다고도 했습니다.

더 나아가 만들어진 내부영상을 외부에 투사하고 투사된 이미지를 외부라고 인지할 때 항상 언어분별이 뒤따른다는 뜻으로 메아리에 비유했으며, 인지시스템으로 보면 만들어진 심상을 외부에 투사하는 것과 같기에 심상을 물에 비친 달그림자와 같다고도 했습니다.

보살수행자라고 하더라도 환상과 같은 이미지를 통해서 사건·사물을 해석하고 이해한다는 인식의 조건 그 자체가 달라지지는 않지만, 환상이 환상인 줄 체득했기에 심상에 현혹되지 않는 판단을 할 뿐만 아니라 뭇 생명들을 위한 일을 기꺼이 합니다. 보살수행자가 그렇게 할 수 있는 것은 학습과 수행을 통해 생명계가 하나의 생명공동체임을 철저하게 알아차린 지혜를 뜻대로 펼칠 수 있기 때문입니다.

2) 경론의 이야기

『사익범천소문경』(思益梵天所問經)을 보면 깨달은 사람은 생사도 취하지 않고 열반도 취하지 않는다고 했는데, 그 까닭은 낱낱 생명체가 접속하는 세계는 유전정보와 기억종자를 바탕으로 만들어진 이미지의 세계라는 데서는, 집착하는 마음이 만든 생사의 세계와 집착이 없는 마음이 펼치는 열반의 세계가 다르지 않다는 것을 체득했기 때문입니다. 일어난 이미지를 실재라거나 본질이 있는 것이라고 여기는 변계소집적인 사유에서 보면 생사가 있는 것 같지만 실제로는 이미지만 있을 뿐 취할 본질이 없고, 모든 이미지가 기억정보에 의해서 발생한 현상이라고 알아차리는 원성실적인 사유에서 보면 열반조차 취할 수 있는 실재가 아니라는 것입니다. 깨닫지 못한 사람이나 깨달은 사람 모두가 유전정보와 기억종자를 의거해서 이미지를 만들고 해석하면서 살아간다는 데서는 다를 것 없지만 해석에 따라 깨달은 삶과 깨닫지 못한 삶이 있을 뿐이라는 것입니다.

그렇기 때문에 아비달마 대승경에서는 기억정보에 세 가지 상태가 있다고 했습니다.

첫째, 변계소집성인 오염된 해석상태와,

둘째, 원성실성인 청정한 해석상태,

셋째, 심상을 해석하는 이 두 상태가 혼합되어 있는 의타기의 상태입니다.

의타기의 상태를 청정과 오염이 혼합되어 있는 상태라고 하는 것은 기억정보인 아뢰야와 인지공능인 식이 분리되지 않는 상태인 아뢰야식이 의식현상으로 전환될 때, 곧 기억정보인 아뢰야가 만든 '심상'과 인지공능인 '식'이 인식객관(심상:法)과 인식주관(식:意)으로 나뉜 듯이 현상해 의식작용이 발생할 때 인지공능 그 자체로만 보면 청정한 영역이라고 할 수 있으나 심상을 실재라고 여기는 기억정보가 개입되면 오염된 인식이 되고, 심상을 기억종자가 만든 것이라고 알아차리는 지혜정보가 개입되면 청정한 인식이 되기 때문입니다.

이와 같은 세 가지 상태를 금광석을 가지고 비유할 수 있습니다. 금과 돌이 섞여 있는 금광석은 의타기성과 같고 제련된 금은 원성실성과 같으며 금 이외의 돌은 변계소집성과 같다는 것이지요. 제련하기 전에는, 곧 인식의 실상을 보기 전에는 만들어진 이미지에 홀려 보이는 대로 사건·사물이 실재한다고 고집하다가도 제련하고 나서는, 곧 인식의 실상을 제대로 보고 나서는 이미지에 홀리지 않는 것이 금을 보고서는 다시 돌에 집착하지 않는 것과 같다는 것입니다.

그렇기 때문에 어떤 경전에서는 '모든 것들이 항상하다'고 설했고, 다른 경전에서는 '모든 것들이 항상하지 않다'고 설했으며, 또 다른 경전에서는 '모든 것들이 항상하지도 않고 항상하지 않는 것도 아니다'라고 말씀하셨습니다.

인식현상을 놓고 보면 인지시스템인 의타기성과 있는 그대로 알아차리는 식의 공능이 항상하는 듯하기 때문이며, 만들어진 심상은 조건에 따라 변하기 때문입니다. 이 말은 상과 무상, 고와 락, 청정과 불청정, 공과 불공, 아와 무아, 적정과 부적정, 자성과 무자성, 생과 불생, 멸과 불멸, 본래적정과 본래부적정, 자성열반과 비자성열반, 생사와 열반의 상황도 금광석과 같은 상황이라는 것입니다.

의타기성을 중심으로 보면 온전히 다른 것 같은 두 가지 이미지가 인식현상 하나에 매여 있다는 것이지요. 이와 같은 인식현상(의타기성, 변계소집성, 원성실성)을 잘 알아차린다면 항상하다거나 항상하지 않다는 개념지에 혼란이 생기지 않을 것입니다. 의타기에 의해서 발생한 심상 그 자체만을 놓고 보면 만들어진 환상으로 실상이 아니지만, 환상을 떠나 또 다른 실상이 존재하지 않는다는 점에서는 인연 따라 나타나는 온갖 심상의 세계만이 자신의 세계라고 할 수 있기 때문입니다.

원성실성이 따로 있는 것이 아니라 심상에 집착하는 인식인 변계소집성이 없는 인지상태를 원성실성이라고 할 수 있기 때문에 의타기의 인지시스템에 의해서 만들어진 심상을 어떻게 보느냐가 깨달음과 깨닫지 못한 상태를 가른다고 하겠습니다. 원성실성과 변계소집성은 서로 대립되는 개념으로 한쪽은 실상인 것 같고 한쪽(변계소집성)은 허상인 것 같으나, 실제로는 인식내용의 차이에 지나지 않는다는 것입니다.

의타기에 의해 발현되는 인지현상, 곧 기억종자를 가지고 재현한 심상만을 놓고 보면 실재하는 것이 아니므로 없다(無)고 할 수 있으나, 재현된 심상이 그때의 인연을 드러내고 있다는 측면을 놓고 보면 없다고도 할 수 없다(有)는 것이지요.

모든 것들은 시공간상에서 서로 의존하는 연기의 조건에 따라 발현되고 있으므로 어떤 것도 스스로 그렇게 존재할 수 없으며(無自我性), 인연 따라 변주하여야만 각각의 모습을 나타낼 수 있기 때문에(自我相), 각각의 사건·사물들의 특성은 언제 어디서나 변함없이 굳건히 존립할 수 없다는 것은(自性不堅住), 특정 이미지에 머물지 않고 변해 가는 모습마다 그 자체로 시공간을 흐름을 온전히 드러내고 있다는 것을 뜻한다는 것입니다.

그렇기 때문에 집착하는 마음은 생명흐름과 어긋납니다. 모든 것들은 상호 의존하는 중첩된 시공간의 인연에서 자신의 얼굴을 드러낼 수 있으므로 타자를 배제한 상태, 곧 인연의 조건을 배제한 상태에서 자신만의 본질을 갖는 자아가 있을 수 없기 때문입니다.

각각의 것들이 '변치 않는 본질을 갖지 않는다는 것'은 생명흐름과 상응하는 유연성이 있어야만 생명활동을 원활하게 할 수 있다는 것입니다. 유연성이 있기 때문에 그를 의지해서 삶의 인연이 상속돼 갈 수 있다는 것이지요. 인연 따라 유연하게 얼굴을 바꾼다는 것은 생이면서 동시에 멸인 사건들의 상속이 일어나고 있다는 것입니다. 그러므로 생 또는 멸로 분별되는 생과 멸이 있을 수 없습니다. 생이면서 멸이기에 생도 아니고 멸도 아닌 적멸상태가 상속된다고 할 수 있겠지요.

3) 깨달음의 근거 : 지성과 불성

삶의 흐름이 이와 같기에 모든 부처님께서도 깨달을 수 있었으며, 그분들의 가르침을 받는 분들께서도 깨달을 수 있었던 것입니다. 뭇 생명 모두가 인연 따라 일어나는 모든 사건·사물들을 어떤 식으로든 알아차리는 지성, 곧 불성을 바탕으로 삶을 살아가고 있는 것을 자각하는 것이 깨달음이기 때문입니다. 만들어진 이미지를 외부화하고 그것을 실재라고 알아차리는 앎(의식)이 방향을 바꿔 알아차림 그 자체에 집중하는 수승한 관찰(선정의식)이 익어져, 조건에 따라 이미지가 만들어지고 해체되는 것을 자각하게 되면 생명의 흐름을 바르게 이해할 수 있다는 것입니다.

　역사적 사실로만 보면 이와 같은 방법으로 깨달음을 이룬 분은 석가모니 부처님이 처음이지만, 뭇 생명이 생명활동을 할 수 있는 근거가 지성이기 때문에 지성 그 자체의 특성으로 본다면 모든 생명체는 본래부터 깨달은 삶을 살고 있다고 할 수 있습니다. 비록 이 상황을 자각하지 못했기에 아직 부처가 되지 못했다고 하더라도, 깨닫고 보면 지성이 부처가 되는 근거인 줄도 알아 지성을 불성이라고 부릅니다. 불성이 부처님 이전의 부처님인 비바시불이라고 할 수 있으며, 이 부처님은 앎이 이루어지고 있는 곳에서는 언제나 작용하고 있으므로 뭇 생명 모두가 평등하다는 근거가 됩니다.

생명의 흐름 속에 한결같은 불성의 작용을 여래(如來)라고 부르며, 여래인 불성은 맑은 거울과 같은 빈 마음으로 모든 심상을 알아차리는 공능, 곧 모든 보배를 있는 그대로 알아차리는 공능을 갖고 있는 것과 같다고 하여 다보여래라고도 부릅니다. 빈 마음 그 자체인 다보여래가 있기에 모든 심상이 현상할 수 있다는 것입니다. 이 뜻이 가장 잘 드러난 경전이 대승경전입니다.

이와 같은 가르침을 실천적으로 사는 분들을 보살수행자라고 할 수 있습니다. 그분들의 삶은 무아의 빈 마음속에 뭇 생명의 평안함을 담아내는 삶을 자신의 삶으로 여기기 때문입니다.

생명체가 살아가기 위해서 생명공동체가 쓰고 있는 생명정보를 바탕으로 이해의 영역을 확장하는 것과 같이, 빈 마음인 다보여래가 펼치는 다양한 마음의 세계를 설명하기 위해서 다양한 경들이 쓰여졌다고 하겠습니다. 사람마다 유전정보와 환경과 학습을 통해 생성된 기억정보를 바탕으로 자신의 세계이해 지도가 만들어졌기에 그를 바탕으로 세계를 해석할 수밖에 없지만, 심상에 매몰되지 않는 자율성이 담보되어야 다보여래인 생명의 실상과 계합한 삶을 살 수 있다는 것을 이야기하기 위해 다양한 경전이 쓰여졌다는 것입니다.

삶의 내용이 다양하다는 것은 다양한 개념이 만들어졌다는 것을 뜻합니다. 낱낱 생명체가 살아온 역사적 과정과 환경이 다양한 만큼 다양한 개념어가 만들어질 수밖에 없었다는 것이지요. 그 결과 만들어진 언어이미지에 따라 낱낱 사건·사물들이 서로 다른 본질을 갖고 실재하는 존재라고 해석하게 됨으로써 사건·사물들이 상응하는 이름에 따라 분별되는 것으로 존재하게 됐다고 하겠습니다.

그렇기에 언어를 배경으로 이루어지고 있는 분별을 살펴야 할 뿐 아니라 언어와 사물들 간에 이루어지고 있는 관계, 그리고 이름에 따른 분별을 배제한 사물 그 자체의 인연을 살피는 학습과 수행을 해야 매임 없는 삶을 살 수 있습니다. 매임 없는 삶이란 언어의 이미지를 자유자재로 쓸 수 있을 뿐만 아니라 심상으로 나타난 사건·사물의 이미지에 현혹되지 않는 삶을 뜻합니다.

그렇게 되기 위해서는 언어와 사물의 속성을 이해하는 데서 그쳐서는 안 되고, 이미 만들어진 기억정보와 그를 바탕으로 이루어지고 있는 인지습관을 조율해 새로운 생각길을 만들어야 합니다. 신체화되어 있는 언어분별의 해석체계가 인연을 해석하고, 해석에 따라 생각하고 말하고 행동함으로써 쓸데없는 번뇌를 만들고 있는 경우가 많기 때문입니다. 수행은 신체화되어 있는 언어

기호의 연결망을 다른 방식으로 조율하는 것과 같기 때문에 하루 아침의 이해와 노력으로는 되지 않겠지만, 이 일을 유연하게 할 수 있게 됐다고 하면 깨달은 몸인 법신이 된 것과 같습니다. 가장 위대한 깨달음을 성취한 것이지요.

보살의 삶, 곧 위대한 깨달음이 신체화되어 있는 삶을 살기 위해서 보살의 길을 가는 방법을 설명한 대승경전을 학습하고 익혀야 합니다. 특히 인지시스템을 설명하고 있는 대승경전의 개념어들을 넓고 깊이 학습해 우리들의 인지습관이 어떻게 형성됐으며, 형성된 인지습관의 작동 원리, 곧 기억종자들이 어떻게 작용하는 줄을 알아야 한다는 것입니다.

이들 경전이 설하고 있는 인지시스템을 간략하게 정리하면 다음과 같습니다. 감각기관을 통해 감수된 사건·사물들의 정보를 더 작은 단위의 정보들로 분류한 연후 이들 정보를 통합하여 심상을 만든 다음에야 의식적인 사건·사물이 된다는 것입니다. 의식될 수 있도록 재구성된 심상, 곧 해석된 사건·사물의 일반상은 언어이미지로 치환되는 것과 같습니다. 기억의 자모음을 토대로 재구성된 심상이 언어로 치환되고, 치환된 언어이미지가 기억종자를 강화하면서 다음의 인연을 재구성하고 해석하는 것이 습관화된 인지와 행동의 양상이라는 것이지요.

그러므로 기억의 자모음인 종자를 조합해 만든 심상이 감수된 사건·사물의 정보와 일치한다고 할 수 없습니다. 습관화된 인지시스템을 통해 인지된 사건·사물과 실제로 펼쳐지고 있는 사건·사물의 양상이 같지 않다는 것입니다. 이런 뜻에서 언어이미지 등으로 내재화된 기억종자를 실제의 사건·사물과 달리(異) 익었다(熟)는 뜻에서 이숙(異熟)이라고 하며, 달리 익은 기억정보가 현재의 인연을 이미지화하고 난 후에 의식적인 인식이 발생하므로, 모든 의식작용을 전식(轉識)이라고 이름했습니다.

4) 기억정보에서 의식으로의 전환

기억의 자모음을 재구성해 의식되는 이미지로 전화되고 나면, 의식현상이 일어나는 것과 동시에 의식현상 자체가 다시 기억종자를 강화시키는 일도 일어납니다. 기억종자와 의식작용이 서로서로 영향을 주면서 세계에 대한 이미지화를 고착해 간다는 것입니다. 이 말은 세상을 본다는 것은 아뢰야식의 종자가 만든 심상을 본다는 것이며, 심상을 보는 의식 또한 아뢰야식에서 식의 공능이 의식으로 전환된 것이므로, 인지시스템의 실상을 보면 인식주체나 인식대상 모두가 아뢰야식이 만든 이미지에 지나지 않는다는 것입니다.

　　인식내용인 이미지 그 자체로만 보면 꿈과 다를 것이 없다는 것이지요. 그렇지만 그 사실을 자각하지 못하고 이미지 그 자체를 내외부의 실재라고 여기는 변계소집의 인식내용도 아뢰야식의 기억정보에 의해서 발생하기 때문에 홀로그램과 같은 이미지를 실재라고 여기는 인식내용이 없어지면, 곧 의식에서 변계소집성이 사라지면 사물·사건을 원만히 알아차리는 원성실성으로서의 인식인 깨달음이 드러나게 됩니다. 변계소집성과 원성실성의 인식현상 모두가 의타기성에 의거해서 발생한다는 것입니다.

다보여래로 상징되는 식 그 자체의 특성인 공성, 곧 모든 것들이 인연에 의해서 발생한 사건·사물이므로 드러난 사건·사물이 그 자체로 홀로 존재할 수 있는 실체를 갖지 않는다는 생명흐름의 실상인 공성을 깨닫게 된 원성실성의 사유도, 의타기라는 인지시스템에 의해서 작동하고 있는 해석체계를 온전히 알아차리게 되면서 발생한다는 것입니다. 만들어진 내부의 홀로그램과 같은 심상과 이를 알아차리고 있는 것 같은 인식주관 모두가 인식의 토대인 아뢰야식에 의거해서 발생한다는 것을 체득하게 되면서 본질주의적인 사유에서 연기론적인 사유를 하게 된다는 것입니다.

의식으로 대표되는 전식이 발생하는 과정이 의타기라는 것이며, 의타기로 생성된 내부영상을 실재로 보는 변계소집의 인식과 내부영상이 꿈과 같다고 아는 원성실의 사유 모두가 의타기라는 인지시스템이 만든 심상을 어떻게 보느냐에 따른 차이에 지나지 않기 때문입니다.

그렇기 때문에 내부영상을 실재라고 여기는 허망한 분별을 하게 되면 무아의 연기론적인 사유와 상반된 변계소집의 생각에 갇혀 사는 것과 같아 원성실성의 세계가 없는 것 같으나, 사유의 전복이 일어나 변계소집적인 사유의 양상이 사라지게 되면 생명계의 실상인 연기의 세계를 온전히 깨닫게 된다고 하겠습니다. 그렇기 때문에 인식의 전환이 일어나게 되면 변계소집의 세계가 사라지면서 원성실의 세계가 드러난다고 했습니다.

기억종자에 의거해서 만들어진 이미지가 실재의 세계를 있는 그대로 그리는 것이 아닌 줄 아는 순간 내부영상의 실체를 알게 되어 심상에 현혹되지 않는 깨달음의 세계가 열린 것과 같으므로, 인식의 전환은 오염된 세계에서 청정한 세계로 들어서는 것과 같으며, 중생의 세계에서 부처의 세계를 이룬 것과 같습니다. 인식의 발생과정을 본다면 깨달은 사람과 깨닫지 못한 사람이 다르지 않지만 인식내용에서 보면 상반된 해석이 이루어지고 있으므로 같다고 할 수 없다는 것입니다.

인식의 전환이 이루어진 분들을 부처님이라고 하며, 부처님이 됐다는 것은 수행을 통해 형성된 청정한 인식과 그 인식을 뭇 생명체들과 나누는 실천이 동반된다는 것을 뜻하는 까닭도 여기에 있습니다.

생명계가 온갖 인연이 중첩된 상생의 세계, 곧 연기로서 하나의 세계라는 것을 온전히 체득하여 인식주관(見)과 인식대상(相)이 온전히 나누어질 수 없다는 것을 아는 앎이 신체화된 분이 부처님이기 때문입니다. 이분들은 인식이 발생할 때마다 장애가 없는 인식을 하며, 생성된 심상마다 여러 인연이 융합하여 발생한 것인 줄 자각했으므로, 심상과 상응하는 실재가 내외부에 독자적으로 존재하지 않는 줄 압니다. 이와 같은 지혜가 있기에 내부영상을 통해 사건·사물을 이해하면서도 집착 없는 사유를 할 수 있습니다.

그러므로 깨달았다는 것은 사건·사물마다 드러난 양상으로 보면 개체성을 담보하고 있는 것 같지만, 그 개체성이 생명계의 역사과정에서 상속된 정보와 생명체끼리 수평적으로 주고받는 생명정보의 융합에 의해서 드러난 것인 줄 알므로, 개체의 차이가 차이를 넘어선다는 것을 안다는 것이며, 그 결과로 만나는 인연마다 차별 없는 공덕을 실천하게 된다는 것입니다.

깨달은 분들은 인식의 토대인 아뢰야식의 기억종자가 갖고 있는 분별하는 공능에 의해서 형성된 집착이 사라졌으므로, 집착으로 인해 파생된 온갖 장애와 잘못된 견해가 더 이상 작용하지 않게 됩니다. 이는 인연처마다 걸림 없는 보살의 삶을 살아갈 수 있는 토대를 완성했다는 것이며, 누구라도 자신의 불성을 온전히 알아차리게 될 날이 온다는 것을 알아 그들을 위해 할 수 있는 일을 다 하며, 궁극적으로는 생명계 전체가 부처의 세계가 될 때까지 보살의 공덕을 실천하는 일을 멈추지 않을 수 있는 공능을 성취했다는 것입니다.

5) 보살수행자가 성취한 서른두 가지 공덕

이와 같은 일을 할 수 있는 것은 보살수행자들이 깨달음을 성취할 때 서른두 가지 공덕을 실천할 수 있는 능력도 성취했기 때문입니다. 보살의 서른두 가지 공덕행을 열여섯 항목으로 묶어 정리해 보면 다음과 같습니다.

첫째, 뭇 생명 모두가 깨달음을 성취해 모든 것을 아는 지혜를 쓸 수 있도록 하기 위해, 함께 수행정진하면서 바른 지혜 방편을 써서 잘못된 수행을 하지 않게 하는 것이며,

둘째, 생명체마다 생명계의 전 역사가 융합된 상태에서 낱낱의 생명활동을 하는 줄 알아 아만심 없이 수행정진하면서 보살의 삶에서 벗어나는 행동을 하지 않으며,

셋째, 친하거나 친하지 않거나 은혜를 입었거나 입지 않았거나를 가리지 않고, 다른 생명체의 아픔을 진실로 아파하면서 그들을 위해 좋은 벗이 되어 그들이 열반에 이를 때까지 그들을 후원하는 일을 멈추지 않으며,

넷째, 한마디 말도 인연에 맞게 하되, 말에 앞서 미소 띤 얼굴과 부드러운 톤으로 공감의 장을 넓히면서, 언제 어디서나 대자비를 실천하며,

다섯째, 해야 할 일을 하되 하열한 행동을 하지 않고, 즐거운 마음으로 보살수행을 하면서, 아파하는 이들을 살피기 위해 여러 가지 방편을 익히며,

여섯째, 자신의 허물을 볼 때는 깊고 자세하게 살펴보되, 다른 사람의 허물을 보고서 화를 내거나 그 사람이 상처받는 말을 하지 않는 등, 스스로의 잘못을 다스리는 수행을 쉬지 않으며,

일곱째, 모든 사건·사물들이 인연 따라 일어난 것인 줄 알아

차려, 마음이 만든 심상에 현혹되지 않는 마음챙김을 이어 가며,

여덟째, 다른 이들의 모습과 사상을 차별하지 않고, 유연한 마음으로 익혀 온 습속에 매임 없이 생명공동체를 위한 일을 하며,

아홉째, 외부의 감각자료를 수용하지 않는 상태에서 내부영상에 몰입하거나, 아무런 심상이 없는 상태에서 앎만이 뚜렷한 상태, 또는 앎조차 사라진 빈 마음상태를 경험하는 선정수행을 중시하는 것이 아니라 생명계가 중첩된 인연으로 하나임을 자각하는 지혜수행을 중시하며,

열째, 신체화된 선정을 바탕으로 공성의 지혜를 체득한 연후 이타행을 위한 방편과 지혜를 닦으며,

열한째, 자리이타의 자비로운 마음으로 생명공동체가 평화롭고 평안할 수 있는 일 등의 일곱 가지 뛰어난 실천을 멈추지 않으며,

열둘째, 열 가지 바라밀 수행으로 이웃에게 착한 벗이 될 뿐아니라 늘 착한 벗과 함께 부처님의 가르침을 배우고 익히기를 게을리하지 않으며,

열셋째, 가능하면 심신의 안정을 허물지 않는 수행처에 살면서 보살의 덕목인 자리이타를 실현할 수 있는 지혜와 방편을 성취하며,

열넷째, 그렇게 하기 위해서는 의식되는 자아는 마음이 만든 영상에 지나지 않지만, 특정 이미지로 규정할 수 없는 자아는 중첩된 자아로서 하나의 자아이면서 생명계 전체의 인연을 담고 있

는 자아라는 것을 알아, 생명공동체의 삶을 살아가기 위한 마음살 핌을 놓치지 않으며,

열다섯째, 생명계 그 자체가 중첩된 인연으로 하나의 생명공 동체임을 알고 생명체 모두가 함께 아름다운 삶을 살아가기 위한 보살행을 실천하되, 그와 같은 삶을 사는 이나 그와 같은 삶을 살 지 않는 이 모두에게 차별없이 착한 벗이 되려는 공덕을 닦으며,

열여섯째, 자신이 감당할 수 있는 힘이 없을 때는 악한 벗을 멀리하고 착한 벗들과 함께하면서 보살로서 살 수 있는 습관과 의 지를 길러 가는 것입니다.

이상 열여섯 가지 마음가짐과 실천이 보살의 공덕인 자리이 타의 업을 성취케 해 항상 사범주(四梵住 : 사무량심 —— 함께 즐거워 하는 마음, 함께 아파하는 마음, 함께 기뻐하는 마음, 함께 평안하기를 추 구하는 마음)를 실천할 수 있으며, 더 이상 번뇌가 생기지 않게 하 는 등의 오신통(五神通)을 얻어 항상 뭇 생명들과 더불어 즐거운 삶을 살아갈 수 있게 합니다. 보살의 마음은 청정 그 자체이면서 함께 사는 이들도 그 영향력을 받을 수 있을 만큼 보살의 공덕이 크기 때문이며, 보살의 공덕을 성취했다는 것은 뜻대로 지혜와 자 비행을 실현할 수 있는 것이기 때문입니다.

따라서 보살의 수행덕목인 10바라밀을 성취한 수행자는 인 연 있는 이들 모두가 깨달음을 성취하도록 돕는 일을 멈추지 않습 니다. 그렇게 하는 것이 생명흐름의 실상을 온전히 깨달은 분들의 삶이기 때문입니다. 보살의 깨달음이야말로 생명계가 들려주는

지혜와 상응한 것이면서 가장 수승한 보배가 된다는 것이지요. 생명의 흐름 그 자체가 특정 이미지에 머물지 않는 흐름, 곧 어떠한 집착도 없는 흐름이기에 이와 같은 흐름과 혼연일체된 보살의 마음 씀은 언제 어디서나 청정할 수밖에 없다고 하겠습니다.

4장

인식현상
알아차리기

4장 _ 인식현상 알아차리기

1. 학습과 마음챙김

지금까지 인식현상이 어떻게 이루어지고 있는가에 대한 설명을 들었는데 그와 같은 현상을 직접 보고 알기 위해서는 어떻게 해야 합니까?

먼저 생명계 전체가 하나의 수레와 같다는 대승의 가르침을 자주자주 들어야 합니다. 지금까지 우리는 독자적인 정체성을 갖고 있는 자아가 세상을 살아간다고 알고 있으나, 생명계의 실상은 생명환경까지를 포함해서 하나의 생명계이기 때문입니다. 이와 같은 이야기를 반복해서 하고 있는 대승의 가르침을 자주 듣고, 그것에 의거해서 삶을 살아가려는 습관을 익혀야 생명의 실상과 부합한 삶을 살게 된다는 것입니다.

부처님의 가르침은 언어일반상과 같은 분별영상을 만드는 인식의 토대, 곧 인지종자를 함장하고 있는 아뢰야식의 인지시스템을 주의 깊게 관찰하여, 낱낱 사건·사물을 만들어 내는 근본 실재가 있다거나 사건·사물마다 그렇게 존재할 수밖에 없다는 실체적 사유를 넘어, 생명공동체의 실상을 보는 지혜를 성취하자는 것입니다. 깨달았거나 깨닫지 못했거나 인지시스템 그 자체를 보면 크게 다른 것이 없지만 인지내용에서 보면 크게 차이가 나기 때문입니다. 아뢰야식의 종자를 바탕으로 이루어지는 인지시스템은 분별된 것들이 독자적인 실체를 갖고 있는 것들이라는 인식을 하게 하지만, 생명계 전체가 하나의 큰 수레라고 보는 지혜를 바탕으로 한 인지시스템에서는 분별된 것들이 생명계의 중첩된 인연이 그 모습으로 드러나고 있다는 것을 알 수 있게 한다는 것입니다.

대승의 가르침을 바탕으로 한 지혜로운 관찰은 무분별의 공감이 최대로 확장된 지혜로운 인식인 선분별이라고 할 수 있으므로, 지혜로운 관찰 자체가 대승의 가르침을 체화해 가는 일이 된다고 하겠습니다. 심상을 알아차린다는 데서는 일상의 인식과 수행관찰이 다르지 않지만, 보는 방법과 내용에 따라 청정과 오염으로 갈린다는 데서는 현저하게 다르다는 것이지요.

대승의 가르침을 배우고 익혀야 생명의 실상과 상응하는 지혜로운 관찰이 익어 가게 되면서 인식현상을 바르게 알 수 있다는 것입니다. 일상의 의식과 다른 지혜로운 관찰이 이루어지고 있는 상태를 선정의식이라고 부르는 까닭도 여기에 있으며, 선정의식이 깊어지고 지혜가 증장되어야 부처가 될 수 있는 까닭도 여기에 있습니다.

2. 깨달음을 이루는 마음상태

대승의 가르침을 듣고서 깨달음을 이룬다고 하는데 어떤 상태에서 깨달음을 이룰 수 있습니까?

앞서 말씀드렸듯이 아뢰야식을 토대로 한 인식은 오염된 인식이며, 마음챙김 수행으로 아뢰야식이 지혜정보로 전환된 상태에서 발현된 인식은 청정한 인식입니다. 대승의 교법을 듣게 되고 그 내용을 챙기는 마음챙김 수행을 지속하게 되면 지혜정보가 증장하게 되고, 증장된 지혜의 힘이 일정 정도를 넘어서면 인식현상마다 대승의 가르침이 스며 있는 것과 같게 되면서, 오염된 해석을 하지 않고 청정한 해석을 할 수 있게 된다는 것입니다. 깨달음을 이룬 것이지요.

해석된 내부영상이 세상의 실상을 있는 그대로 보여 주는 것이 아니라 기억종자를 재구성해서 그렇게 보인다는 것을 알고, 만들어진 영상에 대한 집착심이 사라진 것입니다. 인식대상으로 나타난 것들이 마음이 만든 것인 줄 아는 이해, 곧 청정한 해석이 익어지면, 생명의 실상에 대한 체험이 온전히 신체의 기억으로 전환되면서 마침내 깨달음을 이룬다는 것입니다.

학습을 통해서 세상의 모습은 기억종자가 재구성한 것이라는 것을 이해하고, 마음챙김을 통해서 그 사실을 경험하게 되면서, 깨달은 분들의 이야기가 자신의 삶에 녹아들고 일상의 행위 속에 실현될 수 있는 것도 깨달음이 체화됐기에 가능하다는 것입니다.

수행자가 깨달음을 체화하기 위해서는 다음과 같은 마음가짐을 가져야 합니다.

첫째, 지금까지 수많은 사람들이 깨달음을 성취해 지혜로운 삶을 살았다는 것을 마음 깊이 새기는 것입니다. 이 말은 특별한 사람들만이 깨달음을 이룰 수 있는 것이 아니라 지속적으로 마음챙김을 한다면 누구라도 깨닫게 된다는 것을 뜻합니다.

둘째, 생명체마다 독자적인 생명활동을 하는 것 같지만, 실제로는 하나 된 생명공동체의 중첩된 인연과 상응하는 활동이라는 것을 이해하고, 이해된 내용을 마음 깊이 새기면서 그와 상반된 인식내용을 내려놓는 연습을 하는 것입니다.

셋째, 연습이 심화되어 내려놓기를 힘들이지 않고 할 수 있는 수행자는 생명계를 위해 보시 등을 실천한다고 하더라도 그 일이 더 이상 자신의 수행을 가로막지 않는다는 것을 아는 마음을 이어가는 것입니다. 미묘하고 너그러운 마음이지요. 이 마음을 어찌 수행공덕을 원만하게 성취한 마음이 아니라고 하겠습니까?

보살수행자는 삶의 관계가 무량하듯 만나는 생명체들 또한 무한하며, 그들 가운데 수없이 많은 수행자들이 깨달음을 이루었으니 나 또한 그렇게 되리라는 마음을 가지고, 생명계 전체를 하나의 생명공동체로 보면서, 만나는 인연마다가 뭇 생명들의 삶을 이루고 있다는 것을 아는 마음을 잊지 않고 수행을 해야 한다는 것입니다. 이와 같은 마음가짐이 있을 때 흔들리지 않고 육바라밀 수행을 이어 갈 수 있고 깨달음을 이루게 된다는 것입니다.

3. 연기적 자아를 깨달음

보살수행을 하기 위해서는 대승경전을 통해 생명체의 생존방식과 사유원리에 대한 바른 가르침을 학습하는 데서 출발해야 한다고 말씀드렸습니다. 이 말은 생명체의 생존방식은 생명계가 펼치고 있는 인연의 그물망, 곧 인드라망에 의해서 이루어지고 있다는 것을 이해해야 한다는 것이며, 의식적인 사유는 무의식층에서 수용된 감각자료를 해석하기 위해 기억정보를 재구성해 홀로그램과 같은 이미지를 만들 때, 의미와 감정 그리고 언어 등의 정보도 개입되면서 발생한다는 것을 알아야 한다는 것입니다.

우리가 보고 듣는 것은 그렇게 보이고 들릴 수 있도록 가공되고 해석된 정보라는 것을 알아야 한다는 것이며, 수용된 정보를 가공하고 해석하는 인지시스템이 일관성을 담보하고 있기에 사유의 연속성과 언어분별을 통한 이해가 가능하다는 것도 알아야 한다는 것입니다. 곧 사건·사물을 분별해 알아차리는 인지시스템이 이와 같다는 것을 듣고(학습), 이 가르침을 기반으로 사건·사물을 이해하면서(사유), 그 이해를 습관화하는 것(수행)이 필요하다는 것입니다.

인지를 발생하게 하는 사건·사물과 인지된 사건·사물, 그리고 사건·사물에 붙어 있는 이름이나 그 이름이 가리키고 있는 사건·사물의 정체성과 차별성이, 단지 해석을 통해서만 그렇게 이해된다는 것을 잊지 않아야 한다는 것입니다.

이들 네 가지, 곧 사건·사물과 이름, 그리고 각각의 정체성과 차별성이 실재하는 것 같지만 그것들은 내부영상이 만들어질 때 개입되는 언어 등이 갖고 있는 분별상에 지나지 않기 때문입니다. 해석된 내부영상뿐만 아니라 모든 사건·사물들은 온갖 인연에 따라 임시로 그렇게 나타나는 것일 뿐 인연을 떠나서 그렇게 존재할 수 없다는 것이지요.

보살수행자가 이와 같은 가르침을 듣고, 그 가르침처럼 생각하는 것이 습관이 되도록 사유수행을 계속하면서, 뭇 생명 모두가 깨달음을 이룰 수 있도록 돕는 까닭도 여기에 있습니다. 보살수행자는 만들어진 내부영상만을 놓고 보면 만나는 사건·사물마다 독자적인 정체성을 갖고 있는 것 같지만, 생명의 실상이 그렇지 않다는 것을 알기 때문이며, 함께 생명을 이루는 인연의 장을 깨달음의 장으로 만드는 것이야말로 생명활동에 부합되는 일이라는 것을 알기 때문입니다.

사건·사물을 분별하고 이름 붙여 해석하는 인지시스템이 아뢰야식이 함장하고 있는 기억정보를 바탕으로 이루어지고 있다는 것이며, 그렇기 때문에 인지를 발생하게 하는 사건·사물과 인지된 사건·사물이 같으면서도 다를 수밖에 없다는 것입니다. 이 말은 기억정보를 바탕으로 한 인지시스템은 언어 개념의 동일성과 차별성에 기댄 것이 크기 때문에 인연이 중첩된 상태에서 무상한 생명활동을 하고 있는 사건·사물들의 실상을 깨닫기 어렵다는 것과 같습니다.

그렇기 때문에 대승경전의 가르침을 학습하고 마음챙김 수행을 통해 감각기관이 수용한 감각자료에 대한 이해가 내부에서 만들어진 영상만큼만 보이고 들리는 줄 안다면, 이름과 사물 그리고 그것들의 정체성과 차별성조차 분별되고 해석된 내부영상에 따라 임시로 그렇게 분별된 것인 줄 알게 될 것입니다. 이름 등이 실재하는 것이 아니라 인지시스템에 의해서 가공되고 해석된 사건에 지나지 않는다는 것을 알게 되면, 해석된 것들이 이미지로 보면 있는 것 같으나 잡으려고 하면 허공을 잡는 것과 같아 잡을 수 없다는 것을 알게 된다는 것이지요.

세상을 있는 그대로 알아차리는 것이 아니라 기억정보가 만들어 낸 영상과 해석만이 우리가 알아차리게 되는 세상이라는 것입니다. 기억정보를 바탕으로 이미지가 만들어지고 그 이미지를 실재라고 착각하는 인식(변계소집상)이 기억정보에서 일어난 것

(의타기상)임을 알고 나서, 일어나고 사라지는 몸과 마음의 현상을 있는 그대로 지켜보다 보면 지켜보는 '몸과 마음의 조건'이 일상과 다르게 되면서 같은 사건과 사물의 영상이 다르게 보이는 것을 경험하게 됩니다. 이와 같은 경험을 통해 내부영상이 만들어져야 내외부의 정보가 해석되고 이해된다는 것을 알 수 있으며, 자아와 시공간의 경계를 분별하는 마음작용이 쉬게 되면 우주와 합일되는 무분별의 세계도 경험할 수 있고, 의식집중이 더욱 깊어지면 인지되는 모든 영상이 사라지면서 아무런 영상이 없는 것을 알아차리고 있는 앎만 있다가, 그 앎조차 사라지게 되면 빈 마음상태를 경험하게 됩니다. 대상이 만들어지면 대상을 알아차리는 마음도 있는 것 같으나 대상이 사라지면 그 마음조차 사라진다는 것입니다(唯識無境 → 心境双亡).

아뢰야식이 의식으로 전환될 때 인지대상으로서의 내부영상(想)과 인식주관인 듯한 의(意)가 함께 발현되면서 갖가지 영상들을 분별하는 의식작용도 일어나기 때문입니다.

일어나고 사라지는 몸과 마음의 현상을 있는 그대로 지켜보는 마음수행에 의해서 인식대상인 내부영상뿐만 아니라 지켜보는 마음조차 아뢰야식의 종자에서 전환된 줄 아는 앎이 증장되어 인식의 토대가 바뀌게 되면, 분별과 무분별 그리고 빈 마음을 자재하게 쓸 수 있게 되는데, 이 상태를 깨달음을 성취(원성실성)한 법신보살이라고 부르는 까닭도 여기에 있습니다.

4. 집착 없는 마음 씀

법신이 됐다는 것은 내외부의 어느 것에도 집착하지 않는 마음을 쓸 수 있게 됐다는 것입니다. 집착 없는 마음이 부처의 세계라는 것이지요. 어떻게 인지하느냐에 따라 중생의 세계와 부처의 세계가 성립된다는 것입니다. 낱낱 사건·사물들이 온전히 저 혼자서 자신의 모습을 드러내는 것이 아니라 생명의 그물망에 의해서 그 모습으로 드러나며, 그 내용이 앎으로 알려지기 때문입니다.

수행자의 생각생각에 이와 같은 앎의 내용이 저절로 발현된다면 보살의 신체를 이루었다고 할 수 있으며, 생명체끼리 존재적 차별이 있을 수 없다는 것을 사무치게 깨달았다고 할 수 있습니다. 그렇기 때문에, 곧 모든 생명체가 부처를 이룰 수밖에 없다는 것을 알기 때문에 그들 모두를 평등하게 볼 수밖에 없습니다. 이와 같은 인식을 분별 가운데 분별을 떠난 인식이라고 하며, 이와 같은 인지가 신체화된 보살의 인식활동을 원성실성의 작용이라고 합니다.

아뢰야식이 함장하고 있는 기억종자의 공능에서 변계소집으로 작용하는 공능이 사라지면서 공성의 지혜를 성취했기 때문입니다. 그러므로 원성실성을 인지의 토대로 삼은 보살은 선분별과 무분별 그리고 빈 마음의 지혜를 뜻대로 쓸 수 있습니다. 이와 같은 인지 세계를 진여의 세계라고 합니다. 진여의 세계가 따로 있는 것은 아니지만 변계소집의 오염된 인식이 사라지지 않으면 없는 것과 같고, 인식내용이 자신의 세계를 이룬다는 데서는 원성실성을 깨달았다는 사건은 진여의 세계를 새로 건립한 것과 같다고 하겠습니다.

5. 무분별상태를 경험함

생명계 전체가 중첩된 인연으로 하나 된 인식의 장이라는 측면에서는 자아와 시공간의 경계를 설정할 수 없으나, 낱낱 사건·사물이 그 모습 그대로 중첩된 인연을 드러내고 있다는 측면에서는 분별이미지 또한 실상을 드러내는 한 축이 되는데, 보살수행자는 분별과 무분별의 인지현상을 온전히 체험함으로써 생명계의 실상이 인식의 장이란 것을 깨달았다고 할 수도 있고 깨달음으로 연기법계를 청정하게 했다고도 할 수 있다는 것입니다. 이 말은 보살수행자가 마음챙김을 통해 무상과 무아의 연기법계를 사무치게 알게 됐다는 것이며, 이와 같은 앎이 증장되면서 인식의 토대가 전환되면서 펼치는 세계마다 진여의 세계가 됐다는 것입니다.

　　마음챙김 수행은 일어나고 사라지는 인지현상들을 알아차리는 힘을 기를 뿐 아니라 어떤 현상에도 집착하지 않는 마음을 기르는 것과 같기 때문이며, 마음챙김이 깊어지면 자아가 실재하지 않는 줄 알고, 자아의식을 배경으로 일어나고 있는 갖가지 번뇌도 사라지면서 일상의 기쁨을 뛰어넘는 기쁨을 맛보기도 하는데, 이는 자아의 경계가 사라지면서 내재된 불안이 작용하지 않기 때문입니다. 이는 분별의 세계상이 사라지고 무분별의 하나 된 세계를 경험할 때 나타나는 심리현상 가운데 하나입니다. 이와 같은 인식과 기쁨이 보살수행자에게서 발생했다는 것은 마음챙김이 순일하다는 것을 증명하는 것입니다.

마음챙김이 깊어져 선정의식을 경험하게 되고 사건·사물을 인지하는 습관을 이해하게 되면 뭇 생명들과 보살들과 부처님들의 생명활동이 깨달음의 작용인 진여의 생명활동에서 보면 아무런 차별이 없다는 것을 알게 됩니다. 그렇기 때문에 주의를 기울이지 않아도 이와 같은 인식이 저절로 일어나게 된 수행자를 견도의 단계에 들었다고 합니다. 생명계 그 자체가 앎의 장이라는 것을 알았을 뿐만 아니라 마음챙김상태가 생각생각으로 이어지면서 심상에 현혹되는 일이 다시는 일어나지 않는 단계입니다.

더 나아가 빈 마음 또한 빈 마음에 머물지 않고 빈 마음 그 자체가 인연 따라 온갖 사건·사물이 발현되고 사라지는 것과 같다는 것을 알게 됩니다. 일어나고 사라지는 사건들마다 인식의 장이 어떻게 흔들리냐에 따라 발생하는 파형의 모습과 같다는 것을 알게 된다는 것이지요. 견도 이후로는 사건·사물의 이미지와 그 이미지가 인식에 따라 머물기도 하고 사라지기도 한다는 것을 아는 앎과 이타행을 위한 방편 등이 강도 높게 체화되어 가는 과정이라고 할 수 있습니다. 이 단계부터는 심상에 집착하지 않는 마음챙김이 항상 동반되기 때문에 착각을 일으키는 기억종자의 힘은 줄어들게 되고, 바른 이해를 증장하는 정보의 힘은 커져 지혜정보가 증장되기 때문입니다. 열 단계의 법신이 되어 가는 것입니다.

지혜로운 인지활동이 커져 간다는 것은 낱낱 사건·사물들이 실체를 갖고 있다는 본질주의적인 사유습관에서 벗어나, 일체의 사건·사물들이 이웃과 어떻게 관계를 맺느냐에 따라 발생하며, 관계망의 변화와 상응해서 끊임없이 변하고 있다는 것을 아는 지혜정보로 인식의 토대가 바뀌어 간다는 것을 뜻합니다.

그러다가 온전히 인식의 토대가 바뀌게 되면 기억정보의 의지처인 아뢰야식이 지혜정보의 의지처인 대원경지로 전환됐다고 합니다(轉依). 인식의 근거인 기억정보가 지혜정보로 바뀌었다는 것은 기억이 바뀌었다는 것이 아니라 세상을 해석하는 인식의 지도가 바뀌었다는 것을 뜻합니다. 인연의 변화와 상응하는 인식을 할 수 없게 막고 있었던 집착이 사라지면서, 지금·여기의 인연과 온전히 융합하는 사유를 할 수 있게 됐다는 것이지요.

그렇기 때문에 부처님을 '모든 것을 아는 지혜'(一切智智)를 성취한 분(一切智者)이라고 부릅니다. 모든 인연의 현상과 온전히 융합하는 지혜를 성취했다는 것은 사유 그 자체가 인연의 색깔을 온전히 드러내는 단 하나의 사건이면서 사물의 속성을 규정하는 일이 된다는 것을 알았다는 것입니다.

기억정보에 의지해서 심상을 만들어 사건·사물을 분별했던 사유습관은 현재의 인연 그 자체를 온전히 알아차리는 것이 아니라 기억정보를 집착하는 것에 지나지 않는다는 것을 깨닫게 되면서, 내부영상에 현혹되지 않는 사유시스템이 체화됐기 때문입니다. 그렇기에 깨달은 보살수행자를 마술사에 비유하기도 합니다. 마술사가 마술의 과정을 꿰뚫어 알 듯 보살수행자는 인지현상을 꿰뚫어 안다는 것입니다. 마술사가 마술에 의해 현혹되지 않는 것과 같이 보살수행자도 만나게 되는 온갖 인연을 해석한 내부영상이 기억종자가 부리는 마술인 줄 알아 이미지에 현혹되어 집착하지 않는다는 것입니다.

6. 견도 직전의 수행 경험

보살수행자가 지혜수행을 함으로써 인식의 토대가 바뀌어 가는 과정은 어떻게 됩니까?

1) 난위 : 순결택분

보살수행을 한다는 것은 먼저 대승경전을 학습하고 심도 있게 따져 물어보는 데서 출발해야 합니다. 대승경전, 특히 유식사상을 설파하고 있는 경전에서는 우리들의 의식내용은 기억정보에 의지해서 만들어진 이미지에 지나지 않는 것인데도 불구하고 의식은 그 영상이 외부의 사물을 있는 그대로 드러내고 있다고 착각한다는 것이기 때문입니다. 이와 같은 가르침을 온갖 방면으로 따져 물어본 후에 인지되는 사건·사물의 영상을 잘 관찰하는 것이 수행의 출발이라는 것이지요.

이와 같은 방법으로 마음챙김을 하다 보면, 이전까지 경험하지 못했던 시각 등의 이미지가 홀연히 생겨나거나, 기존의 이미지가 변하는 것을 경험하게 됩니다. 인식의 토대를 되돌아보게 하는 경험입니다. 그렇기에 이 단계를 난위(뜨거워진 단계)라고 합니다. 나무를 계속 마찰하다 보면 불이 일어나는데, 그 직전의 뜨거움에 비유한 것입니다.

내부영상이 생겨나고 사라지는 것을 보게 되면서 인식된 사건·사물의 실상은 인식 이외에는 없다는 것을 철두철미하게 알수 있는 기반이 형성되어 가는 단계입니다. 이와 같은 인식은 마음챙김으로 관찰이 깊어진 상태인 선정의식, 곧 삼매를 체험하면서 형성됩니다. 삼매상태에서 인식대상이 어떻게 형성되고 어떻게 변해 가는가를 직접 보게 되면서, 인식대상은 자신의 마음이 외부화된 것임을 알게 된다는 것입니다. '이와 같은 앎이 형성되는 단계'를 앎이 무엇인 줄을 분명하게 깨달은 지혜, 곧 마음과 사물이 실재하지 않음을 온전히 아는 결택(決擇)의 지혜에 수순하는 단계라고 해서 순결택분(順決擇分)이라고도 합니다.

2) 정위

난위를 지나서도 여러 가지 이미지가 만들어지고 사라지는 것을 경험할 뿐 아니라, 마음챙김이 더욱 깊어져 스스로 이미지를 만들기도 하고 만들어진 이미지를 변형시키기도 하면서, 지금까지 언어이미지와 그와 상응한 사건·사물의 실체가 무엇인 줄 알며, 그것들의 차별 또한 마음이 만들었다는 것을 현실적으로 체험하고 조절할 수 있는 선정과 지혜를 성취하게 됩니다. 이 단계는 산의 정상에 올라 아래를 조망하는 것과 같다고 하여 정위(頂位)라고 합니다. 지속적인 마찰로 뜨거워진 나무에서 불꽃이 일어나듯 이미지를 조작할 수 있을 정도의 선정의식이 지혜의 길로 들어가는 등불의 역할을 하는 단계라는 것입니다.

　　고도로 집중된 선정의식상태에서 이름과 사물 그리고 그것들의 실체와 차별 등이 실재하지 않는다는 것을 체험하게 되면서 선분별과 무분별 그리고 빈 마음을 자재하게 쓸 수 있는 지혜정보를 증장해 가는 단계입니다.

3) 인위

정위의 단계를 지나 선정의식이 아뢰야식에 주는 영향력이 더욱 커지면, 곧 체화된 선정과 지혜의 강도가 더욱 커지면 아래 단계로 퇴보하는 일이 일어나지 않는 법신의 첫 단계인 견도위(見道位, 초지)에 들어가기 일보전의 단계에 도달하게 됩니다. 이 단계에서는 인식되는 모든 이미지를 마음이 만든다는 대승의 가르침을 분명하게 이해하게 됩니다. 선정의식상태에서 이미지의 변환과 생성을 직접적으로 경험하기 때문입니다. 그 결과 이름과 사물 그리고 그것들의 정체성과 차별성이 자아와 시공간의 경계를 분별하는 마음작용이 있을 때만 그렇게 분별된 줄 알며, 그와 같은 체험을 하게 되면 변계소집의 본성과 현상이 환상인 줄 알 뿐 아니라 원성실의 본성과 현상조차도 실제로는 아무런 색깔이 없는 것을 알게 됩니다.

의식흐름의 실상은 결정적인 본질(본성)이 상속되는 것이 아니라, 조건에 따라 온갖 현상(諸法)이 나타나면서 의식현상이 발현된다는 것을 사무치게 체험하게 된 것입니다. 이미지에 집착하지 않는 마음 씀이 커질 대로 커진 상태입니다. 그렇기에 이 단계를 공성의 지혜에 순응하는 알아차림, 곧 모든 것들의 빈 모습을 알아차리는 지혜가 자리 잡은 단계라고 하여 인위(忍位)라고 부릅니다(인[忍]이란 사건·사물을 있는 그대로 알아차리는 지혜관찰, 곧 심상에 흔들리지 않는 알아차림이 무르익었다는 것을 뜻합니다).

인위를 다시 세 단계로 나누며, 인식대상이 기억종자에 의해서 만들어진 것을 체험하는 하인(下忍) 단계, 알아차리는 마음조차 실재하지 않는 것을 아는 중인(中忍) 단계, 그러다가 주객이 사라지고 우주와 합일된 듯한 무분별의 상태와 빈 마음상태를 경험하게 되는 상인(上忍) 단계가 있는데, 이 세 단계를 체험하게 되면 처음으로 법신의 지위를 획득하는 견도가 눈앞에 다가온다는 것입니다(마음챙김이 깊어져 선정에 들면 보이는 것들이 일상과 다르게 보이기도 하고, 아무런 영상이 만들어지지 않는 허공과 같은 상태를 알아차리는 마음상태만 있다가, 알아차리는 마음조차 사라지는 것을 경험하기 때문입니다).

상인 단계에 이르기까지의 마음챙김의 과정은 첫째, 수행의 양식을 쌓아 가는 자량위(資糧位)를 지나, 사건·사물의 이름과 실상이 기억종자를 토대로 만들어진 내부영상에 지나지 않는다고 아는 앎이 증장되는 가행위(加行位)의 첫 단계인 난위에 이르게 되며(난위부터는 수행에서 후퇴하지 않고 지혜정보가 증장되면서 법신이 될 토대를 튼튼하게 만들어 가는 단계에 들었다고 할 수 있습니다), 둘째, 그러다가 지혜의 불꽃이 강하게 이는 정위를 지나면, 셋째, 기억종자를 토대로 내부영상이 만들어지면서 의식활동이 일어나는 것을 아는 체험이 더욱 깊어지고 만들어진 심상에 현혹되지 않는 선정의식이 강화되면서, 모든 영상이 사라진 상태와 알아차리는 마음조차 없는 상태도 경험하게 되고, 주객의 분별이 사라진 무분별상태와 빈 마음상태도 경험하게 되면서 인지되는 모든 것들은 마음이 만든 영상이라는 것을 통달하는 지혜가 강도 높게 체화되어 가는 인위에 이른다는 것입니다. 인위에 이르렀다는 것은 통달위(通達位), 곧 견도위의 법신이 될 준비를 마친 것과 같은 상태가 됐다는 것입니다.

4) 세제일법

네번째는 초지법신의 세계로 들어가는 마지막 발걸음을 내딛는 순간입니다. 이 순간의 걸음걸이를 세간에서 제일가는 법의 걸음 걸이라고 하여 세제일법(世第一法)이라고 합니다. 한 찰나(한 생각 [一念])만에 초지법신의 지위에 이르기 때문입니다.

자량위와 가행위의 네 단계를 지나는 가운데 마음속에 이전까지 경험하지 못한 갖가지 영상 등이 나타나고 그것을 현실적으로 관찰하고 있는 마음인 삼매, 곧 선정의식을 강도 높게 체험하게 되면(現觀), 사건·사물에 대한 영상은 온전히 자신의 마음이 만든 것이라는 것을 통달하게 된다는 것입니다(唯識). 보살수행자가 법신으로서의 걸음을 걸을 수 있는 첫번째 단계인 견도(見道)에 이른 것입니다.

7. 도를 봄(見道)

1) 견도에서의 마음챙김

보살수행자가 견도의 단계에 들었다고 하더라도 아직까지 아뢰야식에 내재된 기억정보 전체가 지혜로운 활동을 할 수 있는 정보로 전환된 것은 아닙니다. 기억된 종자가 인연 따라 내부영상을 만들지라도 그 영상이 환상인 줄 알아차리는 지혜가 함께하기에 심상에 현혹되는 일이 없을 뿐입니다. 견도에 이른 수행자가 가열차게 수행을 이어 가는 까닭도 여기에 있습니다.

그렇다고 하면, 곧 견도에 들어 사유의 내용이 기억정보를 바탕으로 재구성된 영상과 해석이라는 것(唯識)을 충분히 이해하고, 상당한 정도의 체험을 한 보살수행자는 어떤 방식으로 수행을 계속해야 합니까?

견도에 든 보살수행자라고 하더라도 수행방법은 처음으로 수행을 시작한 사람들과 크게 다르지 않습니다. 해석된 내외부의 이미지가 마음현상이라는 것을 직접 경험한 빈도수와 강도가 크다는 것과 그런 가운데 더욱 미세한 마음현상을 관찰할 수 있는 공능에서 차이가 있을 뿐입니다. 견도 이후에 일어나는 심리상태와 행동양상에 대해서는 유식 계열의 대승경전에서 잘 설명해 놓았는데, 초지 이후의 보살수행자도 선정의식상태에서 마음이 만든 경계를 직접 경험하고 알아차리는 수행을 계속한다는 것입니다. 알아차릴 뿐만 아니라 발생한 이미지에 대해 현혹되지 않는 의식활동이 동반되므로 번뇌도 발생하지 않게 됩니다. 알아차리는 공능 이외의 어떤 색깔도 갖지 않는 생명체의 지성인 근본지(根本智)가 거울처럼 있으면서 일어나고 사라지고 내부영상의 변화를 흔들림 없이 지켜볼 수 있기 때문입니다.

다만 내부영상을 만드는 기억정보, 곧 기억의 자모음들도 끊임없이 유동하면서 만들어진 영상과 상호작용을 하고 있으므로, 낱낱 영상의 흐름에 현혹되지 않는 청정한 앎과 무상한 변화에 대한 이해가 아뢰야식의 기억정보에 스며들어 저절로 지혜로운 판단을 할 수 있게 되기까지는 오랜 세월이 걸릴 수밖에 없습니다. 충분한 수행경험이 뒷받침되어야 아뢰야식에 의거한 인식현상에서 지혜로운 관찰에 의거한 인식활동이 무의식상태에서부터 저절로 일어날 수 있다는 것입니다. 이 상태를 인식의 의지처(依)가 전환되었다(轉)는 뜻에서 전의(轉依)라고 부른다고 말씀드렸습니다.

인식의 토대가 전환되어 의식하지 않고도 지혜로운 판단을 할 수 있는 상태가 되어 부처의 세 가지 몸을 이룰 때, 궁극의 깨달음인 구경지(究境地)를 성취했다고 합니다.

구경지에 이를 때까지 대승보살수행자의 수행덕목으로는 다음의 열한 가지가 있습니다.

첫째, 생명계가 하나 된 생명공동체로서 큰 수레를 함께 타고 있는 것과 같다는 가르침을 잊지 않는 것입니다.

둘째, 대승의 가르침을 생각생각으로 이어 갈 뿐만 아니라 그와 같은 삶을 능동적으로 살아가면서 대승의 지혜와 큰 복덕을 기르는 것입니다.

셋째, 생명계가 인연의 관계망으로 하나라는 것을 안다는 것은 관계망을 이루는 어떤 것을 배제한다면 궁극적으로는 개체의 생명도 존속되지 않는다는 것을 안다는 것입니다. 이는 개체가 없는 것은 아니지만 개체만으로 존재할 수 있는 생명체가 없다는 것을 안다는 것이며, 개체의 실체를 이루는 것들도 존재하지 않는 줄 안다는 것이지요.

넷째, 그렇기 때문에 보살수행자는 해탈도 개인의 해탈에서 끝나는 것이 아니라 함께 생명계를 이루는 이웃들이 깨달음을 이루어야 온전한 해탈인 줄 알아, 해탈에도 머물지 않고 생사에 매이지도 않으면서 열반의 삶을 살아간다는 것입니다.

다섯째, 견도 이후의 삶이 개인의 해탈을 이끄는 수행이기도 하지만 이웃 생명들과 함께 생명계를 안락하게 하기 위한 수행, 곧 이타행을 위한 방편을 갖추기 위한 수행이기도 하다는 것입니다.

여섯째와 일곱째, 이미지에 현혹되는 생각을 하지 않음으로써 기억정보가 지혜정보로 바뀌어 가기 때문에 번뇌가 일어날 소지를 원천적으로 제거함과 동시에 청정한 사유를 하게 되므로 자신의 세계를 깨달음의 세계로 만드는 것과 같다는 것입니다.

여덟째, 생명계가 하나의 큰 수레에 탄 것과 같다는 것을 깊이 깨달았기에 다른 이들을 평등하게 여기면서 그들과 함께 대승의 불국토를 이루려는 노력을 게을리하지 않는다는 것입니다.

아홉째, 생명계 그 자체가 지성을 바탕으로 생명활동을 하고 있다는 데서 보면, 생명활동 하나하나가 깨달음을 바탕으로 이루어지고 있다는 것을 자각한 수행자를 깨달은 수행자라고 할 수 있으므로, 보살수행자는 언제나 여래의 세계에서 태어나는 공덕을 성취하는 것과 같습니다.

열째, 그렇기 때문에 견도 이후의 보살수행자는 항상 여래로 활동하고 있는 생명계 전체의 울림으로 살아간다고 할 수 있습니다.

열한째, 생명계 전체의 울림을 통해 보살수행자가 성취한 수행공덕은 말할 필요도 없고, 수행자 개인의 노력으로 성취한 것과 같은 수행공덕도 실제로는 생명계의 근본 지성인 불성과 공명함으로써 성취한 공덕이 되므로, 낱낱 수행공덕은 개인의 공덕을 넘어 불세계의 공덕을 성취한 것이 됩니다.

마음살핌이 깊어지면(난위), 마음이 만든 영상을 직접 보게 되면서(정위), 우리들이 보고 아는 것은 기억의 자모음을 바탕으로 재구성된 내부영상이라는 것을 알며, 영상을 만드는 인지시스템의 일관성으로 인해 분별된 영상들이 이름처럼 구별될 수 있는 실재라고 착각하기 쉽기 때문에 인연 따라 일어나고 사라지는 사건·사물들의 실상을 착각했다는 것을 압니다(인위). 이와 같은 앎과 관찰이 더욱 깊어지면, 곧 내부영상을 만드는 조건이 달라지면 이미지가 변환되거나 사라지기도 하고 이전까지 경험하지 못했던 영상들을 자주자주 보게 됩니다. 그 결과로 인식의 토대인 기억정보층에 구멍이 뚫려 분별된 영상에 집착하는 마음을 내려놓게 되면서 의타기성인 인지시스템의 작용양상도 달라지게 됩니다.

내부영상이 생겨나고 사라지는 것을 있는 그대로 보는 깊이 있는 관찰로 기억정보가 만든 영상(의타기성)을 실재라고 착각하고 집착하는 변계소집성의 인지현상이 사라지게 되면, 인식의 장 그 자체는 어떠한 색깔도 갖지 않는다는 것(원성실성:공성)을 알 뿐 아니라 어떤 색깔도 고집하지 않기에 인연 따라 온갖 색깔이 나타날 수 있다는 것을 아는 단계인 세제일위(世第一位)의 단계를 지나면서 사건·사물의 실상인 연기법을 통달한 견도의 지혜를 성취하게 된다는 것입니다(通達位).

2) 논서의 이야기

이와 같은 이야기를 『분별유가사지론』에서도 자세히 설명하고 있습니다.

『분별유가사지론』은 미륵보살의 저술인데 지금은 남아 있지 않습니다. 다만 다른 책에서 인용하는 부분들이 있기 때문에 어느 정도는 알 수 있습니다. 그 책에서는 "보살수행자는 선정의식상 태에서 여러 가지 영상들을 보게 되는데, 그 영상들이 마음(기억정보)으로부터 만들어진 것인 줄을 분명하게 알게 된다. 마음챙김이 깊어지면 보이는 영상이 외부로부터 주어진 것이 아니라 자기 마음이 만든 것인 줄 알 수밖에 없기 때문이다. 그와 같은 앎을 토대로 내부영상을 계속해서 주시하다 보면 영상이 사라지는 경험을 하기도 하고, 영상을 보고 있는 인식주관이 사라지는 경험을 하기도 한다. 인식대상뿐만 아니라 인식주관도 실재하지 않기 때문이다. 그러므로 주·객관 모두를 취할 수 없다"라는 이야기를 하고 있는 대목입니다.

『대승장엄론』에서도 "대승의 가르침을 듣고 이해한 지혜와 복덕, 곧 생명계가 하나의 세계임을 이해한 지혜와 그에 따른 실천을 통해 증득한 복덕으로 보살수행자가 자리이타의 실천행을 힘닿는 데까지 하면서(資糧位), 마음챙김을 통해 분별되고 해석된 영상들이 실재하지 않고 마음이 만든 영상이라는 것을 분명하게 알아차리게 되면, 분별된 영상과 그에 따른 이름의 실상을 철저하게 이해하게 된다"라고 이야기하고 있습니다.

　　마음이 내부영상과 이해지도를 만들어 수용된 정보를 해석하고 있다는 것을 올곧게 알아차려야 한다는 것입니다. 이 단계는 앞서 말한 난위와 정위에 해당하는 관찰과 이해입니다. 이와 같은 관찰의 힘이 익어지고, 익어진 관찰결과가 종자화되면서, 기억정보들이 지혜의 정보들로 온전히 변한 상태를 생명계의 실상을 원만하게 증득한 상태라고 할 수 있는데, 가행위인 난위와 정위의 단계에서는 아직 기억정보의 활동이 깨달음의 활동으로 완전히 전환된 상태는 아닙니다. 그럼에도 불구하고 인지시스템은 현재의 의식내용과 수행결과를 정보화하여 기억과 재생의 배선을 다르게 설정하기 때문에 수행관찰의 분(分)만큼 기억정보층이 변했다고 할 수 있습니다.

　　그러므로 이 단계에서는 이름과 사물 그리고 그것들의 정체성과 차별에 대해 바른 이해, 곧 분별된 이름과 사건·사물들이 실상은 존재하지 않는다는 것을 알았을 뿐만 아니라, 분별된 영상을 마음이 만든다는 것을 실제적으로 경험하고 있는 단계라고 할 수 있습니다. 이런 까닭에 해석된 외부가 마음 밖에 실재하지 않는 줄 알 뿐만 아니라 인식대상이 사라질 때 알아차리는 마음조차 사라지는 것을 경험하게 되면, 마음과 대상이 각기 다른 실체를 갖는 존재가 아니라는 것도 알게 됩니다(加行位).

관찰하는 힘이 깊어지면 무의식 층위에서 작용하고 있는 인지시스템망의 배선이 달라지면서 사건·사물의 실상을 바르게 아는 지혜정보가 발현되는 생각길이 넓어지고 깊어지면서 마음도 실재하지 않는 것을 알게 된다는 것입니다. 기억정보가 변한다는 것은 정보 그 자체도 변치 않는 것으로 실재하지 않는다는 것을 보여 주기 때문입니다. 마음이 만든 영상을 실재라고 보는 변계소집, 곧 분별된 영상과 변별하는 마음이 실체를 갖는 실재라고 보는 의식내용이 마음과 영상 모두가 아뢰야식의 기억정보에 의지해서 만들어졌다는 내용으로 바뀌게 된다는 것입니다.

인식주체와 인식대상이 아뢰야식이 의식으로 전환될 때 분리된 것인 줄 아는 앎의 여력이 아뢰야식에 영향을 주어, 생명계가 본래부터 하나 된 생명공동체라는 것을 저절로 알 수 있을 정도가 되면, 주객으로 분화되지 않는 인식계가 주객으로 분화되면서 의식활동이 발현되는 인지시스템의 본래 모습(眞法界)을 알게 되고, 다시는 이와 같은 앎에서 후퇴하지 않는 삶을 살게 된다는 것이지요(通達位, 見道).

그렇다고 해도, 곧 바른 관찰의 힘이 기억정보에 스며들어 분별된 영상에 집착하는 힘을 약화시켰을 뿐만 아니라 생명계 전체를 하나 된 세계상으로 알아차리는 인식이 지속된다고 해도 아직 기억정보 자체가 온전히 깨달음의 지혜정보로 바뀐 것은 아닙니다. 인식주관과 인식객관이 분명한 '분별의 앎'과 주객이 합일된

'무분별의 앎' 그리고 앎조차 사라진 '빈 마음'에 대한 수행 경험이 지속되면서 분별된 영상에 속지 않게 되고, 분별된 모든 사건·사물이 생명계 전체의 인연으로 각기 다른 모습을 하고 있다는 것을 아는 지혜수행에서 후퇴하지 않게 된 단계라는 것입니다.

이와 같은 수행경험에 의해서 모든 것들이 평등한 줄 아는 보살수행자는 수행의 내용이 생명계를 이롭게 하는 실천이 될 수밖에 없습니다. 보살수행이 앎의 네트워크라고 할 수 있는 진여법계의 생명흐름에 수순하는 수행이 될 수밖에 없기 때문이며, 견도를 했다는 것은 저절로 이 일을 할 수 있는 의지를 갖춘 것과 같기 때문입니다. 보살수행자의 수행정보가 기억정보층에 스며들면서 무분별과 공성을 아는 지혜정보로의 변환이 지속적으로 일어나 이전 상태로 후퇴하지 않을 정도로 아뢰야식(所知依)과 의식내용(所知相)이 바뀌게 됐다는 것입니다.

이후로는 지혜정보의 양과 강도가 커져 가는 일만 일어나게 되므로, 곧 마음챙김 수행으로 기억정보의 창고라고 할 수 있는 아뢰야식을 채운 오염된 종자의 뿌리가 하나둘씩 뽑히기만 하므로, 착각이라는 인식의 병이 호전돼 가는 일만 일어난다는 것입니다. 이 단계를 수도위(修道位)라고 합니다. 이 단계를 수도위라고 하는 것은 생명계가 대승으로 하나된 생명의 네트워크라는 것을 잊지 않기 때문에 그 자체로 보면 이미 깨달음을 온전히 이룬 것과 같지만, 아직 아뢰야식의 인식근거가 온전히 전환되지 않았다는 측면에서 궁극의 깨달음에 이른 것은 아니기 때문입니다.

기억정보가 지혜정보로 완전히 전환돼 부처가 됐다는 것은 내부에 새로운 지혜의 지도가 생긴 것이라고 할 수 있습니다. 이 지도는 새로 생긴 것이면서 동시에 생명계가 펼치고 있는 앎의 세계와 처음으로 상응하는 지도라고 할 수 있으며, 생명계와 온전히 융합되는 생각길을 여는 지도라고 할 수 있으며, 제 모습 그대로 생명계의 모습이 되도록 하는 지도라고 할 수 있습니다.

보살수행을 통해 생명계의 지성과 융합된 지혜는 허공에 뜬 알음알이가 아니라 생명계(法界)에 뿌리내린 생명활동이며, 생명의 공덕을 펼치는 지성, 곧 불성을 온전히 드러내는 활동이 된다는 것입니다. 생명계의 지성을 자각하여 깨달을 수 있는 것은, 지성 그 자체에 '깨닫게 하는 공능'(불성)이 있기 때문입니다. 생명계의 생명활동이 인연 따라 변환될 수 있는 것도 불성을 바탕으로 무의식적인 인지활동이 이루어지고 있기 때문이라는 것입니다. 인연 따라 끊임없이 되어 가는 무상한 생명계의 유동성을 진여법신의 바다라고 이름한 까닭도 여기에 있습니다. 온갖 인연을 받아들이는 바다의 모습이 인연 따라 변주하는 생명활동을 할 수 있는 불성의 작용과 같다는 것이지요. 어느 것에도 머묾 없이 흐르는 생명흐름을 진여라고 하고, 생명계 그 자체가 불성의 지성작용을 뒷받침하고 있는 것과 같다고 하여 법신이라고 하므로, 깨달음을 성취했다는 것을 진여법신의 바다에 이르렀다(究竟位)라고 비유하고 있습니다.

5장
—

육바라밀
수행

5장 _ 육바라밀 수행

1. 유식관

지금까지 인식기반에 대한 이야기와 수행을 통해 인지가 어떻게 성립되는가를 살펴보았습니다.

　우리들의 인지시스템은 기억정보를 바탕으로 수용된 감각자료를 해석해서 알아차리는 것이기에 알려진 사실들은 가상현실과 같다는 것이며, 이를 알아차리는 공부가 '인식내용은 오롯이(唯) 마음이 만든 것임(識)을 체험(觀)하는 것'이기에, 이 공부를 유식관(唯識觀)이라고 합니다. 그러므로 유식관을 닦는다는 것은 이와 같은 인지를 바탕으로 육바라밀인 보시·지계·인욕·정진·선정·지혜 바라밀을 학습하고 닦아 완성하는 것입니다.

육바라밀 수행으로 '모든 것은 마음이 만든 가상현실이라는 것을 이해했다는 것'은 이익과 손해라는 판단이 개인과 시대군중의 이미지에 의해서 파생된 가상가치를 기반으로 설정된 것에 지나지 않는다는 것을 안다는 것이며, 그와 같은 앎이 온전히 뒷받침됐을 때 불필요한 취착을 하지 않을 뿐만 아니라 함께 생명계를 살아가는 모든 생명체를 위해 보시 등 육바라밀 수행을 지속할 수 있다는 것입니다.

보시, 곧 '재물과 지식을 나누고 생명체들로 하여금 불안하지 않은 삶의 조건을 만들어 간다는 것(果)'은 '나'와 나의 '것'으로 '분별된 것이 실재의 사실이 아니라 조작된 인식내용이라는 것을 온전히 알아차려야만(因)' 손해라는 느낌 없이 잘 할 수 있다는 것입니다(布施精進). 그러기 위해서는 분별을 통해 만들어진 자아의 이익만을 충족시키기 위해 행했던 일이 생명계의 생명활동과 어긋난다는 것을 온전히 이해하고, 그와 같은 일을 하지 않는 습관을 만들어 가야 합니다(持戒精進).

가진 것을 나누고 생명계의 원리와 어긋난 일을 하지 않는 습관의 힘이 아직은 부족하지만, 곧 습관화된 행동양식에서 보면 그와 같은 일을 한다는 것이 쉽지 않을 뿐만 아니라 괴롭기까지 할 수 있지만 그 일을 잘 참아내면서 의식과 행동의 습관을 바꾸어 가는 일이 보살수행자의 일이면서 생명계의 실상과 계합하는 일이 된다는 것입니다. '습관화된 자아의식을 기반으로 살아온 삶'에서 '함께 살아가는 보살의 삶'을 산다는 것은 참아내야 할 것이 많기 때문입니다. 그렇지만 보살수행자는 생명계가 하나의 생명 공동체라는 것을 철두철미하게 이해했기 때문에 보시와 인욕 등을 닦는 것이 생명계의 실상과 계합한다는 것을 알아, 이익과 손해 등으로 해석된 인식내용에 현혹되지 않고 인식의 흐름을 지켜보는 마음챙김을 참을성 있게 이어 갑니다(忍辱精進).

그러다가 지켜보고 알아차리는 힘이 커져 큰 힘을 들이지 않고도 대상에 흔들리지 않고 지켜보는 상태에만 온전히 머물게 되면(禪定), 수용된 정보를 해석하기 위한 내부영상을 마음이 만들고 있다는 것을 체험하게 됩니다. 이와 같은 앎을 있는 그대로를 알아차린 앎이라고 합니다(智慧).

보살수행자가 육바라밀 수행을 통해 모든 분별은 마음이 만든 것에 지나지 않는다는 것을 체험하게 되면, 육바라밀 수행을 증장시키는 인식기반을 내부에 갖추어 가는 것과 같으므로 큰 힘을 들이지 않고도 그 일을 할 수 있게 됩니다. 수행자가 의지하는 인식기반에 보살행을 실천할 수 있는 지혜정보가 증장됐기 때문입니다.

지혜정보가 증장됐다는 것은 마음이 만든 영상을 실재라고 착각하고 그것에 집착하는 마음을 내려놓기가 수월해졌다는 것입니다. 수월해진 만큼 청정한 인식을 쉽게 할 수 있습니다. 청정한 인식이란 들뜸 없이 내부영상을 있는 그대로 알아차린다는 것이며, 그 현상이 어떻게 만들어지는가에 대해서도 알 수 있게 된 인식입니다. 보살수행자는 이와 같은 마음상태에서 더욱 세밀하게 인식현상을 알아차리게 되어 깊고 넓은 지혜의 활동을 하게 됩니다. 지혜로운 마음살핌을 통해서 내부영상과 그 영상을 알아차린 의식이 아뢰야식에 의지해서 발생하는 것을 알게 됐기 때문이며, 더 나아가 오직 마음만 있는 상태를 경험하기도 하고 마음조차 사라진 상태를 경험하기도 하면서 분별이 사라진 무분별의 인식장과 빈 마음상태를 경험했기 때문입니다.

이와 같은 경험이야말로 보살수행을 가열차게 할 수 있는 바탕을 이루게 되고, 인식의 장에 대한 수승한 이해를 더욱더 증장할 수 있게 합니다. 증장된 지혜와 청정한 의지로써 보살행이 깊고 넓어지면, 더욱 다양한 세계상을 경험하게 되는데, 그것 또한 선정의식이라는 마음이 만든 것인 줄 알아 신비체험에도 현혹되지 않습니다. '이와 같은 경험과 이해가 넓고 깊어졌다는 것'은 머지 않아 깨달음을 성취하게 된다는 것을 말해 줍니다.

2. 자리이타를 완성하는 수행

보살수행자가 닦는 육바라밀 수행은 분별된 자의식을 바탕으로 일어나고 있는 탐욕과 성냄 등의 여섯 가지 근본번뇌를 다스릴 수 있을 뿐만 아니라(自利), 생명계가 하나된 생명공동체라는 대승의 이치를 깨달아 이타행(利他行)을 위한 공능을 성취하게 합니다.

그렇기 때문에 부처님께서 보시바라밀과 지계바라밀을 설해 분별된 자아를 애착하는 마음에 기반하여 그 마음과 상응하는 것들을 '탐착하는 마음'과 그 마음과 상응하지 않는 사건들에 대해서 '성내는 마음'을 다스려, 제 힘껏 보시를 행하고, 함께 생명계를 이루기 위한 공동체의 규범을 지키면서 자리이타의 삶인 대승의 삶을 살 수 있는 기반을 형성할 수 있게 했습니다. 그렇다고 해도, 곧 보시와 지계를 기반으로 보살의 삶을 살겠다고 마음먹었다고 해도, 익혀 온 탐욕과 성냄의 기운이 종자로 남아 있기 때문에 마음살핌이 순일하지 못하면 이기의 욕망을 충족하려는 의도가 발생하기 쉬울 뿐만 아니라 그와 같은 마음을 낸 것에 대해서도 후회하기도 하고, 장시간 보살행을 한 것 같지만 특별히 달라진 것 같지 않은 삶의 모습을 보고 보살수행자로 사는 것에 대한 피로감을 이기지 못해 자칫 보살의 삶에서 물러설 수도 있기 때문에 인욕바라밀과 정진바라밀을 설했습니다.

더 나아가 앞서의 네 가지 바라밀 수행을 순조롭게 닦아 대승의 삶이 자리를 잡기 위해서는 마음이 만든 내부영상에 현혹되어 갈팡질팡하지 않아야 할 뿐 아니라 부처님의 가르침을 영상화할 수 있는 선정의 힘을 길러야 하고, 무분별과 공성을 자재하게 관할 수 있는 지혜의 눈을 길러야 하기 때문에 선정바라밀과 지혜바라밀을 설하셨습니다.

육바라밀 가운데 앞의 네 가지는 '홀로그램과 같은 내부영상을 좇아 이리저리 날뛰는 마음'을 다스릴 수 있는 기반을 만드는 것과 같고, 뒤의 두 가지는 그렇게 만들어진 기반에 의지하여 내부영상을 있는 그대로 지켜볼 뿐 아니라 자신의 의도대로 이미지를 만들기도 하고 없애기도 하는 선정의 힘을 기르면서 모든 이미지는 마음이 만든 영상에 지나지 않는다는 것을 아는 앎을 강도 높게 체화하는 것과 같습니다.

육바라밀 수행으로 지혜가 자리잡게 됐다는 것은 인식주체(意)와 인식대상(諸法)의 실상을 여실하게 알아차렸다는 것이며, 생명계의 지성이 펼쳐 내는 현상을 있는 그대로 체험했다는 것입니다. 들뜨지 않는 마음으로 마음현상을 온전히 알아차린다면 궁극적으로 생명계의 지성활동인 불성이 펼치는 세계와 계합하게 되면서 생명현상의 낱낱이 부처의 세계를 구현하고 있다는 것을 체험하게 된다는 것이지요. 그렇기에 부처님께서 육바라밀 수행이 불법을 깨닫는 수행으로 충분하다고 말씀하셨습니다.

보살수행자는 학습을 통해 낱낱이 낱낱이면서도 생명계와 분리될 수 없다는 것을 이해했기 때문에 수행의 하나하나가 뭇 생명들을 위한 이타행을 동반하게 됩니다. 육바라밀의 전체 공능이 자리이타를 극대화하는 수행방법이라는 것이지요. 그렇기에 보살수행자는 능력껏 이웃들에게 필요한 것들을 나누는 것은 물론, 학습과 수행을 통해 습득한 지혜를 나눠 그들 모두가 두려움이 없이 살 수 있도록 돕는 보시바라밀을 실천하고, 자신과 다른 생명체에게 해로운 행위를 하지 않는 지계바라밀을 실천하며, 이미 습관화되어 있는 인지와 행동으로 인해 생명공동체의 삶과 어긋나는 인지가 발생할 때 그 사실을 온전히 알아차려 힘껏 그와 같은 행동을 자제하는 힘을 기르는 인욕바라밀을 굳건히 닦으며, 자리이타의 행동을 습관화하는 정진바라밀을 실천하고, 자기의 삶을 있는 그대로 지켜보는 평정한 마음을 이뤄 들뜨지 않는 삶을 살 수 있는 선정바라밀을 닦아, 생명현상을 있는 그대로 알아차리는 지혜바라밀을 성취하게 되면 해탈의 삶을 살 수 있다는 것입니다. 육바라밀 수행은 수행자 자신이 생명계의 지성인 불성과 계합한 삶을 살게 할 뿐만 아니라 뭇 생명 모두가 해탈의 삶을 살 수 있도록 돕는다는 것입니다.

1) 육바라밀 수행이 수승한 까닭

육바라밀법 수행으로 해탈의 삶을 살 수 있다는 것은 육바라밀에 다음과 같은 여섯 가지 뛰어난 공능이 있기 때문입니다.

첫째, 보살수행자의 마음, 곧 깨달음을 구하고 뭇 생명을 깨달음의 세계로 인도하는 마음인 보리심이 육바라밀에 의해서 발생한다는 것입니다.

둘째, 보리심이 보리심인 이유는 그 마음으로 보시 등을 실천하게 되기 때문입니다.

셋째, 육바라밀을 수행하는 마음이 자리이타의 대비심(大悲心)을 증장한다는 것입니다.

넷째, 대승의 가르침을 실현하는 육바라밀 수행은 생명의 실상에 근거한 가르침으로 자아의식을 바탕으로 한 분별의 세계상을 넘어 분별 없는 세계와 공성의 세계를 체험할 수 있는 최상의 가르침이기 때문입니다.

다섯째, 낱낱의 생명활동이 중첩된 생명계의 인연에 의해서 이루어지고 있다는 것을 학습하고 수행으로 그 사실을 체험한 보살수행자는 필연적으로 성취된 수행공덕을 다른 이를 위해 회향하여 그들 모두가 보리심을 성취하도록 돕기 때문입니다.

여섯째, 육바라밀행은 아뢰야식에 있는 모든 번뇌종자, 곧 감성적 번뇌와 지적인 번뇌를 청정한 지혜정보로 전환시켜 '불만족스러운 감정'과 '생명의 실상을 잘못 아는 지식'이 더 이상 작용하지 않게 함으로써 삶의 토대를 바꾸기 때문입니다.

보시 등의 바라밀 수행이 진실한 삶을 살 수 있는 바탕이면서 깨달은 사람들이 사는 모습인 까닭도 이상과 같은 여섯 가지 뛰어난 공능이 있기 때문이겠지요.

2) 수행(因)과 성취된 공덕(果)의 관계

그렇다고 하면 보시 등과 바라밀의 관계를 어떻게 보아야 합니까?

이는 다음과 같은 네 가지 질문을 통해 살펴볼 수 있습니다.

"첫째, 보시 행위가 그대로 바라밀(지혜 덕상의 완성)이며 바라밀이 곧 보시 행위로 표출되는 것인가?

둘째, 보시가 그대로 바라밀이 되는 것도 아니고 바라밀도 보시로 표출되는 것도 아닌가?

셋째, 보시가 보시이면서 바라밀이고 바라밀도 바라밀이면서 보시인가?

넷째, 보시 행위가 보시도 아니고 바라밀도 아니며, 바라밀이라는 것 또한 바라밀도 아니며 보시도 아닌가?"라는 질문입니다.

이상의 네 가지 질문이 드러내고자 하는 뜻은 수행으로만 보면 아직 깨달음을 성취한 것이 아닌 것과 같으나, 실상에서 보면 수행의 내용 그 자체가 성취된 수행공덕을 실현하는 것과 같기 때문에 수행내용과 성취된 공덕이 같기도 하고 다르기도 하다는 것입니다. 수행의 습관이 온전히 체화되지 않았다는 측면에서 수행과 완성된 지혜덕상은 같을 수 없으나, 보시 행위 그 자체가 완성된 지혜덕상을 실천하는 행위가 되면서 수행자의 신체를 지혜법신으로 만들어 간다고 할 수 있기 때문에 보시 그 자체가 바라밀 그 자체가 된다는 것이지요.

이 말은 수행과정과 완성된 결과만 놓고 보면 둘이 같다고 할 수 없지만 깨달은 분들이 실천하는 삶의 모습이 보시 등의 수행내용과 같기 때문에 육바라밀 수행을 한다는 것은 아직 깨닫지 못한 수행자가 부처님의 행위를 본받아 깨달은 삶을 살아가는 것과 같다는 것입니다. 이런 뜻에서 수행은 궁극적으로 깨달은 생각과 말과 행동이 체화된 법신의 행위이면서 법신(法身)이 되어 가는 과정이라고 할 수 있습니다. 보시도 단지 보시하는 행위에 그치는 것이 아니고 바라밀 또한 완성된 상태로 머물러 있지 않으므로, 수행과정 등과 수행결과가 같다고 할 수도 없고 다르다고 할 수도 없으니, 보시도 보시가 아니고 바라밀도 바라밀이 아니라는 것입니다.

보시바라밀뿐만 아니라 나머지 바라밀 수행도 이와 같습니다.

3) 육바라밀의 순서를 보시부터 정한 까닭

그렇다면 육바라밀을 보시 등의 순서로 이야기하는 까닭은 무엇입니까? 그것은 앞의 수행덕목을 실천한 공덕이 뒤따르는 수행덕목을 실천하는 뒷받침이 되기 때문입니다.

이것이 뜻하는 것은 함께 대승의 생명공동체를 이룬 이웃들의 생존과 안녕을 위해서 힘닿는 대로 재물과 지식을 나누고 두려움이 없이 살 수 있는 삶의 환경을 만들려는 보시수행을 시작으로, 생명공동체를 위한 계율을 수행하면서, 이미 익혀진 생활 습관 가운데 공동체의 생활을 저해하는 생각과 말과 행동을 하지 않을 수 있는 인내심을 길러, 원만한 생명공동체(대승의 삶)를 위한 수행정진을 이어 가, 아뢰야식의 기억종자가 펼치고 있는 이미지에 현혹되지 않은 마음살핌으로 선정을 성취하여, 어느 것 하나도 그것 자체로 실재하는 것이 아니라 온갖 인연이 중첩되어 그렇게 드러나는 것인 줄 아는 지혜를 익혀야, 기억정보가 지혜정보로 전환되면서 지혜덕상이 완성되므로 육바라밀의 순서를 그렇게 정했다는 것입니다.

바라밀이란 수행을 성취함으로써 집착에 의한 괴로움(此岸)

에서 벗어나 열반의 언덕(彼岸)에 이르렀다는 뜻인데, 그러기 위해서는 여섯 가지 수행공덕을 성취해야 한다는 것입니다.

다시 한 번 간략하게 육바라밀을 설명하겠습니다.

첫째, 보시바라밀입니다.

보시수행을 한다는 것은 공동체를 이룬 이웃들을 위해 재물 등을 나누는 것이지만, 나누는 수행 자체가 수행자의 인색한 마음을 버리게 하여 생명공동체를 볼 수 있는 지혜의 눈을 뜨게 하는 밑받침이 되기 때문입니다.

둘째, 지계바라밀입니다.

지계, 곧 계율을 지킨다는 것은 생명공동체를 해치는 일을 하지 않는다는 것입니다. 이는 대승으로 하나 된 생명의 수레에 구멍을 뚫는 일을 멈추는 것을 넘어서, 생명체의 생존과 안녕을 지키는 일이 되기 때문입니다.

셋째, 인욕바라밀입니다.

인욕이란 이익과 손해 등이 무엇인지를 바르게 살펴 생명활동을 저해하는 쓸데없는 탐욕과 잘못 설정된 가치판단에 의거해서 불쑥불쑥 일어나는 탐욕심과 성냄을 다스릴 수 있는 힘을 기르는 것입니다. 이 힘이 있어야 자신 스스로도 불안해지지 않는 삶을 살 수 있고, 함께 사는 다른 생명체들이 불안해지지 않는 삶의 터전을 만드는 일을 할 수 있기 때문입니다.

넷째, 정진바라밀입니다.

정진이란 대승의 가르침을 통해 생명공동체를 보는 눈을 새로 떴다고 해도 그 힘은 이미 익혀 온 습관에 비해 현저히 약하므로, 대승의 생명관을 바탕으로 생명을 보는 사유와 실천을 부지런히 익혀야 분별된 자아의식을 바탕으로 자신의 이익과 손해에만 민감한 사유와 행동의 방향을 바꾸어 가는 일을 지속할 수 있기 때문입니다.

다섯째, 선정바라밀입니다.

보살의 삶은 자아와 시공간의 경계 지음을 바탕으로 심상을 만드는 기억정보가 생명공동체를 중심으로 사유함으로써 경계 너머까지를 볼 수 있는 지혜정보로 전환되어야 완성됩니다. 그러므로 이익과 손해 등으로 해석되는 심상에 현혹되지 않고, 곧 이익과 손해가 생명흐름의 실상에 부합된 가치 판단이 아니라 습관적으로 익혀 온 해석 체계에 의한 판단임을 알아차리고, 일어나고 사라지는 심상의 흐름을 있는 그대로 지켜보면서 들뜨지 않는 마음인 선정의식을 체화하여야 합니다. 체화된 선정의식이란 기억정보가 지혜정보로 전환된 것을 뜻합니다. 이 말은 선정의 성취가 지혜의 성취를 뒷받침한다는 것이지만, 다른 한편 지혜를 증장하는 수행내용이 아니면 바른 선정이라고 할 수 없다는 것입니다. 지혜정보를 체화하는 과정이 바른 선정의식을 강화하는 수행이 된다는 것이며, 선정이 깊어져야 지혜정보를 뜻대로 쓸 수 있기 때문입니다.

여섯째, 반야바라밀입니다.

앞서의 바라밀 수행이 체화됐다는 것은 생명공동체가 들려주는 가르침(法界等流)과 계합하는 체험을 할 수 있게 됐다는 것입니다. 이 말은 육바라밀 수행을 통해서 인식의 토대가 온전히 지혜정보로 전환되어야, 곧 반야바라밀을 성취해야 언제 어디서나 자리이타의 삶을 살 수 있는 인지시스템을 갖추게 된다는 것입니다.

4) 육바라밀을 닦는 방법

자리이타를 완성하는 수행덕목인 바라밀을 닦는 방법을 간략히 정리하면 다음의 다섯 가지가 있습니다.

첫째, 당연한 말이지만 자주 보시 등을 실천하는 것입니다. 그러다 보면 다음부터는 보다 쉽게 그 일을 할 수 있습니다.

둘째, 생명현상을 바르게 가르치고 있는 대승의 가르침을 익히고, 가르침에 따른 실천을 지속적으로 해서, 안팎으로 생명의 실상에 대한 바른 이해가 깊어지는 사유수행을 하는 것입니다.

셋째, 생명공동체에 대한 사유수행이 깊어져 바라밀을 닦아야 하는 신념체계가 체화되도록 해야 합니다.

넷째, 체화하기 위해서 대승의 가르침을 실천하되 방편을 잘 익혀 너무 팽팽하지도 않고 너무 느슨하지도 않게 해야 합니다.

이상 앞의 네 가지는 수행과정을 이야기한 것이며, 다섯째는 수행을 성취한 부처님께서 실현하고 있는 바라밀행을 설명한 것입니다.

다섯째, 부처가 됐다는 것은 육바라밀을 온전히 성취했다는 것이며, 성취한 육바라밀의 열매를 이웃생명체들과 적의적절하게 나눌 수 있는 방법을 터득했다는 것입니다.

그러므로 인연에 따라 생명공동체를 이롭게 하는 일을 쉼 없이 할 수 있습니다. 육바라밀을 온전히 익혔다는 것은 수행자 한 사람이 부처가 됐다는 것만을 뜻하는 것이 아니라 인연 있는 수행자를 부처의 세계로 인도하는 방법도 터득했다는 것을 뜻하기 때문입니다. 중생의 세계(此岸)에서 부처의 세계(彼岸)로 인도하는 배를 운전하는 분이 부처라는 것입니다. 부처님의 가르침에 의해서 수행자의 인식토대가 지혜를 쓸 수 있는 토대로 전환됐다는 것이 중생의 세계에서 부처의 세계로 건너갔다는 것을 뜻한다는 것입니다.

5) 심상 만들기의 중요성

바리밀법을 닦는 보살수행자가 대승의 가르침을 먼저 학습해야 하는 까닭은 생각과 말과 행동을 하기 전에 심상이 먼저 만들어지므로 번뇌 없는 삶을 살기 위해서는 무슨 심상을 만들 것인가를 알아야 하기 때문이며, 학습된 기억정보를 토대로 발생한 생각과 말과 행동이 다시 심상이미지를 만드는 기억정보에 영향을 미치기 때문입니다. 그러므로 새로운 생각길을 만들기 위해서는 새로운 학습과 경험이 필요하며, 그 일을 지속적으로 할 수 있는 의지를 길러야 합니다. 곧 새로운 생각길을 만들어야 하는 당위성이 확고해져야 그 일에 주의를 기울일 수 있고, 그 일이 즐거운 일이 될 수 있다는 것입니다.

그렇기 때문에 보살수행자는 다음과 같은 여섯 가지 수행의 지를 기르는 일을 즐겁게 해야 합니다.

첫째, 생명계가 하나의 생명공동체라는 것을 알아 생명체 모두가 안온한 삶을 살 수 있도록 하는 일을 즐겁게 하며,

둘째, 바라밀 행법이 체화되는 일이 쉽지 않으므로 오랜 시간 동안 수행하는 것을 기꺼운 마음으로 하며,

셋째, 그 일을 하는 일이 즐거움이 된다는 것을 아는 데 그치는 게 아니라 실제로 즐거운 마음으로 그 일을 할 수 있는 생각길을 만들며,

넷째, 생명계가 대승으로써 하나 된 생명체라는 것을 알았다는 것은 한 수행자의 삶을 위해서도 수많은 생명체들의 도움이 있었다는 것을 안다는 것이므로 그 은혜를 갚기 위해 할 수 있는 일을 다하기를 원하며,

다섯째, 함께 생명의 인연을 만든 이들이 부처의 삶을 살 수 있도록 자신이 성취한 수행과보를 즐거이 회향하며,

여섯째, 보살수행자의 회향이 타자를 향한 것이지만, 동시에 수행자 자신에게도 영향을 미쳐 함께 자리이타의 공덕을 이루게 하는 줄 알아, 공덕 나누기를 즐겁게 해야 한다는 것입니다.

이상의 여섯 가지를 좀 더 자세히 설명하면 다음과 같습니다.

첫째, 보살수행자가 오랜 세월 동안 수행을 통해 생명계가 들려주는 대승의 가르침을 직접적으로 체험하게 되기까지, 함께 생명계를 이룬 다른 생명체들을 위해 몸과 마음을 아끼지 않았으며, 그들을 위해 재물과 지혜를 나누고 안온한 생명활동을 할 수 있는 삶터를 만들기 위한 보시바라밀을 쉼 없이 실천하였으며, 생명계의 지성작용, 곧 불성의 작용과 온전히 계합하는 삶을 살면서도 보시바라밀을 실행하는 일을 싫어하지 않는 것과 같이, 보살수행자로서의 삶을 살기로 작정한 이후로는 어떠한 환경을 만나더라도 육바라밀 수행을 멈춘 적이 없었다는 것입니다. 이 말은 보살수행자는 육바라밀을 닦는 것을 가장 넓고 큰 즐거움으로 삼는다는 것입니다(廣大意樂).

둘째, 육바라밀을 수행하는 보살수행자는 언제 어디서나 그와 같은 삶을 사는 것에 만족할 뿐만 아니라, 순일하게 육바라밀 수행이 익어 보살의 지혜를 온전히 쓸 수 있는 상황에서도 쉬지 않고 육바라밀 수행을 즐거운 마음으로 계속한다는 것입니다(長時意樂).

셋째, 보살수행자는 육바라밀 수행을 통해서 함께 사는 생명체들에게 이익되는 일을 할 수 있는 것을 참으로 기뻐하지만, 그 기쁨이 다른 생명체들이 보살수행자의 도움을 받고 기뻐하는 마음에는 미치지 못할지라도 다른 생명체들이 기뻐하는 일을 즐거이 하는 것을 보살의 기쁨으로 삼는다는 것입니다(普薩歡喜意樂).

넷째, 보살수행자는 육바라밀 수행을 통해서 함께 사는 생명체들에게 이익되는 일을 할 때라도, 자신이 저들에게 은혜를 베푼다고 보지 않고 다른 이들이 자기에게 은혜를 베풀어 보살수행을 할 수 있게 했다고 여기는 것을 즐거움으로 삼는다는 것입니다(荷思意樂).

다섯째, 보살수행자는 육바라밀 수행을 통해 쌓는 선근을 깊고 즐거운 마음으로 뭇 생명들을 위해 회향하여, 그들로 하여금 수승한 과보를 얻게 하는 것을 즐거운 마음으로 합니다. 이것을 보살수행자의 큰 뜻이라고 여긴다는 것입니다(大志意樂).

여섯째, 보살수행자는 육바라밀 수행으로 얻게 된 선근을 가지고, 자신과 뭇 생명 모두가 위없는 바른 깨달음을 얻을 수 있는 바탕이 되는 것을 즐거움으로 삼는다는 것입니다(純善意樂).

이상의 여섯 가지는 보살수행자가 여섯 가지 즐거운 마음으로 육바라밀을 닦는 마음 가운데 '애지중지 육바라밀을 수행하려는 의지'에 속합니다.

6) 바라밀 수행을 찬탄함

보살수행자가 육바라밀 수행을 통해 한없는 선근을 쌓게 되면, 진실로 자신의 삶을 기뻐하게 되어 육바라밀 수행을 찬탄하지 않을 수 없습니다. 이 마음을 기쁜 마음으로 육바라밀 수행을 지향하는 마음(隨喜作意)이라고 합니다. 그렇기에 보살수행자는 육바라밀 수행을 생활화하여 여섯 가지 수행공덕을 성취하기를 원할 뿐만 아니라 다른 사람들도 즐거운 마음으로 육바라밀 공덕을 이루기를 바랍니다. 이 마음을 즐거운 마음으로 육바라밀 수행을 지향하는 마음(欣樂作意)이라고 합니다.

육바라밀 수행공덕이 이와 같기 때문에 육바라밀 수행법을 듣고 즐거운 마음으로 이를 실천한다고 하면 단지 신심을 생기게 하는 데 그치지 않고, 한없는 복덕이 쌓일 뿐만 아니라 온갖 장애가 사라지게 될 것입니다.

육바라밀의 수행덕목 하나하나에는 각각 세 종류의 실천 항목이 있습니다.

첫번째 덕목인 보시바라밀에는 법시와 재시 그리고 무외시가 있습니다.

법시란 이익과 손해 등의 바람에 휘둘리지 않는 맑고 깨끗한 마음으로 여러 사람들에게 안온한 삶을 살 수 있는 법을 설해, 듣는 사람들이 생명공동체를 위해 사는 삶의 즐거움을 알게 하고, 생명공동체를 위한 실천을 하여 복덕의 자량을 기르게 하는 것이며, 재시란 함께 생명공동체를 이루고 있는 이들이 굶주림과 추위 등의 환난으로부터 벗어날 수 있게 가지고 있는 재물 등을 나누는 것이며, 무외시란 생명공동체를 이루고 있는 뭇 생명들이 불행한 일을 당했을 때 그들을 위로하고 함께 아파하면서 심리적 안정을 취할 수 있도록 너그러운 마음을 나누는 것을 넘어, 두려움 없이 살 수 있는 삶터를 만드는 노력을 게을리하지 않는 것입니다.

두번째 덕목인 지계바라밀에는 율의계와 섭선법계 그리고 요익유정계가 있습니다.

율의계란 나쁜 일을 하지 않음으로써 번뇌를 발생시키는 기억종자를 만들지 않는 것이며, 섭선법계란 좋은 일을 함으로써 깨달음을 이룰 수 있는 바탕을 만드는 것이며, 요익유정계란 뭇 생명들을 번뇌롭게 하지 않고 그들에게 이로운 일을 하는 것입니다.

세번째 덕목인 인욕바라밀에는 첫째, 다른 사람으로부터 받는 욕됨과 핍박을 참아 내는 것과, 둘째, 자연재해 등을 통해 받게 되는 가지가지 고통을 참아내면서 수행의 길을 뚜벅뚜벅 걸어가는 것, 셋째, 심상이미지에 현혹되지 않는 마음으로 일어나고 사라지는 마음현상인 심상의 실상을 있는 그대로 관찰하여, 심상의 본바탕이 실재하지 않고 기억의 자모음을 바탕으로 재구성된 것인 줄 아는 앎과 내외부의 모든 것도 그 자체만으로 존립할 수 없다는 것을 아는 지혜, 곧 법의 실상인 '공성을 아는 지혜'를 지켜 가는 것이 있습니다.

네번째 덕목인 정진바라밀의 세 가지 항목은 첫째, 전쟁터에서 적의 화살을 막아내는 갑옷과 같은 수행의 복덕을 쌓아 육바라밀 수행을 장애하는 여러 가지 일들을 막아 내는 것이며, 둘째, 갑옷이 만들어졌으면 대승의 삶을 체화하기 위해 보다 가열차게 육바라밀을 닦아 수행 도중에 만나게 되는 번뇌의 군대를 보고 두려워하지 않고 스스로의 복덕을 믿으면서 물러서지 않는 강단 있는 정진을 하는 것이며, 셋째 정진을 통해 성취할 공덕에 취하지도 않고 교만한 마음을 갖지도 않으면서 생명공동체를 위한 일을 멈추지 않는 것입니다.

다섯번째 덕목인 선정바라밀의 세 가지 항목은, 첫째, 마음이 하나의 이미지에 몰입되어 있을 때나, 굳건한 마음챙김으로 일어나고 사라지는 온갖 이미지를 고요히 지켜보는 상태가 유지될 때는, 몸과 마음이 가볍고 평안해지면서 그 상태에 안주하게 되는 선정의식을 경험하게 되며, 둘째, 알아차리는 마음의 힘이 커지게 되면 단순히 심상이미지만을 고요히 지켜보는 것이 아니라 있는 그대로를 알아차리는 선정의식이 기억정보층에도 영향을 주어 심상이미지를 주도적으로 만들어 낼 수 있는 선정의 힘을 갖게 되므로, 선정 가운데서 갖가지 신통한 이미지를 만들어 내는 삼매를 경험하게 되며, 셋째, 신통한 이미지를 만들어 낼 수 있을 정도로 심상이미지를 마음대로 조율할 수 있게 되면 그 힘을 가지고 뭇 생명들에게 이익 되는 일을 할 수 있게 된다는 것입니다.

여섯번째 덕목인 지혜바라밀에도 세 가지 항목이 있습니다.

첫째는 생명계가 하나의 생명공동체이며, 낱낱의 생명활동이 생명체의 수만큼 중첩된 공감을 바탕으로 이루어지고 있다는 것을 사무치게 아는 것이며, 둘째는 주관과 객관으로 나뉘어 나타난 심상이미지가 사라지게 되면서 분별 없는 앎의 장만 있는 상태를 경험하기도 하고, 더 나아가 앎조차 작용하지 않는 상태를 경험하게 되면서 생명계가 특정한 이미지에 의해서 분별될 수 없다는 것을 아는 것이며, 셋째는 생명계가 하나의 생명공동체라는 것을 안다는 것은 함께 생명활동을 원활하게 할 수 있어야 개체의 생명활동도 원활하게 이루어질 수 있다는 것을 알고, 그와 같은 삶의 활동이 원활하게 이루어질 수 있는 공감능력을 체화하는 것입니다.

보살수행자의 수행덕목인 육바라밀은 생명계가 하나 된 생명공동체라는 이해를 바탕으로 이루어진 수행체계이기 때문입니다. 생명활동 하나하나가 하나 된 생명계 속에서 이루어지고 있으며 낱낱이 전체 생명계의 율동에 참여하고 있으므로, 낱낱 생명체의 모습마다 그 모습 그대로 생명계의 모습이 되면서도 그 모습 속에 낱낱의 생명활동이 중첩되어 있다는 이해를 전제로 수행을 하는 이들이 보살수행자라는 것이지요.

육바라밀 수행은 이와 같은 이해를 바탕으로 한 수행이기 때문에 육바라밀 하나하나가 보살수행자의 실천덕목이면서 생명계의 공감능력을 최대치로 체화하는 수행이라고 할 수 있습니다.

보시바라밀이 나머지 다섯 바라밀과 융섭된 상태에서의 보시바라밀이라는 것이며, 나머지 다섯 덕목 또한 마찬가지입니다. 낱낱 수행덕목이 생명계 전체를 이롭게 하는 실천덕목이며, 생명계가 펼치고 있는 지혜덕상과 융섭하는 활동이 된다는 것입니다. 그렇기에 육바라밀 수행은 생명계의 지혜활동에 수순한 행동이 되며 생명계의 지성활동과 함께하는 흐름이 되므로, 보살수행자의 걸음걸음마다 육바라밀 수행공덕이 융합된 걸음이면서 생명계의 지혜 덕상과 융합한 걸음걸이가 된다고 하겠습니다.

육바라밀 수행에 번뇌를 다스리는 공능이 작용하고 있다는 것을 어떻게 알 수 있을까요?

보시바라밀을 보면 쉽게 알 수 있습니다. 보시와 상대되는 이미지로는 탐욕을 들 수 있는데, 탐욕의 근거가 되는 욕망 그 자체로 보면 선 또는 악이라고 말할 수 없지만, 삶의 실상과 인지시스템을 바르게 이해하지 못한 상태에서 자신의 삶을 안온하게 하려는 욕망이 반대로 자신의 삶을 힘들게 만드는 경우가 있습니다. 이미 만들어진 욕망의 코드가 심상이미지로 나타난 경우 그 이미지에 현혹되어 자신을 힘들게 하는 생각과 말과 행동을 하기가 쉽다는 것이며, 그와 같은 생각과 말과 행동이 다시 내부의 기억정보에 영향을 미쳐 탐욕의 코드가 쉽게 작동하게 하여 번뇌를 키우고 생명공동체의 삶을 제대로 알 수 없게 하기 때문입니다.

그러므로 보시바라밀을 실천한다는 것은 탐욕의 코드와 다른 코드를 내부화하는 복덕을 쌓는 것이면서, 생명공동체의 삶을 이해하는 지혜를 증장해 안온한 삶을 살 수 있는 토대를 만드는 것과 같습니다. 지계바라밀 등의 나머지 바라밀이 다스리고 있는 욕망의 코드 또한 이와 같습니다.

육바라밀을 닦는 것이 생명계를 위한 일이면서 수행자 자신을 위한 일도 되므로 보살수행자는 걸음걸음마다 부유하고 귀한 걸음걸이를 하는 것과 같다는 것입니다. 육바라밀의 길(道)을 걷고 있는 걸음걸이는 수행자 한 사람의 걸음걸이가 되면서 생명계 전체의 율동과 공명하는 걸음걸이가 되므로 삶의 무게와 모습이 이보다 더 큰 것이 있을 수 없다는 것이지요.

욕탐을 다스리고 뭇 생명을 이롭게 하는 행동은 자신의 삶을 더 이상 클 수 없을 만큼 크게 만든다는 것입니다. 수행덕목을 실천하는 것이 생명계 전체에서 보면 한 점과 같은 생명활동에 지나지 않지만, 바라밀을 실천하는 것은 그 점 속에 모든 생명체를 거두어들이는 것만큼이나 크나큰 삶을 살게 한다는 것이며, 실천하면 할수록 생명계 전체가 보살의 삶을 살 수 있게 하는 공능을 심는 것과 같다는 것입니다. 그러므로 수행보다 더 큰 사업은 없습니다. 자신의 삶을 힘들게 하는 심상에 현혹되는 일이 없으므로 더 이상 번뇌를 만드는 일도 없고, 세상의 기본질서를 이해하는 과학적 사실을 바탕으로 함께 안온한 삶을 살아가는 인문학적 지식을 연마하면서, 어려움 없이 종교적 실천을 하는 것을 삶의 의미로 삼는 것이 수행이기 때문입니다.

그렇기 때문에 보살의 삶을 승리자의 삶이라고 합니다. 번뇌를 만드는 기억정보를 깨달음을 실천하는 지혜정보로 전환했기 때문이며, 더 이상 허물을 짓는 삶을 살지 않게 됐기 때문이며, 지혜롭게 생명공동체를 이롭게 하는 일을 할 수 있는 신체가 됐기 때문입니다.

승리자의 신체가 됐다는 것은 육바라밀 수행을 성취했다는 것이며, 하나하나의 바라밀 수행에 다른 바라밀 공덕을 실현할 수 있는 힘을 갖추게 됐다는 것입니다. 항목으로 보면 하나하나의 수행덕목이지만, 이들 수행덕목이 상호작용하면서 육바라밀이 완성되기 때문입니다.

체화된
선정과 지혜의
강도 차이

6장 _ 체화된 선정과 지혜의 강도 차이

1. 견도 이후의 지혜작용

육바라밀 수행을 한다는 것은 기억정보를 토대로 이루어지고 있는 인지시스템을 이해하고, 수행을 통해 기억정보를 지혜정보로 전환시켜, 지혜로운 인지활동을 할 수 있는 근거를 만들어 가는 과정이라고 할 수 있습니다. 이 과정을 크게 견도 전과 견도 후로 나눌 수 있으며, 견도 이후의 과정도 열 단계로 나누어 이야기할 수 있는데, 열 단계는 기억정보가 얼마만큼 지혜정보로 전환됐느냐에 따릅니다.

전환됐다는 것은 수행공덕이 기억층에 스며들게 되면서, 기억을 토대로 이루어지고 있는 인지활동이 변하게 되다가, 어느 순간부터는 각 단계에 상응하는 지혜로운 판단이 저절로 이루어지고 있는 상태를 가리킵니다.

각 단계마다 수행공덕에 의해서 형성된 지혜정보로 인해 인지의 배선망이 변하거나 새로 생기게 되면, 이전까지 보지 못했던 심상의 흐름을 보게 되고, 보게 된 만큼 잘못된 이해에 의해 파생된 번뇌가 더 이상 발생하지 않게 된다는 것입니다. 경험한 사건들을 일반화하여 기억정보로 갖고 있으면서 미래의 사건들을 해석하기 위한 준비를 하는 것이 기억의 공능이지만, 일반화한 내용이 잘못됐을 경우는 삶의 편의를 위해 축적한 정보가 오히려 삶의 실상을 가리게 되므로 번뇌가 발생할 수밖에 없었는데, 이와 같은 현상을 바르게 알게 됨으로써 현재뿐만 아니라 미래의 사건을 해석하는 데도 번뇌가 발생하지 않게 된다는 것입니다.

수행의 공덕은 지혜로운 삶을 살 수 있는 의지처를 만드는 것과 같은데, 수행공덕의 강도에 따라 열 가지 단계를 설정할 수 있다는 것입니다. 각 단계마다 생명계가 펼치고 있는 지성의 활동과 계합한다는 데서는 첫 단계인 초지나 마지막 단계인 제10지 모두 인연에 따른 적의적절한 지성활동을 한다고 볼 수 있기 때문에 활동내용으로 보면 차이가 없지만, 곧 잘못된 이해를 바탕으로 생각과 말과 행동을 하지는 않지만 기억정보가 전환된 강도로 보면 차이가 있어 열 단계로 나눌 수 있다는 것입니다.

2. 견도 이후의 열 단계 명칭

첫번째 단계를 극희지(極喜地)라고 부르는데, 살면서 최고의(極) 희열(喜)을 맛본 단계(地)라는 뜻입니다. 생명체마다 생명계 전체의 역사가 종횡(시공간)으로 얽혀 있으면서 개체의 삶을 살고 있으므로 생명활동 그 자체로 보면 개체만의 개체가 있을 수 없습니다. 그럼에도 불구하고 일반화된 기억정보의 작용인 언어와 같은 분별이 더 이상 작용하지 않을 때라야 앎으로 하나 된 생명의 실상을 경험하게 되면서, 지금까지 숨겨져 있는 것과 같은 삶의 다른 면을 보게 됩니다.

　예를 들어 우주와 합일된 것과 같은 무분별의 세계를 경험하는 것입니다. 이때는 특정한 가치판단을 통해서 자신을 보던 심상이 만들어지지 않게 되면서, 삶 그 자체가 온전한 가치평가를 받는 것과 같아 자신에게 상을 주는 현상이 나타나게 됩니다. 그것이 최상의 기쁨이 동반된 무분별의 앎입니다. 이와 같은 상태의 뇌를 살펴보면 행복한 느낌을 불러오는 신경조절물질인 세로토닌의 양이 현저하게 많아진 것을 볼 수 있다고 합니다. 이 단계를 삶의 흐름(道)을 온전히 보는(見) 단계(位)라고 하여 견도위(見道位)라고 부르기도 합니다. 분별된 사건·사물마다 그 자체로 실재한 것이 아니라 생명계의 온 역사가 그와 같은 모습으로 드러나고 있다는 것을 아는 단계이며, 힘쓰지 않아도 그와 같은 사유를 할 수 있는 인지의 배선망이 완성된 단계입니다.

생명활동마다 종횡으로 얽힌 생명의 기억들이 연합하여 그와 같은 모습과 앎으로 드러난 것을 실제로 체험한 것입니다. 이상태는 자신 그 자체가 생명의 총합이 된 상태로서 가장 행복한 상태가 되므로 세로토닌 등이 풍성하게 분출될 수 있다고 하겠습니다.

그와 같은 경험이 수행자 자신의 경험이면서 동시에 생명의 총합을 경험한 것이므로, 생명체 모두가 그와 같은 존재라는 것을 체험한 것과 같습니다. 낱낱의 삶이 대승으로 하나 된 생명의 장을 드러내고 있는 것을 체험한 것이지요. 이와 같은 경험은 차별 없이 생명가치를 보는 지혜를 성취한 것과 같으므로, 생명체마다 지성의 장인 생명계의 실상과 온전히 함께(徧) 살아간다(行)는 것을 아는 단계라고도 합니다.

두번째 단계는 허물(垢)을 여읜(離) 단계라고 해서 이구지(離垢地)라고 합니다. 인식의 토대가 온전히 전환된 단계가 열번째 단계라고 하는 것은 아홉번째 단계까지는 기억정보의 전환이 이루어지고 있다는 것입니다. 이 말은 아직 전환이 이루어지지 않은 기억정보는 언젠가는 인식현상으로 나타날 수 있다는 것을 뜻합니다.

의식이 발생하기 위해서는 내부에 심상이 만들어져야 하는데 전환되지 않는 기억정보는 심상이미지를 만드는 데 조건 따라제 역할을 한다는 것입니다. 그렇기는 해도 두번째 단계에 이른 수행자에게는 첫번째 단계에서 이룬 수행의 공능도 심상이미지를 만드는 데 참여하게 되므로 자아의식을 중심으로 한 인식내용이 더 이상 큰 힘을 발휘하지 못하게 됩니다. 심상이 만들어질 때 생명계 전체가 대승으로서 하나라는 것을 아는 지혜정보가 개입하므로, 생각과 말과 행동의 양상이 나의 탐욕 등을 충족시키려는 쪽으로는 더 이상 작용하지 않게 된다는 것입니다. 그렇기에 제2단계를 허물 짓는 활동(垢)을 여읜(離) 단계(他)라고 하며, 드러나는 활동양상이 가장 청정한 상태라고 합니다. 생명계가 펼치는 지성의 작용 그 자체인 공성의 활동과 융합하면서 자아의 경계선에 구멍이 뚫리고 유동하는 인연 따라 자아의 경계선이 만들어지는 활동을 하기 때문입니다.

세번째 단계는 생명의 실상이 펴고 있는(發) 지혜광명(光)과 융섭된 활동을 한다는 뜻에서 발광지(發光地)라고 부릅니다. 수행과정을 나누어 단계(地)를 설정한 것은 단계마다 그 단계와 상응하는 활동을 할 수 있는 의지처를 확보했다는 것을 뜻합니다. 생명의 흐름(道)을 바르게 본(見) 초지를 넘어서면 어떤 활동이나 생명계(法界)의 빛과 융합하는 활동을 하게 되지만, 각 단계마다 생명계와 융합하는 활동을 할 수 있는 수행정보의 강도에 차이가 있다는 것입니다. 이 말은 세번째 단계에서 비로소 생명계의 지성이 펼치는 밝은 지혜와 계합하는 것은 아니지만, 이 단계에 이르면 여러 부처님의 가르침과 생명계의 지성이 들려주는 대자대비의 법문을 잊지 않고 실행하는 강도가 제1지와 제2지에 비해서 커진 상태라는 것입니다. 이 단계에서는 심상이미지가 만들어지고 난 후 저절로 심상에 집착하는 마음이 발생하지 않고 법계가 들려주는 지혜의 소리와 계합할 수 있을 정도로 지혜로운 마음 씀의 강도가 커졌다는 것이지요.

네번째 단계는 불꽃같은 지혜(慧)로 기억정보로부터 발생하는 '나와 나의 것'이라는 인식이 현행하는 것을 태우는 일(焰)이 저절로 일어나는 단계라고 하여 염혜지(焰慧地)라고 합니다. 앞서의 단계에서는 이전의 기억정보와 수행정보가 함께 작용하여 심상이미지가 만들어지지만 수행의 공덕이 임계점을 넘어 나와 나의 것을 강화시키는 생각과 말과 행동을 하지 않는 상태라고 한다면, 네번째 단계에서는 기억정보 속에 있는 나와 나의 것을 강화시키는 정보의 강도가 점점 약해져 거의 작용할 수 없는 상태에 이르렀다는 것입니다. 이 단계에서는 생명계 전체가 하나의 생명활동을 하면서 낱낱이 제 모습을 드러내는 줄을 통달하여, 생명계는 나와 나의 것으로 이루어지지 않았다는 것을 아는 지혜가 무의식적으로 작용하는 상태가 됐으므로, 나와 나의 것이라는 인식과 존재론적인 분별기능을 하는 기억종자를 형성하지 않는 상태가 됐다는 것입니다.

다섯번째 단계는 최고로(極) 어려운(難) 승리(勝)를 한 단계라고 하여 극난승지(極難勝地)라고 합니다. 생명계의 지성활동, 곧 불성의 작용은 온갖 것들과 그것들이 펼쳐 내고 있는 상태들의 차이를 인지하는 활동을 하고 있으므로, 순간순간 인식의 장이 다른 상태의 떨림으로 드러나고 있다고 할 수 있습니다. 떨림으로 보면 하나라고 할 수 있지만 떨림의 양상은 천차만별이라는 것이지요.

따라서 생명활동이 특정한 상태의 떨림만으로 존속하기를 바란다는 것은 생명의 흐름과 온전히 융합할 수 있는 바람이 될 수 없습니다. 네번째 단계를 지났다는 것은, 곧 나와 나의 것이 존재하지 않는 것을 알았다는 것은, 다른 상태의 떨림마다를 나와 나의 것이라고 알아차린 것과 같습니다. 각각의 상태마다가 법계의 울림인 줄 알았기 때문이며 다른 상태의 떨림마다를 열반, 곧 번뇌의 불이 꺼진 상태로 맞이하는 것과 같기 때문입니다. 어떤 떨림이든 그 상태가 법계의 울림이라는 데서 차이가 없다는 것을 사무치게 알아차렸다는 것이지요. 따라서 제5지에 이른 수행자는 자신의 삶이 이루어지고 있는 걸음걸음마다를 열반을 드러내는 활동으로 만들고 있다고 할 수 있습니다. 이기기 어려운 아집(我執)을 이긴 것이므로 참으로(極) 어려운(難) 승리(勝)를 했다는 것입니다.

여섯번째 단계는 나와 나의 것을 바탕으로 갖가지 분별영상이 만들어지고, 그 영상들이 실재한다고 여기는 거친 인식활동에 더 이상 현혹되지 않을 정도로 기억정보가 지혜정보로 바뀌게 되면서, 모든 심상들이 인연 따라 그렇게 일어나고 사라지는 것을 인식현상에서 직접 체험(現前)하게 되는 단계(地)라고 하여 현전지(現前地)라고 합니다. 이 말은 몸과 마음상태가 변함에 따라 심상이 변하고 심상이 변하면 몸과 마음상태도 변하는 것을 미세한 수준에서 직접 관찰하여 알 수 있게 됨으로써, 곧 인식주관과 인식대상 모두가 인연 따라 그렇게 나타나고 사라지는 것임을 알 수 있게 됨으로써 어떤 것도 인연의 장을 떠나서 존재할 수 있는 실체가 없다는 것을 직접 보고(現前) 알았다는 것입니다. 첫번째 단계에서의 생명 이해도 인지의 흐름을 직접 보고 이해한 것이기는 하지만 그 단계에서는 거친 이미지의 흐름을 바탕으로 삶의 흐름을 이해했다고 하면, 여섯번째 단계에서는 미세한 인지의 흐름을 직관함으로써 어떤 현상도 존재로서 실재하는 것이 아니라는 것을 직접 보고 알았다는 것입니다. 이와 같은 경험은 오염된 기억정보뿐만 아니라 청정한 정보 또한 실재를 바탕으로 발생하지 않는 것임을 알았다는 것이지요.

생명계의 지성활동은 활동의 양상으로 보면 갖가지 사건으로 자신의 활동을 드러내고 있지만, 사건마다 생명의 그물망이 펼치고 있는 인연에 따라 앞서의 형상을 해체하고 뒤따르는 인연의 형상을 새롭게 드러내는 것과 같으므로, 드러난 형상 그 자체로써 청정이나 오염을 이야기할 수 있는 실체가 없다는 것을 알았다는 것입니다. 심상이미지를 어떻게 보고 있느냐는 습관에 따라 청정과 오염이 갈린다는 것이지요.

여섯번째 단계에서는 심상이미지가 만들어지는 과정을 직접 관찰하게 됨으로써 만들어진 이미지를 토대로 실재를 규정하는 것이 오염된 인식을 만들었다는 것을 알았다는 것입니다. 분별된 이미지를 기억하고 그것을 인식의 토대로 삼고 있는 일반적인 인식활동에서, 인식의 토대조차 만들어졌다는 것을 직접 보게 됨으로써 지혜로운 인식활동을 할 수 있는 토대를 구축하게 된 단계라고 하겠습니다.

일곱번째 단계에서는 인식의 토대가 전혀 바뀌지 않는 일상의 인식활동뿐만 아니라 제6지에 이르러 알게 된 법계의 소리가 갖는 이미지조차 실재하지 않는 것인 줄 알아, 거친 이미지는 말할 것도 없고 미세한 이미지조차 실상이 아닌 줄 아는 단계, 곧 모든 이미지로부터 멀리(遠) 떠난(行) 단계라고 하여 원행지(遠行地)라고 부릅니다.

생명계는 언제나 이미지를 만들면서 생명활동을 하고 있지만, 곧 지성으로 알아차릴 수 있는 이미지를 만들면서 생명활동을 하고 있지만 모든 이미지는 앞서의 이미지가 해체되면서 새롭게 만들어지고 있습니다. 일상의 이미지는 말할 것 없고 법계의 이미지조차 순간순간 만들어지고 해체된다는 것입니다. 이와 같은 사실을 직접적으로 통달하게 되면, 생명의 실상은 본질적으로 특정 이미지에 갇힐 수 없으므로 존재론적인 차별의 실체가 실재하지 않는다는 것을 알게 됩니다. 이와 같은 지혜정보가 강도 높게 체화된 상태가 원행지라는 것입니다.

여덟번째 단계는 일곱번째까지의 수행공덕이 특정강도를 넘어 체화됨으로써 이미지에 의해 현혹되는 일이 저절로 발생하지 않을 뿐만 아니라 특정 이미지를 뜻대로 현상할 수 있는 선정의식을 온전히 성취하게 된 단계라고 하여 색자재지(色自在地)라고 합니다. 환상이미지가 만들어지기 전인 빈 마음에서 뜻대로 선정의식을 연출할 수 있는 공능을 성취한 단계입니다.

색자재지를 이루었다는 것은 생명활동이 이루어지고 있는 생명계, 곧 법계(法界)의 생명활동과 융합된 의식활동이 저절로 이루어지고 있는 상태이므로 힘을 쓰지 않아도 생겨나지도 않고 없어지지도 않는 생명의 법계가 발현하고 있는 지성활동과 온전히 계합하는 인지시스템이 갖추어졌다는 것입니다.

그렇기 때문에 이 상태에서는 수용된 감각자료를 해석하기 위해 내부이미지를 만들 때 기억정보가 발현되는 배선망을 자재하게 조율할 수 있으므로 과거가 만든 미래의 이미지에 매이지 않고 지금 여기에 과거 현재 미래를 온전히 담아낼 수 있습니다.

이미지에 매이지도 않을 뿐만 아니라 뜻대로 이미지를 조율할 수도 있는 이 상태의 인지활동을 여환삼매(如幻三昧)라고 합니다. 의식의 대상을 뜻대로 만들고 조율할 뿐만 아니라(相自在), 외부라고 여기는 세계의 이미지조차 뜻대로 발현시킬 수 있기 때문입니다(國土自在).

아홉번째 단계는 여덟번째 단계에서 체화한 선정과 지혜의 공덕을 뭇 생명에게 회향하여 그들이 즐거운 삶을 살 수 있도록 하는 지혜(善慧)인 네 가지 걸림 없는 지혜(四無礙智 : ① 법무애지[法無碍智]—부처님의 가르침에 대해서 막힘없이 아는 지혜, ② 의무애지[義無碍智]—가르침의 의미에 대해서 막힘없이 아는 지혜, ③ 사무애지[辭無碍智]—제방의 언어를 막힘없이 구사할 수 있는 지혜, ④ 낙설무애[樂說無碍]—부처님의 가르침을 막힘없이 설할 수 있는 지혜)를 얻어 상황에 따라 저절로 그와 같은 지혜를 쓸 수 있는 인지시스템이 갖추어진 단계라고 하여 선혜지(善慧地)라고 합니다.

열번째 단계는 아홉번째 단계를 지나 자리이타의 수행공덕을 성취한 보살수행자의 생각과 말과 행동은 언제나 매임 없는 활동이 되면서도 뭇 생명들에게 필요한 지혜를 빈틈없이 쓸 수 있으므로, 곧 하늘 가득한 지혜의 구름(法雲) 속에 뭇 생명을 위한 공덕수(功德水)를 갖추고서 필요한 곳에 공덕의 비를 내리는 것과 같다고 하여 법운지(法雲地)라고 합니다. 생명공동체를 위한 일은 아무리 작은 일이라도 빠짐없이 실천하고 생명공동체를 해치는 일은 아무리 작은 일이라도 하지 않을 수 있는 법신이 된 것을 뜻합니다. 10지법신이 됐다는 것은 보살의 활동을 의식, 무의식 할 것 없이 수행할 수 있게 됐다는 것입니다.

보살수행자들이 수행과정에서 성취한 수행공덕의 내용과 강도에 따라 아뢰야식을 이루는 기억정보에 끼치는 영향력도 다르고, 아뢰야식에 스며든 수행공덕의 영향력에 따라 무의식적으로 이루어지는 인지시스템의 생각길도 다양하게 변합니다. 생각길이 변했다는 것은 안팎으로 만나게 되는 세계상이 무엇을 토대로 일어나고 있는 줄을 사무치게 알게 된다는 것이며, 기억정보의 창고이며 인식의 토대인 아뢰야식이 지혜정보의 창고인 대원경지로 전환됐다는 것입니다. 아뢰야식이 대원경지로 전환돼야 대승인 생명공동체의 실상을 온전히 이해하게 됩니다. 이와 같은 이해가 뒷받침되어야 보살로서의 삶을 흔들림 없이 살게 됩니다.

3. 각 단계의 특징을 다시 설명함

다시 한 번 초지를 극희지라고 부르고 제2지를 이구지라고 부르며, 나아가 제10지를 '법운지'라고 부르는 까닭을 간략하게 설명하면 다음과 같습니다.

초지를 성취했다는 것은 처음으로 보살수행자의 삶을 살 수 있는 토대를 마련했다는 것이며, 대승인 생명공동체의 삶을 바르게 이해했다는 것입니다. 초지를 극희지(極喜地)라고 하는 까닭은 생명공동체를 위해 살 수 있는 수행공덕, 곧 분별을 넘어 무분별의 합일된 생명현상을 체험하게 되면서 생명활동의 위대함을 온몸으로 느낄 때 지금까지 경험하지 못한 즐거운 마음이 뒤따르기 때문입니다.

삶의 본 모습을 있는 그대로 알아차리게 되면 이미지에 매인 심리적 억압을 넘어서게 되면서 즐겁고 행복한 느낌을 불러오는 세로토닌 등의 신경조절물질이 풍성하게 방출되기 때문입니다.

마음살핌을 하다 보면 종종 기쁜 상태를 경험하지만 그 상태만을 가지고 극희지라고 하는 것은 아닙니다. 생명공동체를 제대로 보는 안목이 있어야 하며, 초지라고 할 수 있는 심리상태를 자재하게 조율할 수 있을 정도, 곧 초지의 상태에서 후퇴하지 않을 정도의 수행력을 갖추어야 합니다.

제2지를 이구지(離垢地)라고 한 까닭은 이 상태에서는 허물 짓는 삶을 살지 않을 수 있는 토대를 온전히 성취했기 때문입니다. 초지를 성취했다는 것은, 예를 들면 입 밖으로 공동체의 질서를 깨뜨리는 말을 하지 않을 수 있는 힘을 얻었지만 기억정보로 남아 있는 습성까지를 온전히 버린 것은 아니기 때문에 심상이미지가 만들어질 때 부정적인 언어이미지가 개입됐더라도 말하기 전에 힘들이지 않고 그 사실을 알아차려 맑은 마음으로 부드러운 말을 할 수 있다는 것입니다. 그러므로 초지를 지나 제2지에 이르는 수행과정에서는 공동체를 위한 행동규범을 올곧게 실천하게 되고, 그와 같은 실천공덕이 아뢰야식에 스며들게 되면서 자신과 공동체를 해하는 기억정보의 힘이 더욱 약화되어 청정한 삶을 살게 된다는 것이지요.

제3지를 발광지(發光地)라고 한 까닭은 제2지를 성취한 수행자가 이미 이룬 선정의식을 토대로 몸과 마음의 전체적인 흐름과 미세한 변화를 있는 그대로 알아차릴 수 있을 정도로 알아차리는 마음이 심상이미지에 흔들리지 않아, 평정한 마음상태가 지속되는 깊이 있는 선정상태를 굳건히 이룰 뿐만 아니라 그 과정에서 생명계의 지성활동이 들려주는 소리를 듣게 되면서 지혜광명(光)이 발현(發)되기 때문입니다.

심상이미지에 현혹되지 않는 알아차림인 선분별(善分別)과 우주와 합일된 무분별의 선정의식상태를 경험하게 되면서 생명계라는 하나의 인연망 속에서 개체의 삶이 이루어지고 있다는 것을 알아차린 것입니다. 법계의 지성이 들려주는 소리를 듣게 된 것이지요.

그렇기에 제3지인 발광지에서 생명계의 지성활동, 곧 법계의 불성활동이 들려주는 지혜광명과 융합된 신체는 근본적으로 생명계 전체(大法)가 발현하는 지혜광명(光明)이 자리할 수 있는 터전을 이룬 법신과 같기에, 이 단계를 대법광명의 의지처를 성취했다고 합니다.

제4지를 염혜지(焰慧地)라고 하는 까닭은 보살수행자가 제3지에서 얻은 지혜광명을 통해 잘못된 기억종자로부터 발생하는 장애를 태우는 것과 같기 때문입니다. 기억종자를 이루고 있는 것은 언어분별과 같은 분별상인데, 하나 된 생명계가 들려주는 법문을 들었다는 것은 분별상은 있지만 분별상에 상응하는 각각의 실체가 존재하지 않는다는 것을 알았다는 것이지요. 이와 같은 사실을 있는 그대로 알아차린 선정과 지혜로 분별이미지에 의해 발생하는 장애를 태운다는 것입니다.

제5지는 극난승지(極難勝地)라고 이름합니다. 제4지에 이른 수행자가 성취한 직관지로써 분별이미지에 의해서 발생하는 장애를 태운다고는 하지만 제4지까지의 수행자는 '언어이미지를 실재시하는 앎'과 '언어이미지가 마음에 의해서 만들어진 것에 지나지 않는다는 것을 아는 앎'이 즉각적으로 상통되지 않으므로, 곧 분별이미지와 분별 없는 이미지가 상통되는 상태가 아니므로 분별이 작용하지 않는 선정의식과 분별이미지를 통해서 이루어지는 일상의 의식이 분명하게 나뉘게 됩니다. 그러다가 제4지를 온전히 성취하게 되면 일상의 의식이 지향하는 인지와 선정의식이 지향하는 인지상태의 분별상도 태워지게 되면서 제5지의 수행을 시작하게 되므로, 제5지의 수행과정은 일상의 분별에서도 선정의 무분별을 볼 수 있고 선정의 무분별에서도 일상의 분별을 이해하게 됩니다.

분별상에서 분별 없는 것을 보고 분별 없는 것에서 분별을 보는 관점이 온전히 이루어지고 있는 상태가 제5지의 수행이라는 것이며, 이것이 완성될 때 제5지의 수행공덕을 성취한다는 것입니다. 이와 같은 관점을 체화하는 것이 참으로 어렵기 때문에 제5지를 지극히(極) 어려운(難) 일을 해냈다(勝)는 뜻으로 극난승지라고 이름한 것입니다.

제6지를 현전지(現前地)라고 하는 것은 제5지를 성취한 보살 수행자가 분별된 것에서 분별 없는 것을 봄으로써 분별된 이미지도 실재하지 않는 줄 알고, 분별 없는 상태에서 분별이미지가 나타나는 것을 직관하는 힘이 강화됨으로써, 의식된 모든 것들은 인연 따라 일어나고 사라지는 줄 아는 공상(空相)의 지혜와 심상이 없으면 의식도 없고 의식이 없으면 심상도 없는 공성(空性)의 지혜를 눈앞에서(現前) 보기 때문입니다. 이와 같은 공상과 공성을 직관한 지혜를 반야바라밀이라고 합니다. 분별상이 일어나고 사라지는 것을 통해 분별상이 실재하지 않는 줄 알고 분별상이 없는 데서 분별상이 만들어지는 것을 보게 됨으로써 분별 없는 상태 또한 실재하지 않는 것을 직관한 앎이지요.

사건·사물을 있는 그대로 알아차릴 수 있는 지혜가 선정의식상에 나타나(現前), 모든 것들이 마음이 만든 이미지일 뿐만 아니라 생명계의 관계망에 의해 그렇게 나타난 것인 줄을 눈으로 직접 보고 아는 것과 같기 때문에 현전지라고 이름한 것입니다.

제7지를 원행지(遠行地)라고 하는데, 그 까닭은 바라밀 수행을 통해서 성취한 선정의식은 이미지가 생성되고 해체되는 연기의 실상을 있는 그대로 관찰하는 지혜를 성취하는 토대가 되며, 지혜가 있어야 심상에 현혹되지 않는 선정의식을 굳건히 지킬 수 있는데, 이를 위해서 '의도적으로 주의를 기울여 마음챙김을 해야 할 최후의 단계'이기 때문입니다.

곧 분별되는 이미지에서 이미지를 이루는 인연의 관계망을 보는 선분별과 분별되는 것들이 실재하지 않음을 아는 무분별의 지혜가 균형 있게 작용하는 마음살핌을 해오던 대로 하기만 해도 되는 단계라는 것입니다. 이 단계를 멀리(遠) 온(行) 단계라고 하는 까닭은 제8지에서는 특별히 주의를 기울여 힘을 쓰지 않아도 그 일이 저절로 일어나고 있는 상황과 비교할 때 제8지에 이르기 전에 수행에 주의를 기울여 힘을 써야 하는 최후의 단계라는 뜻에서 제7지를 원행지라고 이름했다는 것입니다.

제8지를 부동지(不動地)라고 하는데, 그 까닭은 제7지까지의 보살수행자는 분별되는 모든 것들의 이미지가 실재하지 않는 것을 선정의식을 통해 실제적으로 알게 됐으므로 만들어진 이미지에 의해서 현혹되는 일은 없으나, 현혹되지 않기 위해서는 마음살핌이라는 공능을 써야만 하기 때문에 '마음을 쓰지 않는다'(不動)

라는 말을 쓸 수 없지만, 곧 힘을 쓰지 않는데도 이미지에 현혹되지 않는 상태가 저절로 이루어지지는 않지만, 제8지에 이른 수행자는 일부러 힘을 써서 알아차리지 않더라도 이미지에 현혹되어 번뇌가 발생하지 않기 때문입니다. 일부러 마음을 쓰지 않아도(不動) 마음챙김이 이루어진다는 뜻으로 부동지라고 부른다는 것입니다.

제9지를 선혜지(善慧地)라고 하는데, 그 까닭은 법(法: 사건·사물을 이해하는 의미체계)과 의(義: 사건·사물), 그리고 사(詞: 이야기)와 변(辯: 논리적 전개)의 실상과 관계를 알고 쓰는 데에 걸림 없는 최상의 지혜를 성취해 인연처에서 걸림 없는 설법을 할 수 있게 됨으로써 뭇 생명들에게 유익한 정보를 전할 수 있는 선(善)한 지혜(慧)를 성취했기 때문입니다.

제10지는 법운지(法雲地)라고 합니다. 보살수행자가 제10지에 이르러 수행공덕을 원만하게 성취하게 되면 기억정보가 지혜정보로 완전하게 전환되면서 궁극적인 법의 몸, 곧 법신을 완성할 뿐 아니라 지혜정보를 뜻대로 쓸 수 있는 공능을 완성하게 됩니다. 인연 따라 일어나고 사라지는 모든 것들의 실상과 생명계의 연기적 실상을 알고, 그와 같은 지혜를 뜻대로 펼칠 수 있는 공능을 강화하면서 선정과 지혜를 증장해 가는 것이 제9지까지의 수행과정이라고 한다면, 제10지는 자리이타의 육바라밀 공덕을 원만히 성취해 법신을 이루고, 지혜의 비를 내려 생명계를 충만하게 한다는 뜻으로 법운지(法雲地)라고 이름한 것입니다.

4. 각 단계에서 성취한 선정의 깊이와 지혜의 넓이

초지부터 제10지까지의 수행과정에서 성취한 선정의 깊이와 지혜의 넓이는 다음의 네 가지 상황을 통해서 알 수 있습니다.

첫째, 초지에 이르렀다는 것은 분별된 내부영상이 아뢰야식의 기억종자를 기반으로 만들어지고 있는 것을 직관했을 뿐만 아니라 무분별의 세계상과 빈 마음을 체험함으로써 생명계의 실상인 연기법, 곧 생명활동의 낱낱이 시간을 이어 상속되고 있고 공간을 통해 상호 융섭되고 있다는 것을 바르게 이해했다는 것입니다. 이와 같은 이해는 수행과정 전체를 관통하는 기반이 됩니다.

다만 각 단계마다 인식토대인 아뢰야식의 기억종자층에 스며든 지혜정보의 강도(빈 마음을 체험하고 마음 빔을 실현할 수 있는 선정의식의 강도)에 따라 인식토대의 변환 정도가 다르므로, 곧 각 단계마다 지혜로 전환된 종자의 양에 차이가 있으므로, 그에 따라 각각의 단계가 설정됐다고 할 수 있습니다.

둘째, 각 단계마다 인식토대의 변환 정도는 생명계의 실상과 계합하는 열 가지 실천을 하고 있는 것을 보고 알 수 있습니다. 각 단계에 상응하는 열 가지 실천행은 부처님의 가르침을 학습하고 학습된 내용을 습관이 되도록 닦는 것입니다. 부처님께서 생명공동체의 생명현상을 관통하는 키워드라고 할 수 있는 연기법을 설했으며, 분별된 자아의식을 넘어 무분별과 공성의 세계를 직관할 수 있는 수행방법을 곡진하게 설명하셨기 때문입니다. 곧 여러 경론을 베끼고, 수행자에게 공양을 올리고, 뭇 생명을 위해 힘닿는 대로 베풀며, 부처님의 설법을 자주 듣고, 아는 법문을 인연 있는 이들에게 들려주며, 항상 경론을 수지하면서, 인연 있는 이들에게 보여 주다가, 들려줄 수 있는 인연이 되면 부처님의 가르침을 들려주고, 생각생각에 생명계의 실상과 계합하는 수행을 통해 부처님의 가르침을 잊지 않으면서, 궁극적으로 그와 같은 가르침을 체화해 가는 정도를 보면 알 수 있다는 것입니다.

셋째, 앞의 열 가지 실천 덕목이 체화된 정도에 따라 아뢰야식을 이루고 있는 기억정보의 변환 정도에 차이가 생기면서 감각기관을 통해 수용된 감각자료를 해석한 내부영상에도 차이가 생기고, 뜻에 따라 내부영상을 만들 수 있는 선정의식과 지혜관찰의 강도가 다른 것을 통해서 수행 정도를 가늠할 수 있습니다.

넷째, 아뢰야식을 이루고 있는 인식의 토대가 완전히 전환되면 무의식상태에서도(비근한 예로 꿈속에서도) 분별 망상을 만드는 일이 일어나지 않는 상태가 된 것을 통해서 알 수 있습니다.

제10지에 이르기까지의 수행과정은 언어와 상응하는 대상들이 그 자체로 실체를 갖고 있다는 분별 중심의 인식토대를 선분별과 무분별 그리고 공성을 이해하는 대승의 사유체계로 전환해 가는 과정이라고 할 수 있다는 것입니다.

초지에서 경험한 사건들을 통해서 대승인 생명공동체를 온전히 이해하게 되고 사유의 질적인 전환이 이루어졌다고 해도, 이와 같은 이해를 체화하기 위해서는 10지의 전 과정을 원만하게 성취해야 된다는 것이지요. 이 말은 일상에서 접촉하는 사건·사물들을 분류하여 일반화하고 언어화하는 인식습관의 토대인 아뢰야식의 기억정보층에 대승의 인식내용이 스며들어 대승의 사유를 온전히 체화하기 위해서는 10지라는 수행과정을 지나야 된다는 것입니다.

5. 마음챙김

1) 지관(止觀) 수행

10지를 성취하기 위해서 보살수행자는 마음을 하나의 이미지에 집중시키는 사마타(止) 수행과 몸과 마음에서 일어나고 사라지는 모든 현상들을 있는 그대로 알아차리는 위빠사나(觀) 수행을 병행해야 합니다. 일어나고 사라지는 마음현상 하나도 생명공동체의 역사가 종횡으로 얽혀 있다는 연기법을 전제로 알아차리고 있는 점으로 보면 사마타 수행이며, 일어나고 사라지는 갖가지 몸과 마음현상을 있는 그대로 지켜보고 있는 점으로 보면 위빠사나 수행이라는 것이지요.

　　다만 일정기간 동안은 학습을 통해서 알게 된 생명공동체에 대한 이미지를 사유하는 사마타 수행을 중심으로 위빠사나 수행을 해야 하기 때문에 이 기간의 수행은 대승에 대한 이미지를 사유의 중심축으로 만드는 수행이라고 할 수 있습니다.

그러다가 초지에 이르게 되면 개체의 생명활동이 생명공동체의 생명활동과 중첩되어 있다는 연기법에 대한 사유가 자리를 잡게 됩니다. 자리를 잡았다는 것은 자아를 중심으로 한 사유의 축이 무분별과 공성에 대한 체험을 바탕으로 무아(중첩된 자아)와 무상(되어 가는 자아)을 중심으로 사유할 수 있게 변했다는 것입니다(集總修).

이때부터는 특정 이미지에 머물지 않는 생명공동체의 이미지를 사유하면서 낱낱 이미지가 실재하지 않는다는 사유를 이어가게 됩니다. 이를 이미지에 머물지 않는 수행이라고 합니다. 무상한 변화를 통해 생명계의 개체들이 생명활동을 하고 있다는 것을 아는 수행이며, 언어분별에 상응하는 개체로서의 존재가 실재하지 않는다는 이미지(無相)에 주의를 기울이는 수행이라고 해서 무상수(無相修)라고 합니다.

이미지가 실재하지 않는다는 사유수행이 깊어지면 주의를 기울이지 않는다고 해도 무상(無相)을 바탕으로 사유가 쉽게 이루어지므로, 곧 애써 힘을 쓰지 않아도(無功) 저절로 수행이 이루어지므로, 이 상태를 무공용수(無功用修)라고 합니다. 사마타와 위빠사나 수행이 저절로 이루어지고 있는 단계입니다.

그렇기 때문에 이 단계를 지나면 대승의 사유와 머묾 없이 되어 가는 사건, 곧 무상한 사건들의 활동을 알아차리는 힘이 커지게 됩니다. 이때의 사유수행을 특정 이미지에 머물지 않는 알아차림이 치성하게 이루어지고 있다고 해서 치성수(熾盛修)라고 합니다. 사마타와 위빠사나 수행공덕이 커지게 되면서, 수행자의 사유지도가 새롭게 형성되어 가는 강도와 폭도 커진 상태입니다. 그 결과 인식의 토대를 이루고 있는 정보가 큰 폭으로 바뀌게 되면서 기쁨과 즐거움이 발생하지 않더라도 수행을 쉬지 않는다고 해서 무희족수(無喜足修)라고 합니다. 이상과 같은 사유수행의 공덕이 커지면, 마침내 지혜가 원만한 신체(法身)를 이루게 됩니다.

수행을 통해 사유의 내용이 바뀌었다는 것은 수행공덕인 지혜와 복덕이 임계점(見道)을 넘게 체화되어 생각의 지도가 바뀌었다는 것입니다. 그러므로 초지보살은 초지를 이룬 수행공덕이 체화된 법신을 이뤘다고 합니다. 그 가운데 하나가 언어에 상응하는 것이 실재한다고 여기는 사유습관이 바뀌는 것입니다. 의식된 사건·사물의 실상은 해석된 내부영상이라는 것을 직관할 만큼 인지의 배선망이 바뀌었기 때문입니다. 초지법신이 됐다는 것은 초지에 상응하는 선정과 지혜를 쓸 수 있는 신체가 됐다는 것이며, 그에 따라 여러 가지 번뇌를 다스릴 수 있는 토대가 마련됐다는 것입니다.

다만 체화된 수행공덕의 차이에 따라 법신 이전과 법신 이후로 나눌 수 있으며, 법신에도 열 단계가 있다고 했습니다. 각 단계의 법신이 되어 간다는 것은 대승의 생명계가 들려주는 법문과 계합하는 접속면이 넓어지는 것과 같습니다. 이 말은 자신의 삶이 대승의 삶인 줄을 체득하는 것과 같으므로, '나'라는 언어와 상응하는 '나'가 다른 것과의 관계망을 떠나서 홀로 존재하지 않는다는 것을 사무치게 아는 것과 같다는 것입니다.

관계망을 이루는 낱낱으로 보면 언어에 상응하는 '나'가 있는 것 같지만, 내부이미지의 흐름을 있는 그대로 알아차리는 지관 수행이 깊어지면, 생명계의 흐름과 온전히 융합하는 의식상태가 되면서 분별된 자아의식도 사라지기 때문입니다. 이같은 마음상태가 선정의식 가운데 하나이며, 기억의 자모음이 만든 이미지에 현혹되지 않는다고 하여 청정한 마음이라고 합니다. 생명계와 융합한 상태가 되면 인식대상이나 인식주관이라고 할 수 있는 것조차 존재하지 않는 상태에서 생명계의 흐름과 혼연일체가 되어 자신의 삶 그대로가 생명계의 지성작용을 온전히 드러낸 상태라고 할 수 있기 때문입니다. 그렇기에 이 상태를 생명계가 들려주는 지성의 소리, 곧 법계가 들려주는 법문을 듣고 즐거워한다고 합니다.

내부이미지의 흐름을 흔들림 없이 지켜볼 수 있는 상태가 되면, 허상인 이미지에 현혹되지 않게 되면서 보이지 않던 현상들이 보이기도 하고, 주객이 하나 된 인식상태가 되기도 하면서 기쁨이 동반된 새로운 생각길이 열리기 때문입니다. 언어와 같은 분별이 개입되지 않는 상태에서 생성되고 소멸되는 이미지들을 직관하게 되면서 생긴 일입니다. 이와 같은 즐거움을 법락(法樂)이라고 합니다.

언어 등을 통해 분별하는 사유습관이 작용하지 않는 것과 같다는 것은, 보이는 것과 보는 자가 인식장에서 앎으로 하나 된 상태이며 보이는 것조차 마음이 현상한 것이라는 것을 알아차린 상태를 뜻합니다. 차이 나는 모든 것들이 마음이 만든 현상의 하나라는 데서 보면 차이가 없다는 것을 알게 되는 체험입니다. 마음이 일어나면 세계도 펼쳐지고 마음이 사라지면 세계도 사라지는 것을 직관하게 되면서, 마음이 한량없는 차이를 만들어 내는 것만큼이나 세계도 한이 없으며, 모든 것들 또한 마음이 현현하는 것이면서 마음이 되어 서로가 서로에게 융섭된 것을 알게 되는 체험입니다. 모든 것들이 차이나는 현상이면서 마음이며, 다른 것과 상호 융합된 상태에서 낱낱으로 드러난 것을 알아차린 것입니다. 이런 뜻에서 세계란 마음의 빛이 펼쳐 낸 현상이라고 할 수 있습니다.

알아차린 낱낱 현상이 마음의 빛이 만들어 낸 현상임을 직관한다는 것은, 차이만을 알아차리는 분별의식과는 다른 사유작용을 할 수 있는 근거를 형성한 것과 같습니다. 차이 난 것들이 실재한다고 보고, 차이 난 것들이 실체를 갖는 차이라고 여기는 사유습관을 오염됐다고 하는 까닭도 여기에 있습니다. 사마타(止)와 위빠사나(觀) 수행이 익어져 일체가 마음이 만들어 낸 환상이라는 것을 직관하게 되면 오염된 사유습관을 되풀이하지 않게 됩니다. 청정한 알아차림이 이루어지고 있는 것이지요. 차이가 하나된 인식의 장에서 인연 따라 그 모습으로 나타난 줄을 아는 것이며(無分別智), 알아차린 이미지가 그 모습 그대로 실재하지 않는 줄 아는 것입니다(無相觀).

지관 수행을 통해 사유습관이 변한다는 것은 아뢰야식의 종자가 변한다는 것이며, 종자식이 작용하는 신체의 인식망이 변한다는 것이며, 인지의 배선망이 변하면서 생각의 지도가 변한다는 것입니다. 사건·사물을 일반화하여 분별하는 인식의 토대인 기억정보층에 지관 수행을 통해서 성취한 무분별지(無分別智)와 무상관(無相觀)의 수행공덕이 끊임없이 스며들면서 인식의 토대가 지혜정보로 전환될 때, 수행자의 몸도 깨달은 몸(佛身)이 되며 지혜정보의 몸(法身)이 된다는 것이지요.

2) 십바라밀 수행

수행공덕으로 가득한 몸이 부처의 몸(佛身)이며 지혜로운 판단을 할 수 있는 몸(法身)입니다. 그렇기에 수행공덕이 커져 가는 과정을 열 단계로 나누어 10지를 설정했고, 각 단계마다 그에 상응해서 완성해야 할 수행덕목을 이야기했습니다. 초지에 이른 수행자는 보시바라밀을 온전히 수행할 수 있는 토대를 완성했으며, 나아가 제6지에서는 지혜바라밀을 뜻대로 펼칠 수 있는 토대를 이루었다는 것입니다.

제6지 이후의 보살수행자는 그때까지의 수행공덕을 토대로 대승인 생명공동체를 위한 수행, 곧 이타행을 위한 방편 등을 성취하는 수행을 합니다. 자리이타의 보살행을 실천하는 토대를 굳건하게 만드는 것입니다.

그렇기에 제7지에서는 육바라밀 수행을 통해 성취한 수행공덕을 뭇 생명들에게 회향하여 그들이 위없는 깨달음을 성취할 수 있는 갖가지 방편을 완성해 갑니다. 이를 대자비라고 합니다. 보시 등의 자비행과 상대해서 제7지에 실천하는 보살수행자의 공덕행을 대자비라고 하는 것은 깨달음을 이루게 하는 공덕만큼 큰 공덕이 없기 때문입니다.

제8지는 방편바라밀까지를 성취한 수행공덕을 바탕으로 뭇 생명 모두가 궁극적으로 대승바라밀을 성취하게 하겠다는 원을 수행덕목으로 세우고 그 일을 실천하는 단계입니다. 인연 닿는 이들에게 대승의 열반을 성취할 수 있는 여러 가지 연을 맺게 하는 것이지요. 제7지에서 방편바라밀을 성취한 까닭도 여기에 있습니다. 뭇 생명 모두는 자신이 살아온 삶에서 익혔던 습관만큼이나 각자 다른 인식의 토대와 행동의 양식이 있으므로 그들과 함께 대승의 열반을 성취하기 위해서는 한 가지 방편이 아니라 여러 가지 방편이 필요하기 때문입니다.

제9지는 앞서의 육바라밀 수행으로 성취한 사유관찰과 그 내용을 실천하는 운동이 모든 수행처에서 언제나 발현될 수 있을 만큼의 기억력을 갖게 되는 단계입니다. 기억을 한다는 것은 과거를 잊지 않고자 하는 것보다는 기억의 상속을 통해 자아의 정체성을 확보하고 기억을 이용하여 미래를 예측하려는 데 그 뜻이 있다고 할 수 있는데, 육바라밀 수행으로 성취한 집착 없는 마음 씀도 기억처럼 상속되기에, 곧 중첩된 자아(無我)와 되어 가는 자아(無常)에 대한 지혜정보도 미래를 준비하는 공능을 갖고 있는 것과 같기에 언제나 지혜로운 판단과 실천을 할 수 있다는 것입니다. 제9지에 이르면 인지시스템의 연결망이 선정과 지혜를 뜻대로 펼칠 수 있게 배선된 것과 같기 때문입니다.

의식의 과정을 보면 수용된 감각자료를 해석해 내부영상을 만들고 난 다음 생각하기, 말하기, 행동하기가 이어지기 때문에, 해석의 기반이 기억정보라는 것이며, 해석할 때 수용된 감각자료의 정보보다 6~10배 많은 기억정보가 참여하기 때문에, 수행으로 이루어진 지혜정보가 지혜로운 생각과 말과 행동을 준비하고 있는 것과 같다는 것입니다. 그렇기 때문에 제9지에 이르면 보살수행자로서의 이해력과 실천력이 갖추어지게 됐다는 뜻에서 제9지를 역바라밀(力波羅密)을 성취했다고 합니다.

제10지는 생명계의 지성인 불성이 발현하는 깨달음을 바탕으로 스스로의 삶을 존중하고, 집착 없는 마음을 자재하게 쓸 수 있는 지혜, 곧 '법락의 즐거움을 성취한 지혜'(根本無分別智)를 바탕으로 '뭇 생명들을 위한 지혜'(後得智)인 방편(方便), 원(願), 역(力), 지혜바라밀을 원만하게 성취한 단계입니다.

제6지에서 성취한 지혜바라밀을 자신의 삶을 원만하게 하는 지혜라고 해서 자수용지(自受用智)라고 하고, 제10지에서 성취한 지혜바라밀을 다른 이들을 원만하게 하는 지혜라고 해서 타수용지(他受用智)라고 부르기도 하는데, 실상은 각 단계마다 지혜정보가 확장되고 있으므로, 어떤 의미에서는 지혜바라밀을 열 단계로 나누었다고도 말할 수 있습니다. 모든 단계의 수행에서 열 단계의 수행이 함께 익어지고 있지만 각 단계마다 특정 공덕이 완성된다는 것을 강조해서 보면 10단계로 나눌 수 있다는 것이지요.

　　보살수행자의 걸음마다 10종의 바라밀이 익어 간다는 것입니다.

6. 분별을 넘어서는 의식의 확장

보살수행자의 수행공덕이 완성되어 간다는 것은, 특정 시공간에 국한되어 있다고 보는 자아를 확장하여 생명계 전체의 율동과 공명하면서 순간순간 새로운 자아가 되어 가는 무의식적 활동까지를 의식하게 되는 의식의 확장이라고도 할 수 있습니다. 일상의 의식은 진화상 가장 늦게 생긴 뇌의 신피질 가운데 언어분별 영역이 개입된 인지활동이 주를 이룬다고 볼 수 있는 반면, 지관 수행이 깊어져서 분별판단 등을 하고 있는 전전두엽과 자아와 시공간의 위치를 구별하는 정위(定位) 영역의 스위치가 꺼지는 경우에는 분별을 넘어 시공간 전체와 융합된 인식, 곧 주객이 합일된 무분별상태 등을 경험하게 되고, 뇌간의 각성 스위치가 꺼지는 경우에는 빈 마음상태를 경험하게 되면서, 자아의 확장이 이루어진 인지활동을 할 수 있게 된다는 것입니다. 그렇기는 해도 이 일을 쉽게 경험할 수 없는 것은 이미 만들어진 생각길이 쉽게 바뀌지 않기 때문이며, 새로운 경험을 해석할 때에도 이전의 기억정보가 깊숙이 개입되기 때문입니다. 확장된 의식을 자재하게 쓸 수 있는 신체가 되기 위해서는 오랜 시간의 수행이 필요하다는 것입니다.

오랫동안 지관바라밀을 수행하고도 의식의 확장이 쉽게 이루어지지 않는 까닭도 여기에 있습니다. 한 사람의 삶이 단지 한 사람의 삶에 국한되는 기억정보에만 의존하는 것이 아니라 한 사람의 기억정보에는 생명계가 함께 이루어 온 역사도 스며들어 있기 때문입니다. 그렇기는 해도, 지금의 인지내용이 지속적으로 스며들면서 새로운 자아가 계속해서 창발하는 것도 사실이므로, 새로운 학습과 수행을 통해 개인의 시간을 넘어서는 이해와 체험을 하게 되면 개인의 생각길이 바뀌는 것 또한 분명합니다.

보살수행이 깊어져 각 단계의 공덕을 성취했다는 것은 각 단계의 공덕과 상응해서 자아의 확장이 이루어졌다는 것이며, 확장된 자아를 실현하는 생각길이 만들어졌다는 것을 뜻한다는 것입니다. 이 단계를 크게 나누면 다섯 단계로 나눌 수 있습니다. 각각의 단계는 인식의 토대가 바뀌어 가는 단계라고 할 수 있습니다.

첫번째 단계는 낱낱 생명체마다 생명계 전체의 역사가 스며들어 있는 낱낱이며, 자신의 생명활동 또한 생명계 전체의 생명활동에 영향을 주고 있다는 것을 깊이 이해하고, 생명계의 실상과 계합하는 삶을 흔들림 없이 살아가는 단계입니다. 이같은 이해와 실천행이 뛰어난 것이기는 해도, 아뢰야식에 있는 기억의 종자들이 치열하게 일상의 인식내용에 개입되기 때문에 한두 해의 수행공덕으로는 기억정보에 대한 집착을 넘어서는 것이 쉽지 않습니다.

그렇기에 수행공덕의 여력이 아뢰야식에 스며들어 생명계의 실상과 계합하는 생각길이 만들어지기 직전까지, 곧 생명계의 지성작용과 계합하는 인식토대가 만들어지기 직전까지, 곧 초지를 성취하기 직전까지를 첫번째 단계라고 합니다.

이 단계를 지나면 지관 수행으로 성취한 지혜정보가 일상의 인식에 저절로 개입할 수 있을 만큼 체화되기 때문입니다. 인식의 토대가 바뀌는 질적인 전환을 크게 나누면 제10지에 이르기까지 세 차례 일어나며, 그때마다 헤아릴 수 없을 만큼 긴 시간인 무수대겁이 걸린다고 합니다. 첫번째 단계를 이루기까지 한 번의 무수대겁의 시간이 걸립니다.

두번째 단계는 첫번째 단계를 넘어 생명공동체의 실상과 계합하는 생각을 할 수 있고, 그에 따른 실천행을 흔들림 없이 할 수 있는 수행력이 확고하게 자리 잡힌 단계입니다. 수행의 과정에서 보면 첫번째 단계를 넘어 두번째 단계로 들어가는 것은 찰나에 지나지 않지만, 두번째 단계에서는, 그 이전 단계로 퇴보하지 않는 힘을 성취했기 때문입니다. 아직 분별된 기억정보가 치성하게 발현되고는 있지만 생명계가 하나의 생명공동체라는 인식을 허물 만큼 강하게 작용하지 않는다는 것이며, 분별된 자신만을 위한 욕망과 분노가 일어나는 것을 있는 그대로 지켜볼 수 있는 힘이 있어 욕망과 분노의 감정에 현혹되지 않게 되므로 일어났던 탐욕 등이 힘을 쓰지 못하고 사라진다는 것입니다.

생각과 말과 행동이 탐욕 등에 현혹되지 않기에 청정하다고 하며, 이 단계에서 알게 된 생명의 실상과 상응하는 실천행의 강도도 커져 가므로 청정한 의식활동이 확장됐다고 하며, 쓸데없는 탐욕에 현혹되지 않으므로 즐거운 생각과 말과 행동이 증장된다고 합니다. 이와 같은 인식토대가 형성됐다는 것은 새롭게 확장된 자아의식, 곧 연기적 자아의식이 인지시스템에 항상 작용하고 있다는 것입니다.

세번째 단계는 첫번째와 두번째 단계를 지나 지관 수행의 강도가 커지게 되면서 아뢰야식의 분별종자들이 만든 주관과 객관의 경계가 허물어지는 경험을 강도 높게 하는 단계입니다(주객으로 나뉘지 않는 앎이나 앎조차 사라지는 경험은 두번째 단계로 들어가는 과정에서 반드시 일어나게 됩니다. 대승인 생명공동체를 이해하게 되는 직접적인 경험이라고 할 수 있으며, 인식망이 형성되기 전에는 어떠한 이미지도 실재하지 않는다는 것을 직관한 것이라고 할 수 있습니다). 그렇기 때문에 제2단계를 지나게 되면 분별되는 이미지의 유무에 걸리지 않는 사유가 지관의 내용이 됩니다. 이와 같은 사유를 생명계의 실상과 계합한 사유라고 합니다. 무분별을 경험하게 되면서 형성된 사유의 내용입니다.

세번째 단계도 주객이 합일된 것과 같은 '무분별의 영상'이 사유의 내용이 되기 때문에 이미지가 있는 수행, 곧 유상행(有相行)이라고 하며, 유상행은 초지에서 제6지까지의 수행내용에 해당됩니다.

네번째 단계는 제6지까지가 부처님의 가르침을 통해 무분별적인 사유를 의도했다고 하면, 제7지에 이르게 되면 분별하는 일상의 의식현상과 분별 없이 하나 된 세계상에서 일어나는 선정의 식이 다르지 않다는 것을 직관하게 됨으로써, 부처님의 가르침을 이미지화하면서 세계를 보는 안목조차 내려놓은 단계라고 할 수 있습니다. 접속되는 모든 감각자료를 해석할 때 의도적으로 특정 이미지를 만드는 일을 내려놓는 것과 같은 상태에서 현재를 해석한다는 것입니다. 미세한 기억정보가 현상할 때 과거가 만든 특정 이미지가 그 현상에 개입하지 않는 것과 같기 때문에 오롯이 현재를 사는 경험이라고 할 수 있습니다.

　이 단계에 이르기까지, 곧 초지에서 제7지에 이르기까지 두 번째의 무수대겁을 지나게 됩니다. 그 까닭은 제8지에 이르러 지관 수행이 저절로 이루어질 수 있을 정도로 수행의 공능이 쌓인 것과 비교할 때 제7지는 의도적으로 지관 수행을 하면서 수행의 공능을 증장해 가는 단계로서는 마지막 단계이기 때문입니다. 제8지의 인식토대는 제7지와 달리 그 공능에서 질적인 변곡점을 지나면서 형성된 것이라고 할 수 있습니다.

　다섯번째 단계는 특별히 주의를 기울이지 않아도 이미지에 현혹되는 일이 일어나지 않게 된 단계입니다. 제8지부터 제10지까지의 과정은 일부러 힘써서 지관 수행을 하지 않더라도 저절로 궁극의 깨달음을 성취하게 되는 수행이 저절로 이루어지고 있는 단계라는 것이지요. 그렇다고 하더라도 아뢰야식에 남아 있는 기억종자들이 지혜정보로 온전히 바뀌기까지는 오랜 시간이 걸립니다. 그래서 제8지부터 제10지에 이르기까지 세번째 무수대겁의 시간이 걸린다고 합니다.

질적인 변화가 일어나는 다섯 단계의 수행과정을 통해서 궁극의 깨달음에 이르게 되는데, 깨달음을 성취했다는 것은 세상을 해석하는 인식의 토대가 전적으로 다른 상태로 전환됐다는 것이며, 이와 같은 변화를 시간상으로 보면 무수대겁의 시간을 세 번 지난다는 것이지요.

이를 간략하게 정리해 보면 수행 단계마다 그와 상응하는 선지식을 만나 가르침을 굳게 지켜 일상의 이미지에 현혹되지 않는 청정한 마음으로 복덕과 지혜를 닦아 가다, 번뇌를 다스릴 수 있는 힘이 쌓여 안팎으로 지관 수행을 견고하게 할 수 있는 조건이 형성되면, 마음이 외부의 이미지에 따라 이곳저곳으로 가지 않게 되고, 일어나고 사라지는 자신의 마음을 있는 그대로 알아차리는 공능이 커지게 되면서 마침내 보살수행자의 인식토대를 온전히 성취하게 된다는 것입니다.

그렇게 되기까지 세 번의 무수대겁을 지난다고 해도 보살수행을 시작할 때 이미 부처님의 가르침을 통해 생명공동체를 위한 일이 자신의 삶에도 이로운 일이 된다는 것을 깊이 이해했기 때문에 보살의 삶을 살아가는 일을 자신의 일로 여기면서 수행의 길(道)을 걸어갑니다. 하여 보살수행자가 걷는 길을 보살도(菩薩道)라고 합니다.

계율, 선정, 지혜를 강도 높게 체화함

7장 _ 계율, 선정, 지혜를 강도 높게 체화함

1. 계율을 체화함

보살도를 수행하는 수행자는 선정의식을 통해 생명계가 하나 된 생명공동체라는 것을 직관했기 때문에 생명계를 아름답게 하는 공덕을 실천할 수 있는 양식을 체화해 갑니다. 예를 들어, 제1지를 성취한 보살은 바람 없이 베풀 수 있는 수행공능이 체화됐다는 것이며, 제2지를 걷는 보살수행자는 허물을 떠난 삶을 온전하게 실현할 수 있는 수행공덕을 체화해 간다는 것입니다.

그렇기에 보살도를 걷는 수행자의 삶을 수승한 삶이라고 하며, 네 가지 수승한 양상이 있습니다.

첫째, 수행자로서 지켜야 할 도덕률인 계율을 잘 지켜 허물을 짓지 않을 뿐만 아니라 10바라밀 수행을 적극적으로 실천하여, 뭇 생명들이 두려움 없는 삶을 살 수 있는 터전을 만드는 공능을 익혀 가는 모습이 수승하다는 것입니다.

뭇 생명 모두는 살아온 날들이 만든 기억정보와 생활환경이 다름에도 불구하고, 그들 모두가 하나의 생명공동체 속에서 살고 있다는 것을 학습과 수행을 통해서 온전히 이해했고 직관했으므로, 인연 닿는 모두를 위해 수행덕목을 적극적으로 실천하는 모습입니다. 보살수행자는 수행의 완성을 생명계 전체가 열반을 성취하는 데에 두고 있다는 점에서 다른 삶의 모습과 다르면서도(差別) 뛰어나다(殊勝)는 것입니다.

그렇기에 보살수행자는 자신의 생각과 말 그리고 행동 하나하나를 절제하면서(律儀戒), 생명공동체를 위한 일을 힘닿는 데까지 하며(攝善法戒), 뭇 생명들의 삶을 이롭게 하는 일을 멈추지 않습니다(饒益衆生戒). 이 일을 하는 것이 수행자 자신에게 이로운 일이면서 다른 생명체에도 이로운 일이 되기 때문이며, 수행 그 자체가 공덕이 되며 10종 바라밀을 성취할 수 있는 바탕이 되기 때문입니다. 부처님의 가르침이 자신의 걸음걸이에서 실현될 때가 자신의 삶을 풍요롭게 할 수 있는 공능과 이타행을 이어 가는 공능을 성취한 것이며, 이 공능으로 한량없는 공덕을 펼칠 수 있다는 것입니다.

둘째, 깨달음을 이룬다는 것은 낱낱 생명체의 삶이 종횡으로 얽혀 있는 연기의 실상을 통찰한 것이면서 연기적 삶을 살 수 있는 신체를 이룬다는 것입니다. 과거나 미래에 기대지 않고 연기적 현재를 사는 수행은 생명계의 흐름과 온전히 융합될 수 있는 절제를 실현하는 것으로 자신의 삶을 안온하게 하며, 안온한 자신의 삶이 실현될 때 함께 생명계를 이루고 살아가는 이웃 생명체들에게 평안한 일상을 살아갈 수 있는 도움을 줄 수 있다는 것이지요.

이와 같은 일을 실현한다는 측면에서 보면 모든 수행자는 절제된 행동규범을 공유하는 것과 같지만, 보살수행자의 실천행은 다른 생명체들에게 이로운 일을 먼저 생각한다는 점에서 수승하다는 것입니다. 예를 들어 안거 중에는 밖을 나가지 않아야 하지만 밖에 나가는 것이 더 많은 생명체들에게 이익이 된다면 그 일을 기쁜 마음으로 실천한다는 것입니다.

더 나아가 마음의 흐름을 조율해 무절제한 생각을 하지 않을 수 있어야 계율이 완성된다고 여기는 측면에서, 곧 마음의 색깔까지를 계율의 영역에 포함시킨다는 측면에서 보살수행자의 행동 양상은 다른 수행자들과 다르다고 하겠습니다. 일반적으로는 말과 행동이 계율의 영역이고 생각은 선정의식의 영역이라고 이야기하고 있지만, 내부이미지(心想)가 만들어지고 난 연후에 생각과 말과 행동이 뒤따르기 때문에 내부이미지를 조율하는 능력이 절제된 행동을 할 수 있는 기반이 되므로, 마음의 흐름까지를 계율의 영역에 넣고 있다는 점이 다르다는 것입니다. 조율하는 공능이 커진 만큼 선정의식도 증장됐다고 할 수 있으며, 조율된 내용으로 보면 지혜가 증장됐다고 할 수 있으므로 선정과 지혜가 함께 증장되어야 바른 수행이 이루어지고 있다는 것입니다. 이 말은 무의식적으로 내외부의 감각정보를 수용하는 신체와 수용된 정보를 해석하고 판단을 하는 마음작용이 모두 아뢰야식의 작용이기 때문입니다. 그렇기에 보살수행자는 무의식적으로 심상이미지를 만드는 재료라고 할 수 있는 신체화된 기억정보를 지혜정보로 전환하는 데에 무게 중심을 두고 있습니다.

지혜정보가 증장됐다는 것은 뭇 생명들을 이롭게 하는 심상이미지를 쉽게 만들고 그에 따른 말과 행동을 자연스럽게 할 수 있는 인지시스템이 자리잡혔다는 것입니다. 보살수행자가 가고 있는 수행길이 독특한 길이면서 수승한 덕목이 되는 까닭도 여기에 있습니다.

셋째, 보살수행자가 지향하고 있는 수행관점은 뭇 생명 모두가 깨달음을 이룰 수 있을 때까지 그들과 함께할 수 있는 생각과 공능을 이루겠다는 것이므로, 그 뜻이 넓고 크다는 측면에서 다른 원력보다 수승하다는 것입니다. 그러기 위해서 행동거지 하나도 허투루 하지 않으면서 시대의 흐름과 상응하는 갖가지 실천방법을 익혀 시대군중과 함께하는 폭을 넓히며, 넓힌 행동반경에서 힘 닿는 대로 이타행을 실천할 수 있는 복덕을 기르면서, 미래세대가 안락한 삶을 살아갈 수 있는 기반을 이루기 위한 실천행을 즐거운 마음으로 한다는 것입니다. 궁극적으로는 그들 모두가 깨달음을 성취해 함께 부처의 세계를 이루기 위한 수행을 한다는 것입니다.

넷째, 보살수행자가 계율을 실천하면서 보살의 마음을 이뤄

가는 양상이 다른 수행자에 비해 깊고 깊어 수승하다는 것입니다.

대승보살의 계율을 온전히 체화했다는 것은 대승의 삶을 사는 기반을 완성했다고 할 수 있으며, 생명계의 평안을 위한 일을 멈춤 없이 할 수 있는 공능을 성취했다고 할 수 있으며, 보살의 삶을 살기로 작정한 동료 수행자들의 마음에 청정한 믿음을 심어 주어 그들 또한 궁극의 깨달음을 이룰 수 있는 인연을 성숙하게 하는 데 실제적인 도움을 주는 일을 할 수 있게 됐다는 것입니다.

이와 같은 네 가지 수승한 수행공덕은 보살의 계율행이 온전히 체화되면서 완성되기에, 보살의 계율이 가장 수승한 삶의 지침이 된다는 것입니다.

2. 선정을 체화함

1) 선정의식이 수승한 까닭

대승경론에서는 생명계 자체가 하나 된 생명공동체이기 때문에 수행자는 이와 같은 생명원리에 부합하는 삶을 살아야 한다는 이야기를 여러 가지 방면으로 하고 있는데, 『섭대승론』은 그렇게 살기 위해서는 인식의 토대인 아뢰야식이 지혜의 토대로 전환되어야 된다고 하면서 그 이유와 방법을 설명하고 있습니다. 부처님께서 말씀하신 연기법이라는 뜻이 생명계 전체가 하나의 큰 수레(大

乘)와 같기 때문이며(이유), 지관 수행(방법)을 통해 분별의식이 쉬게 되어야 무분별의 세계를 직관하는 선정의식을 경험하게 되고, 선정의식의 경험내용이 기억정보에 영향을 미쳐 인식의 기반이 바뀌게 되기 때문입니다.

그렇기 때문에 분별이 쉬어야 나타나는 대승의 세계, 곧 확장된 생명계를 이해하고 직관하는 보살수행자의 선정의식이 수승하다고 하며, 수승한 까닭으로 여섯 가지 이유를 들고 있습니다.

첫째, 부처님께서 말씀하신 연기일상(緣起一相)의 생명계를 직관할 수 있는 것이 선정의식이기 때문입니다. 일상의 의식으로 직관하는 세계는 언어이미지와 상응하는 분별된 세계이므로, 분별된 각각이 그 자체로 실재하는 본성을 가지고 있다고 여기면서 언어에 상응하는 분별이미지를 상속시키지만, 선정의식은 분별영상이 마음에 의해서 만들어진다는 것을 알게 한다는 것입니다.

선정을 통해 갖가지 세계상이 마음상태에 따라 다르게 나타난 세계상이라는 것을 알게 된다는 것이며, 보는 자와 보인 것이 하나 된 인식의 장에서 그렇게 나뉘어 나타났다는 것을 알게 된다는 것입니다. 이는 기억정보의 관계망이 바뀌면 세계상도 바뀐다는 것을 직접적으로 알게 된 것과 같습니다. 갖가지 영상으로 분별된 것들이 생명계가 펼치고 있는 지성의 관계망, 곧 중첩된 불성의 장에서 관계의 변용에 의해 다른 양상으로 나타난 것이라는 것을 아는 것은 지혜의 영역이라고 할 수 있지만, 이를 직접적으로 뒷받침하는 것은 선정의식이라는 것입니다.

둘째, 비판적 과정을 거쳐 수용한 대승의 사유내용은 필연적으로 생명계 전체를 아우르는 생명활동을 하게 한다는 점에서 수승하다는 것입니다. 대승의 가르침을 학습한다는 것은 생명체 하나하나마다 생명계의 전 역사가 스며들어 있다는 지혜정보를 강화하는 것과 같으며, 그렇게 강화된 정보가 내부영상을 만들 때 개입하기 때문입니다. 그렇게 되면 분별된 이미지로도 분별을 넘어선 사유를 할 수 있고, 언어분별이 사라진 무분별의 의식현상은 하나 된 생명계를 직접적으로 드러낸 것과 같음을 알게 됩니다. 그러므로 대승의 수행자들이 경험한 선정의식을 '대승의 빛이 드러난 의식상태'라고 하며, 무분별의 지혜가 온전히 작용하는 의식이라고도 합니다.

이와 같은 의식활동, 곧 생명계 전체가 하나 된 생명활동이면서 낱낱으로 다른 생명현상임을 직관한 의식의 내용은 무량한 복덕을 쌓는 것이면서 무량공덕을 베풀 수 있는 기반을 형성합니다. 대승의 선정의식을 복덕을 부르는 선정 가운데 가장 뛰어난 선정이라고 하는 까닭이 여기에 있습니다. 학습을 통해서 이해된 대승의 세계상은 자리이타의 자비심을 극대화하는 기반이 되므로, 대승의 지관 수행은 뭇 생명에게 이로운 행위를 힘닿는 데까지 할수 있는 신체를 이루는 선정과 지혜를 닦는 것이 되기 때문입니다. 대승의 선정은 자리이타를 온전히 실현할 수 있는 몸을 만드는 것과 같아 보살수행자가 닦아야 할 궁극의 사유수행이 된다는 것이지요(사유의 내용으로 보면 지혜수행이라고 할 수 있고, 그 내용을 잊지 않고 생각생각으로 이어 가는 것으로 보면 선정수행이라고 할 수 있습니다).

셋째, 대승의 사유체계를 바르게 학습한 수행자는 낱낱 생명활동마다 종횡으로 얽힌 인연들이 나타난 줄 알며, 선정의식에서 직관한 심상이미지 또한 중첩된 인연에서 발현된 줄 안다는 점이 수승하다는 것입니다. 이와 같은 앎은 아뢰야식에 함장된 기억정보들이 언어분별상과 계합하는 것과 다른 양상입니다. 일반적인 의식활동이 기억정보가 만든 심상이미지를 내외부에 존재하는 실재를 인지한다고 여기는 것과는 달리, 대승의 선정을 올바르게 체험한 수행자는 일상의 이미지는 말할 것도 없고 선정의 이미지조차 그 자체로 실재하는 것이 아니라 중첩된 인연이 그 이미지로 나타낸 줄 안다는 것이지요.

그렇기 때문에 대승의 선정을 올바르게 경험했다고 하면, 분별상에 얽매여 발생하는 지적 장애와 감성의 장애 등을 떨칠 수 있습니다. 중첩된 인연의 장을 이해했다는 것은 아뢰야식에 지혜의 눈을 심은 것과 같기 때문입니다. 마음챙김이 깊어져 늘 보던 것이 달리 보이거나 지금까지 보이지 않던 새로운 심상이미지가 보이게 되면, 곧 의식되는 이미지가 생겨나고 사라지는 현상을 세밀하게 볼 수 있게 되면, 언어분별을 통해서 세계를 이해하고 그것이 실재한다고 여기는 인식에 변화가 생길 수밖에 없다는 것입니다.

넷째, 대승의 사유내용과 수행공능이 신체화됐다는 것은 의도적으로 그와 같은 심상이미지를 구현하고자 한다면 그렇게 할 수 있다는 점이 수승하다는 것입니다. 어떤 수행이나 신체화되는 데까지 이르러야 한다는 점에서는 차이가 없다고 할 수 있지만, 신체화되어 있는 정보의 양상에서 보면 차이가 있습니다. 생명계가 하나의 큰 수레를 함께 타고 있는 생명공동체라는 관점이 대승의 관점이라는 것이며, 대승의 수행자들은 이와 같은 관점을 면밀하게 따져 물어본 연후에 자신의 관점으로 안착시켰다는 것입니다. 새로운 정보가 안착되기 위해서는 이미 있는 기억과의 자리다툼을 치열하게 한 것과 같습니다. 안착되기 위해서는 의식이 특정 이미지에 몰입된 것과 같은 선정수행(止)만이 아니라 생명계를 대승으로 보는 사유습관이 상속되는 지혜수행(觀)이 병행됐다는 것입니다(止觀兼修).

지수행과 관수행을 병행해야 하는 까닭은 낱낱 생명체의 삶이 중첩되어 있기 때문이며, 혼자만의 열반이 궁극의 열반이 되지 못하기 때문입니다. 인연이 닿아 함께 살아가는 곳마다 능동적으로 평안하고 고요한 마음상태를 유지할 수 있는 힘을 길러 열반의 영역을 확장할 수 있는 공능을 갖추는 것, 곧 이타행을 위한 공능까지를 갖추기 위해 수행하는 보살수행자는 개인의 열반을 궁극의 깨달음으로 삼고 있는 수행자와 다를 수밖에 없다는 것이지요.

다섯째, 열반의 영역을 확장했다는 것은 걷고 있는 곳마다 열반을 실현할 수 있는 신체를 이룬 것과 같다는 점이 수승하다는 것입니다. 그렇기 때문에 보살수행자는 특정 시공간에 머물기를 고집할 이유가 없습니다. 어느 곳 어느 때나 고요하고 명징한 마음으로 내외부가 접속하기 때문입니다. 신통한 삶입니다. 대승의 사유와 보살수행이 그와 같은 삶을 살 수 있게 한다는 점이 특별하다는 것입니다. 삶의 자국마다 생명계 전체의 인연이 융섭된 자리인 줄 알기에, 만나는 인연마다 머묾 없는 마음을 쓸 수 있는 습관을 이룬 이가 보살수행자라는 것이지요.

여섯째, 한 생명체의 삶은 그 생명체의 삶이면서 그 속에 생명계 전체의 율동이 들어 있습니다. 생명계의 공명이 생명체들에게 생명을 불어넣고 있기 때문입니다. 그렇기에 분별의식이 잠시 멈춘 순간 생명계 전체의 율동이 만들어 내는 다른 소식을 보고 듣게 됩니다. 수승한 선정의식이 주는 선물입니다. 우리는 이를 신통력이라고 부르지만, 생명 그 자체의 율동은 언제나 신통력을 바탕으로 현실을 만들어 냅니다. 만들어진 이미지만을 보고 있으면 이 소식이 감추어집니다. 현실이 신통력이지만 인지된 현실 스스로가 현실을 지우는 것과 같기 때문입니다. 해석된 현실에 의해서 현실의 율동이 갇힌 것과 같다는 것입니다. 수행자가 현실의 이면을 보려 하는 이유도 여기에 있습니다. 해석된 현실이 아니라 현실이 일어나는 것으로 가려는 것이지요. 분별영상에 마음을 뺏기지 않는 마음집중이 우리를 그곳으로 인도합니다. 아무런 영상도 만들어지지 않는 상태를 경험하기도 하며, 이 상태에서 홀연한 흔들림이 일어나고 새로운 영상이 나타나기도 한다는 것입니다.

이를 '바람이 없는데도 파도가 일어났다'(無風起浪)고 옛사람은 이야기했습니다. 일어난 파도마다 새로운 영상이 만들어지는 것과 같으며 사라지는 것과 같다는 것입니다. 감추어진 생명계의 율동이 다양한 색깔로 나타난 것입니다. 이와 같은 경험은 생명의 호흡을 다른 식으로 경험하는 것과 같습니다. 온갖 빛과 소리가 바람도 없이 퍼져 나가는 빈 마음을 경험했다는 것은 규격에 갇힌 개념틀과 분별틀을 벗어난 경험이며, 온갖 현상들이 상호 융섭하면서 변하고, 변한 것들이 다시 새로운 시공간을 연출하고 있는 것을 직관한 것과 같습니다. 실상은 그와 같은 세계를 직관하는 것이라기보다는 한자리에 앉아서 시방세계를 연출하는 것과 같습니다. 이 모든 것이 생명의 율동입니다. 일상의 분별영상도 생명의 율동인 것은 확실하지만 분별에 갇히면 생명의 율동을 보고 듣지 못할 뿐입니다.

분별을 내려놓을 때만 보이는 세계가 자신의 신체에서 언제나 작용하고 있지만, 드러난 영상에 마음을 뺏기면 천변만화하는 자신의 생명현상을 놓치고 만다는 것입니다. 수행이 익어 자재하게 자신의 분별영상을 넘어설 수 있게 되어야 뜻대로 현실을 알아차리면서 내부의 율동을 감출 수도 있고, 내부를 드러내면서 일상의 영상 너머를 볼 수도 있습니다.

생명계의 율동을 자재하게 감추기도 하고 드러내기도 한다는 것은 마음작용마다 생명계의 활동을 있는 그대로 하는 것과 같으며, 하는 일마다 생명계를 밝히는 빛으로 작용하는 것과 같습니다. 하는 말과 행동에 걸림이 없으면서 지혜의 빛이 퍼져 나가는 일을 한다는 것이지요. 보살수행자가 수행을 완성했을 때 하는 일이 이와 같다는 것입니다. 자리이타를 위한 신통력을 자재하게 쓸 수 있게 됐다는 것입니다.

2) 보살의 열 가지 원

보살수행자가 쓰는 신통력이 다른 수행자와 다른 것은 수행의 출발이 대승, 곧 낱낱 생명체의 생명활동이 연기로써 하나 된 생명공동체 안에서 이루어지고 있다는 것을 온전히 이해하고, 자리이타를 위한 열 가지 어려운 일을 주저 없이 실천하기 때문입니다.

첫째, 위없는 깨달음을 실현하는 수행자가 되겠다는 원입니다. 실상에서 보면 이 원은 어려운 원이 아닙니다. 보살수행의 출발이 생명공동체라는 이해를 기반으로 하고 있기 때문입니다.

둘째, 결코 보살수행의 길에서 물러나지 않겠다는 원입니다. 보살수행자가 걷는 길이라고 해서 따로 있는 것은 아닙니다. 뭇 생명체들과 함께 사는 것입니다. 다만 보살수행자의 안목으로 보면 일상의 이익을 탐하는 행동이 도리어 자신을 해치는 일인 줄 알기에, 이익만을 위해 열심히 사는 이들과 함께하면서 그들의 인식틀과 어긋나는 말과 행동을 하게 됨으로써 핍박받는 일이 빈번하게 발생할 수 있다는 점에서 쉽지 않을 뿐입니다. 강한 의지가 아니라면 자신만을 위한 수행을 하기 쉽다는 것입니다. 그래서 보살의 길에서 물러나지 않겠다는 서원을 세우고, 그 길을 묵묵히 걷는다는 것입니다.

셋째, 어떤 경우라도 자비행을 내려놓지 않겠다는 원입니다. 생명활동이 이루어지고 있는 생명계의 율동이 모든 생명체의 율동이 응집되어 일어나고는 있지만, 낱낱 생명체가 펼치는 양상이 온전히 같지는 않습니다. 어떤 경우는 상호공명으로 생명파가 커지기도 하지만 어떤 경우는 파형이 사라지기도 한다는 것입니다. 그러므로 보살수행자의 안목이 다른 이들의 안목과 일치하는 경우가 흔치 않을 수 있습니다. 선의라고 하더라도 온전히 이해받지 못한 경우도 있다는 것입니다. 이런 경우라고 하더라도 뭇 생명들이 평온하고 안정된 삶을 살 수 있도록 하는 자비행을 내려놓지 않는 것이 보살수행자의 걸음걸이라는 것입니다. 쉽지 않은 이 길을 뚜벅뚜벅 걸어가겠다는 원을 세우고 그 일을 묵묵히 하겠다는 것입니다.

넷째, 보살의 삶을 사는 것을 방해하는 이를 만나더라도 그 사람을 원망하지 않고 도리어 그 사람에게 이익 되는 일을 하면서 보살의 길을 가겠다는 원입니다.

다섯째, 사람들의 마음을 흔드는 여덟 가지 바람(八風)인 이익과 손해, 명예와 명예를 해침, 칭찬과 비난, 즐거움과 고통 등에 의해서 마음이 흔들리지도 않고 물들지도 않겠다는 원을 실현하는 것입니다.

여섯째, 깊은 선정의식을 체험하고자 하는 원입니다. 생명공동체가 함께 펼치고 있는 생명의 율동은 분별의식이 멈추어야만 경험할 수 있기 때문입니다. 학습을 통해서도 이해할 수는 있지만, 인식의 강도에서 보면 직접 그와 같은 심리상태를 경험하는 것만큼 확실하지는 않습니다. 다만 특정한 심리상태를 어떻게 해석하느냐는 학습된 문화적 배경이 개입하고 있기에 비슷한 경험이라고 하더라도 전혀 다른 해석이 이루어지기도 합니다.

보살수행자는 대승에 대한 학습과 이해를 바탕으로 수행하는 가운데 의식 집중이 강화되어 분별영상을 만들고 있는 의식활동이 쉽게 되면서 신비체험이라고 할 수 있는 갖가지 인지상태를 경험하게 되는데, 이와 같은 경험을 통해서 의식된 사건·사물들의 영상이 분별된 기억정보들에 의해서 만들어진다는 것을 체험할 뿐 아니라 인지의 조건이 달라지면 사건·사물들의 분별영상이 변한다는 것을 알게 됩니다. 마음상태가 세계상을 만든다는 것을 직관한 것이며, 그 마음조차 인연의 조건이 만든 영상이라는 것을 안다는 것이지요. 마음작용 하나마다 종횡으로 얽힌 생명계의 역사가 들어 있다는 것을 알게 된 것입니다. 대승인 생명공동체의 이해가 굳건해지는 경험이며, 자비행을 실현해야 할 이유가 분명해지는 순간입니다. 종횡으로 얽힌 생명활동의 미묘한 현상을 명상 체험을 통해서 이해한다는 것입니다.

일곱째, 생명계의 인연을 통달하고자 하는 원입니다. 의식 집중을 통해 어떤 심상도 만들어지지 않는 상태를 경험하게 되면 사건·사물의 존재에 대해서 다시 물을 수밖에 없습니다. 존재에 대한 추상이미지가 만들어져야 어떤 것의 존재성이 확보된다는 것을 알기 때문입니다. 잠이 아닌 상태라고 하더라도 심상도 만들어지지 않게 되면 존재한다거나 존재하지 않는다는 말조차도 성립되지 않는다는 것입니다. 자아의식이 개입될 수 있는 조건에서만 자아가 존재하는 듯이 인식된다는 것이며, 이 조건이 해체되면 자아의식조차 형성되지 않는다는 것입니다.

이와 같은 의식상태를 경험했다는 것은 기억정보에 의해서 심상이 만들어진다는 것을 직접적으로 체험한 것과 같습니다. 여러 가지 인연에 의해 낱낱 사건·사물들이 제 모습을 갖게 된다는 것은 심상이미지가 만들어지기 위해서 특정 조건이 성립되어야 한다는 것을 뜻합니다. 기억정보가 개입할 수 있는 조건이 아니면 사건·사물들도 존재한다고 말하기 어렵다는 것이며, 기억정보들이 모여 사건·사물에 대한 이미지를 만들 때 이전과 다른 기억정보가 개입되거나 기억정보의 연결망이 바뀌게 되면 보고 있는 것이 그 자리에서 다른 이미지로 바뀌기 때문입니다.

자아도 여러 인연에 의해서 만들어진 추상이미지이지만 기억의 상속을 통해 그 이미지가 유지된다는 것이며, 인연의 연결망과 연결을 담당하는 정보도 늘 같은 상태도 아니며 기억정보의 색깔도 변하기 때문에 실체로서의 자아도 없고, 심상을 만드는 기억정보조차 실체를 갖는 것이라고 말하기 어렵다는 것입니다. 생명의 관계망이 유동하면서 갖가지 사건·사물들이 있는 듯 없는 듯 드러나고 되어 간다는 것이지요. 중첩된 인연에 의해서 변해 가는 자아는 자신의 삶을 살면서도 대승의 삶을 산다는 것이며, 인연망의 연결조차 결정적이지 않기에 특정한 인연이 되면 온전히 무(無)인 것과 같은 상태, 곧 기억의 상속이라고 할 수 있는 자아가 해체된 것과 같은 상태도 경험한다는 것입니다. 없음(無)이지만 그 또한 실재가 아니기에 있음(有)이 나타나고, 있음(有)이지만 그 또한 만들어진 것이기에 인연이 해체되면 없음처럼 된다는 것이지요. 이와 같은 사실을 온전히 통달해야 보살수행자의 삶을 산다는 것입니다.

여덟째, 이타행을 위한 방편을 섭렵하고자 하는 원입니다. 석가모니 부처님의 가르침을 학습해 깨달은 분들이 계속해서 나타났으나, 이분들의 시대적 배경이 석가모니 부처님과 달랐기 때문에, 깨달음을 설하는 갖가지 버전이 등장하게 됩니다. 그 가운데 하나가 『화엄경』인데, 『화엄경』에서는 생명체들이 펼치는 생명활동의 근거인 지성작용의 네트워크를 부처의 활동으로 보고, 그 부처님의 이름을 비로자나불이라고 이름한 것이 좋은 예라고 하겠습니다. 따라서 여러 부처님의 가르침을 섭렵한다는 것은 깨달음을 위한 것이면서 보살행을 실천하기 위한 다양한 방편을 섭렵하는 것과 같습니다. 이 일이 쉽지 않지만 보살수행자는 이 길을 묵묵히 걸어가기를 원한다는 것입니다.

아홉째, 열반에도 머물지 않고 생사에도 머물지 않고자 하는 원입니다. 생명계 전체가 하나된 정보네트워크이기에 한 사람의 깨달음이 한 사람의 삶에만 영향을 미치지는 않습니다. 어리석은 행동 또한 그와 같겠지요. 보살수행자가 되풀이되는 생사 속에서 깨달음이라는 정보네트워크를 만들기 위해 보살행을 하는 까닭도 여기에 있습니다. 보살의 처지에서 보면 열반을 성취하는 것이 어렵지 않은 일임에도 불구하고 열반에 머물지 않는다는 것입니다. 생사의 파도 속에서 생사에 물들지 않는 공능을 성취하여 뭇 생명들이 열반을 성취하도록 돕는 행위를 지속하는 것이야말로 생명 그 자체가 취해야 하는 일이 된다는 것입니다.

열째, 법신부처님의 삶과 융합한 삶을 살고자 하는 원입니다. 보살수행자가 갖가지 방편을 익혀 뭇 생명들의 삶을 평안하게 하는 것이야말로 생명계의 지성작용과 융합하는 일이면서 낱낱의 삶을 빛나게 하는 일입니다. 법신부처님의 삶이 낱낱 삶으로 드러나야 불세계를 이루기 때문입니다. 법신부처님의 지성, 곧 불성과 계합한 삶을 실현하는 보살수행자는 의도를 갖고 보살행을 하는 것이 아니라, 이미 법신부처님의 불성작용을 뜻대로 펼칠 수 있을 만큼 수행공능이 신체화되었기에 의도하지 않더라도 저절로 뭇 생명들의 삶을 평안하게 하는 일을 할 수 있다는 것입니다.

생명활동의 근거가 생명계의 지성활동이듯, 법신부처님의 불성작용이 모든 생명체를 깨닫게 하는 근본이 된다는 것이며, 보살수행자는 이와 같은 법신부처님의 활동과 융합하는 삶을 산다는 것입니다. 이상의 열 가지 행동이 결코 쉽지는 않지만 보살수행자가 그 길을 쉼 없이 갈 수 있는 것은 수행과정에서 성취한 갖가지 수행공덕이 있기 때문입니다.

3) 보살수행자의 깨달음이 깊은 까닭

보살수행자는 모든 부처님께서 말씀하신 깊고 깊은 가르침을 깨달았다고 했는데, 그 방법은 무엇입니까?

첫째, 법신부처님께서 생명체를 위해 할 수 있는 일을 다 하는 것을 자신의 일로 삼듯, 보살수행자들도 그렇게 살기 때문입니다. 보살수행자의 처지에서 보면 자신의 삶 자체가 베푸는 삶이기에 베푼다는 일이 특별한 일이 아닙니다. 아울러 다른 이들이 그와 같은 일을 하는 것을 보면 자신이 하는 것처럼 기뻐하는데, 그까닭은 육바라밀 수행으로 모든 현상이 생명계의 인연이 만든 줄알았기 때문입니다.

둘째, 보살은 보시를 하는 것이 자신의 삶이기에, 보시를 했다는 것을 자신의 욕락을 충족시키는 일로 여기지 않기 때문입니다. 이 일은 선정의식에서도 잘 드러납니다. 선정의식이란 마음이 만든 이미지에 현혹되지 않고 이미지가 일어나고 사라지는 과정을 있는 그대로 알아차릴 수 있게 되는 상태로서, 깊은 마음의 흐름을 보는 상태이면서 고요하고 평온한 상태를 뜻하는데, 이와 같은 마음상태를 자재하게 쓸 수 있게 되면 일상의 행동 또한 욕망을 충족시키기 위해 들뜨지 않게 된다는 것이지요. 베푸는 행위 자체가 생명계가 살아가는 방법이라는 것을 사무치게 알았으므로 베푸는 일을 진정으로 한다는 것입니다.

셋째, 뭇 생명의 마음작용 하나도 생명계의 인연이 중첩되어 나타난 것임을 설파한 부처님의 가르침을 학습하고, 지관 수행을 통해서 그 사실을 직접적으로 경험했기 때문입니다. 보시 등의 수행이 머묾 없는 생명흐름, 곧 법신이 실현하고 있는 생명활동과 상응하는 행동이 된다는 것입니다.

넷째, 보살이 실천하고 있는 보시수행은 부처님의 가르침에 따른 수행이긴 해도, 실제로는 마음살핌을 통해 마음작용마다 생명공동체의 인연이 펼쳐 내고 있는 것을 알아차린 상태에서 실천하는 일이 되기 때문입니다. 몸과 마음의 실상을 온전히 알아차린다면 누구라도 그렇게 살 수밖에 없다는 것입니다.

다섯째, 자신과 공동체의 삶이 서로간에 베푸는 보시행을 바탕으로 이루어지고 있다는 것을 마음 깊이 통찰한 수행자는, 생명공동체를 안온하게 하는 일을 자신의 일로 삼으면서 그 공덕을 뭇 생명에게 회향하는 일을 하기 때문입니다.

여섯째, 보살수행을 한다는 것은 분별된 자아가 사라진 자리에 생명공동체를 위한 공덕의 씨앗을 심는 것과 같기 때문입니다. 선정수행을 통해 분별상이 사라진 공성의 자리를 경험했다는 것은 공의 자리에도 머물 수 없다는 것을 체득한 것과 같아, 분별된 심상을 고집하지도 않지만 빈자리도 고집하지 않습니다. 있음과 없음을 넘어선 생명현상을 있는 그대로 알아차린 결과입니다. 심상이미지를 분별하는 의식작용에서 보면 빈 마음상태가 깊은 마음인 것 같지만, 분별하는 의식작용의 이면에 무분별적인 마음현상과 아무런 현상도 만들어지지 않는 빈 마음의 흐름이 언제나 함께 작용하고 있기 때문에, 깊은 마음작용이라고 해서 신비한 마음 작용이 아니라는 것을 알아차렸다는 것입니다.

순간순간 마주치게 된 내부영상은 이미 있는 영상이 그대로 나타나는 것이 아니라 매 순간 새롭게 만들어지고 해체된다는 것을 체험한 것입니다. 이와 같은 체험은 분별영상을 고집할 것이 아니라 영상이 만들어지는 장을 보아야 한다는 것을 알게 합니다. 보살수행자가 빈 마음자리에 수행공덕을 회향하면서 뭇 생명을 위해 보시의 종자를 심는 까닭도 여기에 있습니다. 보살수행자의 안목에서 보면 보시가 행해지는 시공간의 크기가 넓을 수밖에 없다는 것입니다.

일곱째, 빈 마음자리를 직관하고 아상(我相)이 허망한 분별에 지나지 않는다는 것을 알기 전까지 분별된 자아상을 고집하고 상속시키는 인지시스템이 강하게 작용했다고 하면, 공의 자리를 경험하고 심상이 만들어지는 것을 경험하고부터는 확장된 자아라고 할 수 있는 생명공동체를 살찌게 하는 인지시스템이 작동하기 시작한 것과 같기 때문입니다.

생명계가 움직여 가는 시스템으로 보면 분별된 자아만을 살찌게 하는 행위는 생명의 실상과 어긋나는 의지작용이 될 수밖에 없어 오염된 인식이 되지만, 생명계의 생명활동과 융합된 의지작용은 오염되지 않는 인식, 곧 청정한 인식이 될 수밖에 없다는 것입니다. 청정한 인식이 발현된다는 것은 선정과 지혜바라밀 수행으로 인식의 토대에 분별을 넘어서는 인지작용이 일어날 수 있는 지혜정보를 심었기 때문입니다. 보살이 된다는 것은 자신만을 위한 욕망의 조건을 해체하고 생명공동체를 위한 인지의 조건을 강화한 것과 같다는 것이지요. 보살의 보시가 청정한 까닭도 여기에 있다는 것입니다.

여덟째, 하나하나의 생명체는 생명계의 역사가 만든 생명체입니다. 온전히 개체로서의 삶을 살아가고 있지만 개체만의 역사가 자신의 삶을 이룬 것이 아니라는 것입니다. 부처님께서는 이를 연기법이라고 말씀하셨습니다. 온갖 인연이 중첩되면서 낱낱의 삶이 영위된다는 것이지요. 수행자 한 사람의 열반도 열반인 것은 분명하지만, 대승에서 그와 같은 열반을 궁극의 열반이 아니라고 하는 까닭도 여기에 있습니다. 보살의 보시행이 궁극의 보시행이 되는 것은 자신이 성취한 열반에 머물지 않고 대승인 생명공동체를 위해 모든 수행공덕을 회향하기 때문입니다. 덕이 높아 시혜하는 것이 아니라 공동체 모두가 열반의 삶을 살 수 있어야 궁극의 열반이 된다는 것을 알았기 때문입니다.

아홉째, 기억정보들이 모여 지각되는 심상이미지가 만들어져야 인지가 발생하므로, 과거의 기억이라고 하더라도 그때의 심상을 그대로 간직하고 있다가 끄집어내는 것이 기억을 회상하는 것이 아닙니다. 기억조차 늘 새롭게 만들어지는 지금 여기에서의 지각현상이며, 순간순간 미세하게 조정되고 있기 때문에 기억은 늘 재구성된 현재의 지각이라는 것입니다. 재구성된 현재는 특정 기억의 자모음을 강화하면서 다시 과거의 기억으로 남게 되므로, 현재의 지각이 과거를 재구성하는 것과도 같습니다. 인지시스템이 이와 같기 때문에 분별영상을 좇지 않고 고요하게 지켜보는 힘이 강해지면 영상을 만들지 않는 상태에 이르기도 합니다. 빈 마음이 드러나는 순간입니다.

빈 마음상태를 자주 경험하게 되면 기존의 인지시스템에 빈 마음에 대한 정보도 강도 높게 개입하게 되므로 분별영상에 현혹되지 않게 됩니다. 보시수행이 집착심을 덜어 낸 결과입니다. 바람 없는 보시수행으로 이미지에 머물지 않는 마음흐름과 상응하면서 집착 없는 마음을 쓸 수 있게 됐다는 것입니다. 마음을 자재하게 쓴다는 것이 어렵기는 해도, 지각되는 영상마다 늘 새롭게 만들어지고 있으므로 보살의 마음을 지향하는 의지가 강해진다면 반드시 실현되는 까닭도 여기에 있습니다.

열째, 육바라밀 수행으로 보살로서의 마음 씀이 인지의 기반이 되었다는 것은 빈 마음자리에 생명연대를 실천하는 공능이 뿌리내린 것과 같습니다. 보살수행자는 분별영상을 만드는 기억종자를 생명연대를 위한 지혜정보로 전환시켜 가는 수행을 했기 때문입니다. 기억정보를 토대로 분별영상을 만들고 그 영상에 집착하고 있는 처지에서 보면 어려운 일도, 체화된 수행공덕만큼 인식의 토대가 전환된 보살수행자에게는 그렇게 어렵지 않다는 것입니다.

4) 반어법으로 본 보살수행

보살수행자의 수행공능을 반어법으로 이야기하면 다음과 같은 열 가지 일을 한다고 할 수 있습니다.

첫째, 자아(의식)를 죽이는 일을 한다는 것입니다.

선정상태에서 마음작용이 사라진 경험을 하게 되면 자아의식뿐만 아니라 모든 심상이 사라지기도 하므로, 시간을 이어 상속된다고 여기는 불변의 자아는 말할 것 없고 독립된 공간을 오롯이 차지하고 있는 자아도 없다는 것을 알게 됩니다. 실체로서 존재하는 것 같은 자아는 기억정보들을 만든 사유의 연속체에 지나지 않는다는 것을 알게 된 것입니다. 이와 같은 경험이 '존재로서의 자아'를 죽이는 일이 된다는 것입니다.

둘째, 훔치는 일을 한다는 것입니다.

탐욕 등의 마왕은 생명의 실상을 보지 못하게 하여 뭇 생명의 덕성을 탈취합니다. 덕성을 탈취당한 이들은 생명의 실상이 들려주는 상호연대의 법문을 듣지 못합니다. 그렇기에 보살수행자가 법신의 소리를 듣고 알게 된 사실을 들려주려 해도 쉽지 않습니다. 그럼에도 불구하고, 곧 자신의 귀를 내줄 의향이 전혀 없는데도 불구하고 그들과 함께하면서 그들에게 생명연대를 소리를 들려주는 일을 게을리하지 않는 것이 마치 주지 않는 물건을 훔쳐오는 것과 같다는 것입니다.

셋째, 그릇된 행위를 욕망한다는 것입니다.

보살수행자가 인연 있는 이들을 위해서 생명연대를 위한 바른 정보와 실천 방법을 이야기함으로써 상호간에 활발한 생명활동을 위한 정보교류를 충분히 할 수 있게 하는 것이, 마치 그릇된 행위를 욕망하고 그것을 실천하려는 의지시스템과 같다는 것입니다.

넷째, 보살수행자도 허망한 말을 한다는 것입니다.

우리들의 인식은 기억정보들이 현재의 인연과 만나 인지시스템을 미세하게 조정하면서 심상을 만들고 난 연후에야 일어납니다. 더구나 만들어진 심상이 지속되는 것처럼 보이는 순간에도 실제로는 찰나찰나 새롭게 미세 조정되면서 다시 만들어지고 있습니다. 인식되는 이미지가 실상이 아니라는 것이지요.

허망한 이미지를 실재라고 해석하는 과정만 있다는 것입니다. 그렇기에 '부처님께서는 의식되는 모든 것들은 다 허망하다'(佛說 一切法皆是虛妄)고 말씀하셨습니다. 인지시스템이 만들어 내고 있는 지각과정을 있는 그대로 보지 못했다면 허망한 것을 실재라고 여기는 허망한 인식을 내려놓을 수 없습니다. 보살수행자도 '빈 마음자리'와 '생명연대의 연기법'을 알게 되면서 비로소 허망한 인지에 대해서 자세히 이야기할 수 있게 됐다는 것입니다.

다섯째, 보살수행자도 이간하는 말을 한다는 것입니다.

이간이라는 함의는 상호간에 접속되지 않는 간극을 갖고 있다는 것입니다. 바꾸어 말하면 빈 마음자리를 경험하지 못했다고 하면 항상 이미지에 매인 인지시스템이 작동할 수밖에 없는 데 반하여, 보살수행자는 이미지뿐만 아니라 공의 자리조차 그 모습 그대로 실재하지 않는 것을 알게 됐으므로 이미지를 중심으로 인지 활동을 하고 있는 이들과 비교하여 다른 시공간을 살고 있다고 이야기하는 것과 같다는 것입니다.

여섯째, 보살도 거친 말을 한다는 것입니다.

깨닫고 보면 중생의 자리와 부처의 자리가 따로 없는데도 불구하고 중생의 자리를 번뇌가 치성하게 일어나고 있는 이곳(此岸)이라고 하고, 부처의 세계를 모든 번뇌의 불꽃이 사라진 저곳(彼岸)이라고 분별하는 것이 마치 거친 말을 하고 있는 것과 같다는 것입니다.

일곱째, 보살도 차별을 말한다는 것입니다.

보살수행을 한다는 것은 자리와 이타를 겸하고 있기 때문에 이타를 위한 방편을 자재하게 쓸 수 있는 역량을 기릅니다. 인연마다 다른 방편을 써서 깨달음을 성취하도록 돕기 위해서입니다. 부처님의 가르침을 인연 따라 분류하고 변주하면서 보살행을 이어 가는 것이 차별을 말하는 것과 같다는 것입니다.

여덟째, 보살도 욕심이 많다는 것입니다.

인연 따라 일어나고 사라지는 마음의 흐름을 온전히 챙겨 보다 보면 자신이 만든 심상을 통해 세상을 해석하고 있다는 것을 알게 될 뿐만 아니라 어떠한 심상조차 만들어지지 않는 빈 마음도 경험하게 됩니다. 이와 같은 경험을 통해 어디에도 매임 없는 마음을 자재하게 쓸 수 있기를 욕망하는 것이 보살의 욕심이라는 것입니다.

아홉째, 보살수행자도 성낸다는 것입니다.

열반은 일차적으로 모든 번뇌의 불꽃이 꺼진 상태라고 정의합니다. 이 말은 번뇌 보기를 원수 보듯 해야 한다는 것입니다. 보살수행자가 수행을 성취할 수 있는 원동력 가운데 하나가 번뇌의 폐해를 직시하고 그것을 원수 보듯 하는 것인데, 번뇌를 원수 보듯 하는 것이 보살의 성냄이라는 것입니다.

열째, 보살수행자도 사견이 있다는 것입니다.

일상의 의식은 기억정보가 만든 심상을 통해서 이루어집니다. 의식작용이 있을 때마다 기억정보가 미세하게 조정된다고 해도 큰 틀에서 보면 과거가 만든 미래가 현재처럼 읽혀지는 사실에서 벗어날 수 없다는 것이지요. 읽고 있는 사실은 해석된 것으로 인연의 실상을 드러낸 것이 아니라는 것입니다. 그러므로 읽힌 심상이 실재를 그대로 드러냈다거나 심상 이면에 실재가 있다고 여긴다면 인식현상을 제대로 알지 못한 삿된 견해가 되고 맙니다. 보살수행자는 이와 같은 인지시스템을 온전히 이해하고 체험했으므로 심상이 허상인 줄을 압니다. '허상을 실재로 여기는 것'이 삿된 견해인 줄 아는 것을 가지고 보살도 사견이 있다고 한 것입니다.

이상의 열 가지 견해는 반어법을 써서 보살의 견해가 바르다는 것을 가리키고 있습니다.

5) 부처님의 가르침이 깊은 까닭

부처님의 가르침이 깊고 깊다는 뜻은 무엇입니까?

첫째, 생명계는 생명체들 간에 생명활동에 필요한 정보를 주고받으면서 감수된 정보를 해석하고, 그에 따라 활동양상을 규정하는 지성의 장이라고 할 수 있습니다. 상호간에 주고받는 정보를 알아차려야 생명활동이 지속될 수 있기 때문입니다.

각각의 정보(法)란 자기만의 특색을 갖고 해야 할 일을 아는 듯이 생명활동에 참여하고 있기 때문에 정보의 장을 법신부처님이라고 합니다. 그렇기에 수행을 한다는 것은 의식으로 드러나지 않는 법신부처님의 작용과 계합하여 법신이 되는 일이라고 할 수 있습니다. 이런 뜻에서 부처님의 가르침이 깊고 깊다고 합니다.

둘째, 법신부처님과 계합하는 과정에서 심상의 실상을 알게 되어, 이미지에 집착하는 인식습관을 버리게 됩니다. 인식습관은 체화된 종자가 심상을 만드는 습관이라고 할 수 있는데, 수행을 통해서 분별에 집착하고 그것을 실재라고 여기는 인식습관이 사라지면 깊숙이 스며 있는 무지의 종자도 사라지게 되므로 부처님의 가르침을 깊고 깊다고 합니다.

셋째, 집착을 동반한 분별종자가 더 이상 작용하지 않게 된다는 것은 심상을 인연 따라 자재하게 만들어 쓸 수 있다는 것입니다. 걸림 없는 법신부처님의 활동과 융합한 활동이면서 법신부처님이 마음작용마다 드러나고 있는 것과 같습니다. 마음 쏨 하나하나가 어느 것에도 집착하지 않는 생명의 실상을 온전히 드러낸 것입니다. 부처님의 가르침으로 이 마음을 성취하는 것과 같기에 부처님의 가르침을 깊고 깊다고 합니다.

넷째, 부처님의 가르침은 모든 것, 곧 마음 하나 일어나고 사라지는 것도 인연 따라 일어나고 사라지는 것으로, 그 어떤 것도 변치 않는 상태로 존재하는 것은 없다는 것입니다. 그런 뜻에서 수행은 얻으려는 마음을 내려놓는 것이라고 할 수 있습니다. 아무것도 가질 수 없으며 얻을 수 없다는 것을 체화하는 것이 수행이라는 것이지요.

그렇기에 '강을 건너고 나서도 뗏목을 가지고 다닐 것인가' 라고 묻고 있습니다. 부처님의 가르침이 번뇌의 강을 건너는 뗏목이기에, 번뇌를 다스리는 방편으로 익혀야 하며 체득해야 하는 지혜라는 것입니다. 인연 따라 만들어지는 심상이미지에 현혹되지 않는 방편과 지혜이며, 인연에 적의적절한 이미지를 만들어 걸림 없는 해석을 할 수 있는 유연성을 확보하는 가르침이라는 것이지요. 이런 뜻에서 얻어야 할 것은 깊고 깊은 부처님의 가르침이라고 이야기하고 있습니다. 내려놓는 기술입니다.

다섯째, 부처님의 가르침은 탐욕을 내려놓지 못한 이들과도 함께할 수 있어 깊고 깊다고 합니다.

여섯째, 부처님의 가르침은 성냄을 내려놓지 못한 이들과도 함께할 수 있어 깊고 깊다고 합니다.

일곱째, 부처님의 가르침은 어리석음을 내려놓지 못한 이들과도 함께할 수 있어 깊고 깊다고 합니다.

여덟째, 부처님의 가르침은 사유의 세계가 다른 이들과도 함께할 수 있어 깊고 깊다고 합니다.

보살의 사유는 뭇 생명 모두가 하나의 생명공동체를 이룬다는 것을 기반으로 합니다. 그렇다고 해서 하나의 생명계만 있는 것은 아닙니다. 하나처럼 보이는 생명계가 생명체의 수만큼 중첩된 생명계이기 때문입니다. 낱낱 생명체는 생명계가 낱낱 생명체의 모습으로 변환된 것과 같습니다. 펼치면 생명계가 되고 거두면 하나의 모습이 된다는 것입니다. 중첩된 것으로 보면 '탐욕이나 깨달음이라는 사건'이 자신에게 일어난 일이면서 중첩된 다른 세계에도 영향을 주어 그곳에서 '탐욕과 깨달음의 문'을 연 것이 되므로, 낱낱 생명체 모두가 자신의 세계를 살아가면서 중첩된 생명계의 삶을 산다는 것이지요. 그러므로 세계는 하나이면서 동시에 헤아릴 수 없이 많은 세계라고 할 수 있습니다. 보살수행자가 뭇 생명체의 생명활동을 자신의 생명활동으로 보면서 그들과 함께하는 까닭도 여기에 있습니다.

아홉째, 탐욕 등에 의해 물들지 않는 법이기 때문에 깊고 깊다고 합니다.

부처님의 가르침은 생명계가 펼치고 있는 집착 없는 흐름과 상응하는 사유세계, 곧 법신부처님의 생명활동과 상응하는 가르침입니다. 생명계의 지성활동인 불성의 작용으로 보면 생명계는 이미 불세계를 온전히 살아가고 있기 때문입니다. 생명활동을 하는 세계 그 자체가 참으로 원만하며 탐욕 등으로 들뜨지 않는 세계, 곧 모든 장애를 벗어난 세계라는 것입니다. 이 세계가 펼치는 가르침을 온전히 드러낸 것이 부처님의 가르침이기에 깊고 깊다는 것이지요.

열째, 깨달음을 이루었다는 것은 흐르는 인연을 잡으려 하지 않는 것과 같기에 깊고 깊다고 합니다.

마음집중을 통해 심상이미지를 있는 그대로 지켜보다 보면 어떤 이미지로도 그릴 수 없는 빈 마음상태를 경험하기도 하고, 현재의 인연과 온전히 융합하는 세계상을 만들고 있는 무분별의 인지상태를 경험하기도 합니다. 만들어진 이미지에도 머물지 않고 이미지가 빈 상태에도 머물지 않는 인지시스템을 직접 경험한 것입니다. 그렇게 되면 이미지에 현혹되지도 않지만 이미지의 세계를 부정하지도 않습니다. 일상의 삶을 살면서도 현재의 인연이 만든 이미지를 고집하지 않게 된다는 것입니다. 특정 이미지에 집착하지 않게 됨으로써 모든 이미지와 상응하는 삶을 살 수 있는 토대를 만든 것과 같습니다.

이와 같이 깊고 깊은 삶을 살 수 있는 부처님의 가르침을 배우고 체화하여, 밖으로 드러나는 행위는 말할 것 없고 마음상태까지도 조율할 수 있는 신통력을 얻은 보살수행자는 선정의식을 마음대로 쓸 수 있으며, 방편바라밀을 성취해 인연 있는 이들이 깨달음에 이를 수 있도록 돕습니다. 자리이타를 겸한 보살의 수행은 생명계의 지성인 불성과 융합한 활동으로 인연의 장을 청정하게 할 뿐만 아니라, 궁극적으로 낱낱 생명체마다 청정한 삶과 지혜로운 삶을 살 수 있도록 돕는다는 것입니다.

3. 지혜를 체화함

1) 무분별지의 특징

청정하고 지혜로운 생명활동은 필연적으로 기억정보를 전환시켜 세계를 보는 안목을 근본적으로 바꿉니다. 인식의 토대가 지혜정보로 전환된 정도를 지혜가 증장됐다고 하며, 공성을 체험하고 난 이후의 증장된 지혜를 분별 없는 지혜라고 하는 까닭도 여기에 있습니다.

분별 없는 지혜, 곧 무분별지(無分別智)에는 다음과 같은 다섯 가지 특징이 있습니다.

첫째, 기억정보를 토대로 한 사유작용과는 다르다는 것입니다.

이 말은 무의식적으로 다양한 심상이미지가 만들어질 때, 자아의식을 토대로 특정 이미지에 주의를 기울여야, 그 이미지가 보이고 의식적인 사유가 가능한 인지시스템에 변화가 생겼다는 것입니다. 언어개념과 상응하는 분별이미지를 만들고, 만들어진 개념틀에 매인 사유를 하지 않고 신체화된 공성의 지혜와 상응하는 인지활동을 할 수 있게 됐다는 것이지요.

둘째, 일상의 의식작용은 심상이미지가 만들어지고 난 뒤 그 이미지를 실재라고 여기면서 생각을 이어 가는 활동이라고 할 수 있습니다. 이 활동은 내외부의 감각정보를 수용하는 수용체가 일정한 틀을 갖고 있으면서 틀에 맞는 정보를 수용하고 해석하는 과정을 통해서 일어납니다. 수용하고 해석하는 틀의 범주 내에서 일상의 생각이 일어나고 있다는 것입니다.

선정의식은 이와 같은 인지시스템에 영향을 주어 특정 부위의 작용스위치가 꺼지거나 이전까지와 다르게 연결될 때 발생합니다. 인지시스템의 배선망에 따라 생각이라는 결과가 다르게 일어나거나 특정 상태가 되면 생각 자체가 사라지기도 한다는 것입니다. 예를 들어 의식의 발생에 관여하는 각성스위치가 켜지지 않는다면 의식이 발생하지 않고, 각성스위치는 켜졌으나 체성감각 영역을 깨우는 연결망의 작용이 멈춘다면 신체에서 발생하는 감각을 지각할 수 없는 것과 같습니다.

이와 같은 경험은 사유의 주체가 있어 사유를 주관하는 것이 아니라는 것을 알게 합니다. 사유도 인지의 연결망이 만들어 내는 결과라는 것이며, 인지의 연결망도 결정적이지 않다는 것입니다. 그렇기 때문에 분별 없는 지혜작용을 각성스위치가 꺼진 상태로 생각해서는 안 됩니다. 주객의 분별을 넘어서고, 있음과 없음을 넘어서는 인지상태가 무분별지가 작용하는 상태이기 때문입니다.

셋째, 앞서 말씀드렸듯이 의식집중을 하다 보면 몸이 공중에 떠 있는 것 같거나 몸이 사라진 것과 같은 상태를 경험하게 될 때가 있습니다. 몸에서 발생하는 감각자료를 해석하는 기능이 일시적으로 정지된 상태이거나, 다른 상태로 지각할 수밖에 없는 조건이 만들어진 때입니다.

몸에 대한 지각이 없는 상태, 곧 '몸의 감각이미지'(想受)가 만들어지지 않는 상태(滅)를 경험한 것입니다. 이는 몸에서 발생하는 감각자료를 수용(受)해서 몸의 이미지(想)를 만드는 인지통로가 작용하지 않게 된 상수멸정(想受滅定)이라는 선정의식상태입니다. 이와 같은 경험은 감각자료를 수용하고 해석하는 육근(눈, 귀, 코, 혀, 몸, 의식)의 모든 곳에서 발생합니다. 어느 곳이든 인연에 따라 이미지가 만들어지고 해체된다는 것이지요.

보살수행자가 경험하고 이해한 무분별지는 이미지가 생성되고 소멸되는 전 과정을 직관했을 뿐만 아니라 이를 통해 공성인 연기의 세계상을 이해한 지혜라고 할 수 있습니다. 상수멸정 등의 선정의식상태만을 무분별지라고 하지 않는다는 것입니다.

넷째, 의식을 발생시키는 각성스위치가 꺼진 상태와 기억정보를 융합하여 수용된 감각정보를 해석하는 특정 부위의 연결망이 작용하지 않게 된 상태, 그리고 이전과 다른 연결망이 만들어지면서 일상과 다른 심상을 경험하는 상태만으로 무분별지를 체득했다고 할 수 없습니다. 특히 각성스위치가 꺼져 의식작용이 온전히 빈 상태를 경험하고 나서 무분별지를 체득했다고 여겨서는 안 된다는 것입니다. 이는 마음작용이 없는 몸을 무분별지의 본체라고 여기는 것과 같습니다. 무분별지는 심상에도 현혹되지 않지만 모든 심상이 사라진 것에도 머무르지 않는 집착 없는 마음작용이기 때문입니다.

다섯째, 몸과 마음을 떠나 진실의 세계가 따로 있다는 생각을 하게 되면, 이 또한 마음이 만든 환상의 세계에 빠진 것에 지나지 않습니다. 무분별지의 세계가 따로 없다는 것을 온전히 알아차려 어떠한 심상이미지에도 머물지 않는 마음작용이 무분별지의 세계라는 것입니다.

2) 법신보살의 의식현상

육바라밀을 성취한 보살수행자의 의식흐름을 다음과 같은 열여섯 가지로 설명할 수 있습니다.

첫째, 만들어진 이미지는 말할 것 없고, 진실이라는 것 또한 일상과 다른 것으로 존재하지 않는 것을 아는 마음입니다.

둘째, 일상의 분별의식이 무의식층에서 기억정보를 토대로 수용된 감각자료를 분별하여 해석하는 인지활동이라고 한다면, 선정의식상태에서는 심상이미지가 기억정보에 의지해서 만들어진 심상이 환상이라는 것을 직관할 뿐만 아니라(선정의식상태에서 일상에서는 경험하지 못했던 갖가지 영상이 일어나고 사라진 것을 직관함), 주객이 합일된 상태나 어떠한 심상도 만들어지지 않는 인지

상태 등을 경험하게 됩니다. 그러므로 마음챙김이 저절로 일어나고 있다는 것은 어떠한 이미지에도 머물지 않는 마음 씀이 체화됐다고 할 수 있습니다.

셋째, 보살수행자가 무분별지 등의 지혜를 성취하게 되는 인연은 부처님의 가르침과 생명계가 들려주는 머묾 없는 생명활동이라고 할 수 있습니다. 모든 사건들은 결정되어 있지 않은 인연의 장에서 찰나찰나 갖가지 모습들이 생성되고 해체되는데, 이 일을 하는 것이 생명계의 지성작용입니다.

이와 같은 지성작용과 상응하는 가르침이 부처님의 가르침이기에, 부처님의 가르침대로 사는 보살수행자의 삶은 생명계의 흐름과 온전히 상응하는 삶이 된다는 것입니다.

넷째, 늘 말씀드렸듯이 보살수행은 '생명계 전체가 하나 된 생명공동체라는 인식'(연기법)에서 출발합니다. 생명공동체라는 것은 모든 것들이 그 모습 그대로 생명계 전체와 종횡으로 얽혀 있는 상태에서 인연 따라 변해 가는 사건·사물이기에, 사건·사물을 규정하는 내재적 실체가 있을 수 없으며, 낱낱 모습을 이루는 제 요소들도 그것 자체로 실재하지 않는다는 것입니다.

보살수행자는 이와 같은 사실을 논리적 이해를 통해서만 아는 것이 아니라, 선정의식을 통해 주객이 나뉘지 않는 비이원적인 인지상태를 경험하거나 모든 이미지가 사라진 상태를 경험하게 되면서 알게 됩니다. 이와 같은 경험은 인지의 배선망에 분별을 넘어선 인지회로를 새로 만든 것과 같으며, 기억정보층에 지혜정보를 심는 것과 같습니다. 사유의 유연성을 확보했다는 것입니다.

다섯째, 생명흐름의 실상이 이원적인 것이 아닌 것을 체험했다는 것은, 일어나고 사라지는 마음작용 하나하나가 생명활동의 과정이면서 목표라는 것을 알았다는 것이며, 미래를 준비하는 기억정보가 만든 현재를 사는 것이 아니라 온전히 지금 여기를 산다는 것입니다. 기억정보가 지혜정보로 전환됐다는 것은 언어이미지 등과 같이 경계를 나누기만 하는 인식활동을 하지 않는다는 뜻입니다. 지혜정보의 작용은 이미 있는 언어의 틀을 자재하게 변용하는 것이라고 할 수도 있고, 새로운 틀을 만들거나 이미 있는 틀을 해체하는 것이라고 할 수도 있으나, 기본적으로는 어떠한 틀에도 집착하지 않는 것이기 때문이며, 무분별이 작용하는 선정의식 상태에서 실체로서의 의미를 갖는 인지대상이 존재하지 않는 것을 체험했기 때문입니다. 언어의 의미체계가 생명의 실상을 가린다고 하는 까닭도 여기에 있습니다.

여섯째, 무분별지가 체화되어 가는 보살수행자가 생명공동체를 위한 일을 능력껏 하다 보면 실천적인 지혜가 증장되다 마침내 모든 것을 아는 부처님의 지혜를 완성하게 되어 지혜와 복덕이 원만한 삶을 살게 된다는 것입니다.

일곱째, 보살의 수행덕목인 육바라밀은 어느 항목이나 깨달음을 이루는 데 필수적이지만, 실천행의 중심축은 지혜바라밀이라고 할 수 있습니다. 무분별지인 반야바라밀을 성취해야 보살의 깨달음이 완성된다는 것이며, 나머지 다섯 바라밀은 공성의 지혜를 성취하는 데 필요조건의 성격이 강하다는 것입니다. 곧 비움을 실천하는 보시와 보시행을 뒷받침하는 계율과 인욕, 그리고 정진에 의해서 언어와 상응하는 분별이미지를 내려놓을 수 있는 공덕을 쌓는 상태에서 선정을 닦다 보면, 필연적으로 빈 마음자리를 직관하게 되면서 지혜가 증장되고 증장된 지혜가 다섯 바라밀의 공능을 확장한다는 것이지요. 대승의 생명계를 온전히 알아차리는 공능은 빈 마음자리를 직관한 반야, 곧 공성의 자리를 직관한 지혜에 의해서 가능하다는 것이며, 나머지 다섯 가지 수행 덕목은 반야의 지혜를 직관하는 데 도움이 된다는 것입니다.

여덟째, 보살수행을 원만하게 성취했다는 것은 모든 번뇌가 사라진 신체, 곧 열반을 수용하고 있는 자리(自利)적 신체(自受用身)와, 다른 이를 위한 방편을 성취한 이타적 신체(他受用身)를 이루었다는 것입니다. 보살수행은 무루업(無漏業)을 실현하는 몸, 곧 무분별과 공성의 지혜가 체화된 몸(自受用身)과, 다른 이들을 위한 무분별의 활동을 통해 방편의 지혜를 증장하는 몸(他受用身:變化身)을 만드는 것이라고 할 수 있기 때문입니다.

수행과 수행의 결과는 번뇌를 만들지 않는 활동이라는 의미에서 무루업이라고 하지만, 그 또한 업인 것은 분명합니다. 수행의 결과가 지혜의 종자로 업화(業化)가 됐다고 할 수 있다는 것입니다. 이를 정업(正業)이라고 합니다. 정업의 결과로 무의식층에 심어진 지혜종자가 인연 따라 자수용신의 지혜로도 작용하고 타수용신의 지혜로도 작용한다는 것이지요. 수행의 과정도 그러하고, 수행의 공덕을 원만하게 성취한 뒤도 그러합니다. 보살수행자의 몸은 자수용신과 타수용신을 만들면서 궁극적으로 부처의 몸이 된다는 것입니다. 이를 보살이 겪는 이숙, 곧 지혜가 증장되는 것만큼이나 다른 신체(異)가 되어 가는 것(熟)이라고 합니다.

아홉째, 기억종자를 바탕으로 만들어진 심상이 실재하지 않는다는 것을 아는 마음도 기억으로 남습니다. 이미지에 매몰되지 않을 수 있는 지혜정보입니다. 이와 같은 지혜정보가 증장되면서 기억정보가 변환되기 시작합니다. 일어나고 사라지는 심상에 현혹되지 않는 지혜수행으로 분별 너머에 있는 무분별과 빈 마음을 경험함으로써 지혜정보가 증장된 결과입니다. 일상의 기억정보가 상속되듯 수행정보도 상속되므로, 공성을 체험하고 심상에 매몰되지 않는 무분별지의 강도도 증장된다는 것입니다.

그렇기에, 곧 초지에 이른 수행정보도 증장되고 상속되므로 이를 발판으로 제2지, 제3지 등에 이를 수 있습니다. 이를 등류(等流)라고 합니다. 같은 종류의 기억정보가 상속되면서 인연 따라 세지기도 하고 약해지기도 하는 강도의 차이는 있지만 '같은 류의 정보들이 상속'(等流)되면서 생명활동이 이루어지고 있다는 것입니다.

열째, 수행정보가 상속되고 증장된다는 것, 곧 무분별지의 활동이 커진다는 것은 번뇌와 무지로부터 벗어난 생명활동이 커졌다는 것을 뜻합니다. 이 활동에 의해서 기억정보, 곧 업에 매인 삶으로부터 벗어나는 것입니다. 빈 마음상태를 직관한 수행정보가

'환상을 실재로 여기는 집착'을 떨쳐 내고 체화된 결과입니다. 빈 마음상태 그 자체로 보면 수행을 통해서 얻게 된 결과는 아니지만, 이 상태를 직접 경험하지 못하면 없는 것과 같기 때문에 수행을 통해 무분별지를 체득했다고 합니다.

그렇기 때문에 인식의 토대가 분별 중심에서 무분별 중심으로 질적으로 바뀌는 초지에서 무분별지를 얻었다고 하며, 초지 이후의 수행은 무분별지의 강도가 지속적으로 증장되기에 힘들이지 않고도 '지혜로운 활동을 할 수 있다'(成辦)고 합니다.

열한째, 무분별지를 체득(體得)했다는 것은 인지시스템이 바뀌었다는 것입니다. 수행이 완성된 몸을 부처님의 몸(佛身)이라고도 하고 법의 몸(法身)이라고도 하는 까닭도 여기에 있습니다. '생명계의 지성활동인 머묾 없는 알아차림'이 수행자의 일상에서 언제나 일어날 수 있게 됐다는 것입니다. 머묾 없는 생명계의 지성활동이 청정하다고 해서 생명계를 청정한 법계라고도 하고 걸림 없는 지혜를 쓴다고 해서 법신이라고도 하는데, 무분별지의 작용이 법계와 법신의 활동과 상응하기 때문입니다. 생명계의 지성활동은 인연의 흐름(法)과 온전히 상응하기에 기억정보에 머물러 집착하는 것과 다르다는 뜻으로 청정하다고 하며, 생명의 흐름 그 자체는 걸림이 없기에 법신이라고 부른다는 것입니다.

생명계의 흐름은 저 스스로 그러하다고 할 수 있지만, 보살수행자는 육바라밀 수행을 통해서 기억정보에 집착하고 있는 인식의 토대를 전환해야 그렇게 됩니다. 그렇기 때문에 수행자가 법신과 계합한 인지활동, 곧 무분별지의 인지활동을 할 수 있다는 것은 자신의 의지로 법신을 드러내는 것과 같습니다. 수행공덕을 스스로 수용한다는 뜻에서 법신과 계합한 수행자의 몸을 자수용신(自受用身)이라고 하며, 제 의지로 이루었다는 뜻으로 의성신(意成身)이라고 하는 까닭도 여기에 있습니다. 체득한 무분별지로 인해 인식의 토대가 바뀌면서 법신이 됐다는 것은 낱낱 생명체의 생명활동이 생명계 전체의 활동과 하나처럼 맞물려 있다는 것을 알았다는 것이며, 스스로 수용한 수행공덕을 다른 이를 향해 열었다는 것이며, 다른 이들과 함께 수용해야 비로소 수행공덕의 실상이 드러난다는 것을 알았다는 것입니다.

그렇기에 초지 이상의 보살수행자는 수행공덕을 나누는 일, 곧 타를 수용하는 몸(他受用身)을 만드는 것을 자기 일로 삼게 됩니다. 자수용신을 이루는 공덕이 타수용신을 만든다는 것입니다. 모든 불보살님들이 '인연에 따라'(應) '여러 가지 방편으로 뭇 생명들을 교화(化)'하는 일을 쉬지 않는 까닭도 여기에 있습니다.

수행공덕이 자신과 타인에게 좋은 영향을 주어 부처 세계를 이룬다는 것이지요. 이 말은 초지에서는 초지를 이룬 수행의 공덕만큼 생명의 실상인 진여법신과 상응하여 '자수용신인 보신'과 '타수용신인 응신과 화신'을 이루게 되고, 지속적인 수행으로 공덕이 증장한 만큼 제2지 내지 제9지의 몸이 되다 제10지에서 온전히 청정한 몸을 이루게 되면 더 이상 증장할 필요가 없는 부처의 몸을 이룬다는 것입니다. 부처님의 몸이 됐다는 것은 어떠한 기억정보에도 매임 없이 수행공덕을 자신과 타인을 위해 원만하고 자재하게 수용하고 회향할 수 있게 됐다는 것을 뜻합니다.

열둘째, 일상에서 사건·사물을 이해한다는 것은 사건·사물을 있는 그대로 보는 것 같지만 실제로는 주관적인 이해의 틀이 만들어져야만 사건·사물이 보이고 이해됩니다. 찰나찰나 주관적 이해의 틀을 만드는 재료가 기억정보이며, 만들어진 심상이미지가 인식된 내용이 된다는 것이지요. 그렇게 만들어지고 이해된 주관적 인식은 다시 기억정보로 남습니다. 의식이 자신의 정보활동을 전환해 다음에 일어나는 주관적 느낌을 바꿀 수 있는 까닭도 여기에 있습니다.

수행으로 무분별지상태를 경험했다는 것은 다음의 인지활동에서 무분별지의 경험이 일상의 의식에 개입할 수 있는 통로가 개설됐다는 것과 같다는 것입니다. 이 통로를 통해 기존의 기억정보가 전환될 수 있기 때문에, 곧 업의 전환이 이루어지기 때문에 부처가 되는 것입니다.

모든 심상이 사라진 빈 마음상태를 경험한 것을 근본무분별지(根本無分別智)를 체험했다고 합니다. 그렇기에 이 상태를 경험하기 이전, 곧 무분별지를 체득하기 위해 가열차게 수행하는 단계를 가행무분별지(加行無分別智)라 하고, 근본무분별지를 체득한 이후 생명공동체를 위한 방편을 증진하는 단계를 후득지(後得智)를 익히는 단계라고 부릅니다. 가행의 단계를 무분별지라고 부르는 것은 가열찬 수행에 의해 무분별지를 경험하기 때문입니다.

심상이 만들어져야 주관적인 이해가 성립되기는 하지만, 주관적인 이해가 사건·사물의 실상을 알지 못하게 하기도 하고(그렇다고 해서 주관적인 이해를 떠난 객관적인 실재가 있는 것은 아닙니다), 빈 마음상태를 체득하지 못하게 하기도 하기 때문에, 분별이미지를 바탕으로 성립된 기억정보가 삶의 실상을 가린다고 하며, 이미지에 대한 집착을 내려놓아야 빈 마음을 경험할 수 있다고 합니다.

세상에 대한 이해가 주관적인 경험정보가 만든 것인 줄 아는 것(唯識無境)이 무분별지를 경험하게 하는 바탕이 된다는 것이며, 이와 같은 이해와 믿음으로 수행공덕이 커져야 심상에 집착하지 않게 된다는 것입니다. 이 마음이 분별영상에 물들지 않는 마음이며, 근본무분별지를 체득하게 하는 힘이 됩니다.

근본무분별지를 체득하게 되면 사건·사물에 대한 잘못된 이해를 바탕으로 일어나는 모든 집착과 번뇌를 여읠 수 있습니다. 체화된 무분별지의 강도가 일정 정도를 넘어가면 더 이상 기억정보가 인식의 실상을 가리지 못하기 때문입니다. 이 단계를 초지라고 합니다. 근본무분별지와 상응했을 뿐만 아니라 그 이전 상태로 후퇴하지 않는 힘을 성취한 단계입니다. 초지를 성취하게 되면 근본무분별지가 모든 판단에 개입하는 것과 같으므로 항상 바른 판단을 하게 되어 분별영상에 매몰되는 일이 일어나지 않습니다. 이타행위를 하면서도 칭찬과 이익 등에 의해 들뜨거나 물들지 않게 됐다는 것입니다.

열셋째, 앞서 말씀드린 가행, 근본, 후득 무분별지를 비유를 가지고 말씀드리자면 다음과 같습니다. 먼저 말(言語)을 가지고 설명해 보면, 가행의 단계는 빈 마음상태를 온전히 경험하지 못했기에 빈 마음상태에 대해서는 어떤 말로도 할 수 없다는 것이며, 근본무분별지를 경험했다는 것은 빈 마음상태를 온전히 체험했다는 것이지만 그 상태는 비었다는 이미지로도 설명할 수 없는 단계라는 것이며, 근본무분별지를 체험하고 난 이후 그 체험이 가져다준 여러 가지 상황을 간접적으로 설명하여 다른 이들로 하여금 삶의 실상을 그려 볼 수 있게 하는 것이 후득무분별지의 단계라고 할 수 있다는 것입니다. 그렇기에 후득지의 설명 또한 방편에 지나지 않는다는 것을 잊어서는 안 됩니다.

더 나아가 사건·사물을 알아차리는 상태를 가지고 설명해 보면, 무분별지에 대한 분명한 이해가 없는 초지 이전의 상태는 심상이 환상인 줄을 사무치게 체험하지 못한 상태며, 무분별지를 경험한 초지 이상의 상태는 분별영상이 환상인 줄 체험했으므로 내부영상을 통해 해석된 사건·사물이 실재가 아닌 줄 알 뿐 아니라 모든 것들은 인연이 중첩된 것으로 자신만의 존재성을 가질 수 없다는 것을 안 상태며, 앞서의 두 단계를 경험하고 나면 사건·사물의 존재 방식을 분명하게 알아차리게 되면서 생명공동체를 위한 삶을 사는 것이 후득지의 작용상태라는 것입니다.

다시 안식 등 전5식의 작용으로 비유해 보면, 안식 등은 시지각상 등이 만들어지기 전에는 그것이 무엇인지 알 수 없는 것과 같이 무분별지를 경험하기 전인 가행위 단계에서는 무분별지에 대한 이해가 분명할 수 없고, 무분별지상태가 된다는 것은 주객이 나뉘지 않는 인식상태이거나 빈 마음상태이므로 누가 무엇을 보고 알았다는 일이 있을 수 없으며(근본무분별지), 인연 따라 갖가지 방편을 걸림 없이 쓰는 것이 후득지라는 것입니다.

다음은 경론을 읽고 이해하는 과정을 가지고 세 단계의 무분별지를 비유해 보면, 논서를 읽지만 그 뜻이 이해되지 않는 상태가 가행무분별지의 상태와 같고, 뜻을 이해한 단계가 근본무분별지를 체험한 것과 같으며, 그 뜻을 다른 이들에게 설명하는 것이 후득무분별지의 작용과 같다는 것입니다.

열넷째, 눈을 감고 있는 상태는 근본지와 같고, 눈을 뜨고 있는 상태는 후득지와 같습니다. 보는 자와 보이는 것으로 나뉘지 않는 상태에서 앎만 있는 상태이거나, 아무것도 없는 상태, 곧 무(無)인 상태를 지각하는 앎만 있는 상태가 눈을 감고 있는 상태와 같다는 것이며, 마음이 지혜정보를 바탕으로 갖가지 방편을 써서 생명의 흐름과 상응하는 보살행을 하는 것이 눈을 뜨고 있는 상태와 같다는 것입니다.

열다섯째, 생각은 이미 있는 생각길을 따르되 찰나찰나 생각길을 조율하면서 이루어지고 있습니다. 그러므로 만들어진 생각길을 따르는 것이 일반적이긴 하지만 다른 한편 만들어진 생각길에 갇히기도 합니다. 이를 집착이라고 합니다. 반면 생각길을 잘 조율한다면 현재의 인연을 온전히 드러나게 할 수는 있지만 익숙

하지 않다면, 곧 기존의 사유통로를 내려놓는 연습이 충분하지 않다면 갈팡질팡할 확률이 높습니다. 우리의 기억은 과거를 담보하는 것이 아니라 미래를 준비하는 것이 주된 일이기 때문입니다. 기억만을 따른다면 생명계가 펼치고 있는 지성작용의 온전한 모습을 보기가 어렵다는 것이지요. 생각을 내려놓을 때라야 들리는 소리가 있기 때문입니다. 불성(지성)의 소리가 그것입니다.

불성이라는 악기가 내는 소리는 기억이라는 귀를 가지고는 들을 수 없지만 기억에 치우친 견해가 사라지면 들리는 소리마다 불성이 내는 지혜의 소리가 된다는 것입니다. 공성인 여의보주(如意寶珠)를 가지고 인연 따라 깨달음의 세계를 펼쳐 내는 것이지요.

열여섯째, 인식이 발생하는 토대를 기억정보(아뢰야식)라고 하는데, 그 까닭은 지각은 기억정보(他)에 의지해서(依) 발생하기(起) 때문이라고 말씀드렸으며(依他起性), 그렇게 발생한 지각은 필연적으로 기억된 정보의 강도에 따라 치우친 인식을 할 수밖에 없을 뿐만 아니라 만들어진 심상을 실재라고 착각하게 된다고도 말씀드렸습니다(遍計所執性).

그렇기에 수행을 시작할 때 지각된 이미지를 좇아 생각하고 말하고 행동하는 것을 멈추고, 특정한 이미지에 집중한다거나 다양한 심상의 흐름을 지켜보고 알아차리는 것입니다. 인식의 토대가 안정적이긴 하지만 인연 따라 새로운 학습이 이루어질 수 있는 유연성이 있기 때문에, 육바라밀 수행으로 변계소집적인 인지현상이 작용하지 않게 되면 인지시스템(의타기성)이 원성실성이 작용할 수 있는 기반으로 전환되면서 무분별지가 작용하게 된다는 것입니다.

변계소집성이 작용하는 인지시스템에서는 자기조차 자기의 삶에서 소외되고 말지만, 무분별지가 작용하게 된다는 것은 언제 어디서나 온전히 자신을 살게 된다는 것입니다.

3) 무분별지의 종류

앞서 무분별지에 가행, 근본, 후득 무분별지가 있다고 했으며, 근본무분별지(빈 마음작용)를 체득하기 직전까지의 수행결과를 가행무분별지라고 했습니다. 수행을 할 수 있게 된 것은 생존과 번식을 위한 생명활동에 문화를 학습할 수 있는 유전적 변이가 다양하게 일어난 결과라고 할 수 있습니다. 직접적으로 부모세대가 익힌 문화가 후손에게 전승되는 것은 아니지만 학습을 통해 전승할 수 있는 기반이 형성됐다는 것이지요. 이 기반을 문화유전자라고 할 수 있습니다. 무분별지상태를 경험한 수행자가 자신의 경험을 언어화(크게 보면 자신의 지각을 언어로 전환하는 일, 곧 언어이미지[文]로 추상화[化]하는 일이 문화[文化]라고 할 수 있습니다)하여 뒷사람에게 전할 수 있는 유전적 변화가 있었다는 것입니다(약 6~7만년 전에 이 일이 일어났을 것이라고 합니다).

진화상 문화유전자의 공능이 커지면서 학습을 통해서 가행수행이 이루어질 수 있었다는 것이지요. 학습이라는 개념으로 보면 무분별지를 이해하도록 하는 일이 되겠지만, 그 이전에 문화를 학습할 수 있는 배경으로 문화유전자가 형성됐기에(수행인연) 가행수행으로 무분별지를 어느 정도 경험하게 됐고, 학습내용과 수행강도에 따라 무분별지에 대한 다양한 경험이 있을 수 있게 됐다는 것입니다.

가행수행 단계를 지나면 빈 마음을 경험하게 됩니다. 근본무분별지를 체험한 것입니다. 근본무분별지를 체험하게 되면 저절로 기쁜 마음상태를 경험하게 되다가 차츰 고요하고 평안한 상태가 되면서 더 이상 심상에 현혹되지 않는 평정심을 유지할 수 있으며, 심상이 실재를 가리키지 않는다는 것을 알게 되므로 불변의 자아상도 만들지 않습니다. 빈 마음(空)을 체험하게 되면서 무상(無常)한 생명흐름과 생명의 연대(無我)를 이해하게 되므로, 모든 것들이 연대 없이 그 자체로 실재한다는 생각을 하지 않게 된다는 것입니다. 근본무분별지를 체득한 수행자는 문화유전자의 토대라고 할 수 있는 언어문자를 통한 사유의 흐름이 온전히 추상된 실재를 바탕으로 이뤄진다는 것을 알게 되어, 언어문자와 상응하는 분별된 세계상에 현혹되지 않는 사유를 할 수 있다는 것입니다.

그렇기 때문에 근본무분별지를 체득하고 나면 이타행을 위한 방편 등을 익히게 되는데, 여기에 다섯 가지 인지활동이 수반됩니다.

첫째, 생명계 전체의 인연망이 항상 같지 않듯 낱낱 생명체의 생명흐름 또한 항상 같지 않으므로(無常), 어느 것도 그 모습 그대로 머물지 않는다(無我)는 것을 아는 앎입니다.

둘째, 생명계의 인연을 통달했다는 것은 무상하게 이루어지고 있는 인연의 관계망과 상응하여 머묾 없는 무분별지로서의 인지활동을 한다는 것입니다.

셋째, 언어문자를 자유자재하게 만들어 쓸 수 있는 공능이 갖춰졌으므로, 인연 있는 이들을 위해 무분별지를 바탕으로 이뤄지고 있는 생명계의 지성활동을 적의적절하게 설명하는 것입니다.

넷째, 인식내용으로 드러난 것(法)들의 인연을 알아, 낱낱 사건·사물을 가지고서 종합적인 관찰을 하는 것입니다.

다섯째, 뜻대로 심상을 만들기도 하고 생겨난 심상을 바꾸기도 하는 것입니다.

이상의 다섯 가지가 후득무분별지를 성취한 수행자의 통찰력 있는 사유활동입니다.

4) 경전의 이야기를 인용함

① 아비달마 대승경에서 말한 무분별지

이와 같은 사실을 아비달마 대승경에서는 다음과 같이 이야기하고 있습니다.

첫째, 하나의 사건·사물들에 대해 사람끼리는 말할 것도 없고, 한 사람의 심리상태에 따라 다르게 인지하고 있는 것을 보면, 인지된 것들이 그 모습 그대로 진실하다고 할 수 없다는 것입니다.

둘째, 과거의 일과 미래에 대한 추상 그리고 꿈 등을 보면 외부에서 주어지는 감각자료가 없이도 심상이 만들어진다는 것을 알 수 있습니다. 요즘 밝혀지고 있는 인지시스템에 의거하면 직접 본다고 여기는 감각자료조차 뇌에서 기억정보를 바탕으로 재구성되고 해석된 것이라고 하니, 인지된 것은 내부의 인지시스템에 의해서 발생한다는 것을 알 수 있다는 것이지요(사람의 경우 수용된 정보가 하나라고 하면 이 정보를 해석하기 위해 6~10배의 기억정보가 참여한다고 합니다).

셋째, 만약 인식된 사건·사물들이 인식된 모습 그대로 실재한다고 하면 무분별지라는 말도 성립될 수 없으며, 빈 마음을 자재하게 활용하여 부처님의 세계를 산다는 것 또한 성립될 수 없다는 것입니다.

모든 사건·사물은 중첩된 인연에 의해 있는 듯 나타났다가 인연이 다하면 없는 듯 사라집니다. 그런데 인연의 장 자체는 두 찰나를 이어서 같은 상태가 없습니다. 온갖 사건·사물도 장의 변화에 따라 찰나찰나 변할 수밖에 없다는 것이지요. 나무가 커가듯, 나뭇잎이 자라나듯.

그럼에도 불구하고 인지된 것의 이름은 늘 같습니다. 이름을 통해 사건·사물들을 인지하는 우리들의 인지시스템이 생명의 흐름을 왜곡할 수 있다는 것이지요. 그러므로 사건·사물들을 분별하고 분별된 것에 이름을 붙이면서 세계를 이해하는 인지시스템의 작용이 쉴 때라야 이름 붙이기 이전의 자기가 드러날 수 있습니다.

기억의 자모음이 심상을 만들지 않는 상태입니다. 이 상태의 마음을 빈 마음이라고 하며, 빈 마음에서 심상이 생겨나고 사라지는 인연을 알아차리면, 마음이 심상을 만들어 세계를 해석하고 있다는 것을 직관할 뿐 아니라, 해석된 것이 인연에 의해 그렇게 있다는 것을 이해하는 인지가 발생합니다. 이를 무분별지라고 합니다. 언어분별을 매개로 사건·사물을 이해하는 기억정보의 틀에 구멍을 뚫은 것입니다. 구멍의 크기에 따라 이름에 걸리지 않는 지혜작용이 커지다가 기억정보를 운용하는 내부시스템이 완벽하게 전환되는 순간 무분별지가 작용하는 부처님의 세계가 열린다는 것이지요.

내부의 인지시스템에 의해서 온갖 세계가 펼쳐지고 있기 때문에 인지시스템이 전환되면 세계가 바뀐다는 것입니다. 부처의 세계를 보는 것이 아니라 보는 시스템이 변하면 부처의 세계가 펼쳐진다는 것이지요.

넷째, 이름으로 이루어진 기억정보에 구멍을 뚫는 일이 자재하게 이루어진 보살수행자는 인연의 장이 펼치는 세계의 변화와 상응해서 내부의 이해지도를 자재하게 바꿀 수 있습니다. 이와 같은 마음상태를 머물지 않는 마음이라고 합니다. 머물지 않는 마음을 쓸 수 있어야 지금 여기를 온전히 살 수 있습니다. 선정의식의 실상이 그렇습니다. 그러므로 선정의식상태를 자재하게 이룰 수 있다면 분별의식에 더 이상 현혹되지 않습니다.

부처를 생각하면 부처를 만나고, 빈 마음을 그리면 빈 마음상태가 즉각적으로 나타나기 때문이며, 심상이 만들어지지 않으면 인식주체라고 여기는 마음조차 사라지기 때문입니다. 이와 같은 경험이 무분별지상태를 알 수 있게 하고, 이 마음을 자재하게 쓸 수 있게 된 상태를 무분별지가 체화됐다고 합니다.

② 반야바라밀다경에서 말한 무분별지

무분별지를 자재하게 쓸 수 있게 체화된 상태가 반야바라밀, 곧 지혜의 완성이며 분별의 세계를 건너 분별 없는 세계에 이른 것 (到彼岸)이며, 분별에도 걸리지 않고 공(空)에도 걸리지 않는 지혜를 뜻대로 쓸 수 있게 된 것입니다.

심상은 말할 것 없고 심상을 알아차리고 있는 마음조차 없는 상태, 곧 빈 마음을 경험한 수행자는 일상의 현상들은 물론이고 선정의식을 통해 경험한 특별한 의식상태에도 집착하지 않습니다. 어느 것이든 인연의 흐름이 만들고 있는 현상이라는 것을 알기 때문이며, 어느 것이든 얻을 수 있는 실재가 아니라는 것을 알기 때문이며, 잠시라도 머물 수 있는 것이 아니라는 것을 알기 때문입니다. 이와 같은 경험과 이해의 강도를 증장하는 것이 반야바라밀 수행입니다.

그러므로 반야바라밀 수행자는 다음의 다섯 가지 집착을 여읩니다.

첫째, 어느 것이든 인연의 관계망을 떠나서 그것만으로 실재하는 것은 없습니다. 자아도, 자아에 의해서 소유된 것과 같은 갖가지 기억정보도, 그것 자체로 존재하지 않습니다. 끊임없이 변하는 관계망이 새로운 이미지를 만들고 해체하고 있을 뿐입니다. 이와 같은 사실을 잘 아는 반야바라밀 수행자는 어느 것에도 집착하지 않습니다.

감각기관을 통해 감수된 정보를 처리해 심상(法)이 만들어지면서 의식현상이 일어나는 것을 잘 알기에, 어떠한 심상에도 머물지 않고 그저 지켜보는 수행을 하다 보면 '의식대상인 심상'(法)도 그것을 알아차리고 있는 것과 같은 의식주체(意)도 사라지는 경험을 하게 됩니다. 주체도 객체도, 이를 토대로 일어나는 앎도 다 사라진 상태 역시 삶의 흐름입니다. 도리어 주객의 이미지가 사라지기에 인연의 흐름에 상응하는 다른 나를 살아갈 수 있습니다. 순간순간 새로운 자아가 생성되고 해체되기 때문에 자아도 있는 듯하고 '인식되는 것'(法)들도 있는 듯하다는 것을 알아, 있음에도 집착하지 않고 없음에도 집착하지 않는다는 것입니다.

둘째, 보살수행자는 인연의 흐름과 다른 실재로서 진실한 세계가 없다는 것을 압니다. 만들어진 이미지도 실재가 아니지만 모든 이미지가 해체된 상태가 생명흐름의 실상도 아니라는 것을 안다는 것입니다. 하여 빈 마음상태를 지향하지도 않습니다. 심상이 생성되고 해체되는 것이 인연의 조건에 따라 발현된 사건이라는 것을 알기 때문입니다.

셋째, 그러므로 보살수행자는 생사를 떠나 열반의 세계를 추구하지도 않습니다. 기억정보에 집착한 인지활동이 생사의 세계를 만들고, 집착을 내려놓은 마음이 열반의 세계를 만드는 것은 사실이지만, 두 세계가 실재하는 세계가 아니라는 것에는 차이가 없다는 것을 알기 때문입니다.

넷째, 수행의 출발은 번뇌가 발생하지 않는 상태를 지향하는 것이지만, 근본적으로는 인지의 기반인 기억정보를 지혜정보로 전환시켜 무분별지를 마음대로 쓰는 데에 있습니다. 이 일이 원활하게 이루어져야 이타행의 기반이 충실해지기 때문입니다.

다섯째, 사실 보살수행자의 출발이라고 할 수 있는 보시바라밀 수행은 집착을 비워 내는 측면에서 보면 자기수행의 완성을 향하면서도, 동시에 함께 사는 이들의 아픔을 덜어 내는 이타행을 완성해 갑니다. 그렇기에 보살의 삶이 완성되어 가는 10지의 수행 단계를 보면, 제6지에서 공성의 빈 마음상태를 체화하게 되면서 인연 따라 생성하고 소멸하는 사건·사물의 실상을 체득했다고 하고, 제7지부터는 이전의 수행 체험을 바탕으로 이타행을 위한 방편과 힘 등을 완성해 가다가, 제10지에서 이타의 지혜를 마음대로 쓸 수 있게 됐을 때 비로소 수행이 완성됐다고 합니다.

5) 보살의 지혜가 수승한 까닭

보살수행자가 성취한 지혜와 다른 수행자가 성취한 지혜에는 다음과 같은 다섯 가지 차이가 있습니다.

첫째, 몸과 마음의 통합체이면서 주체적 실재라고 여기는 자아도 존재하지 않지만, 몸(色)과 마음(受想行識)도 실재하지 않는다는 무분별지를 성취한 점이 다릅니다. 몸은 그 자체로 지성체이면서 감각기관이라고 볼 수도 있는데, 특정한 선정의식상태가 되면 감각정보를 해석하는 인지의 배선망이 바뀌면서 몸의 감각이 없는 것과 같은 상태를 경험할 수 있는 까닭도 여기에 있습니다.

이 상태는 체지각이 발생하는 배선의 스위치가 꺼진 것과 같은 상태이므로, 보이기는 하지만 몸의 느낌이 발생하지 않게 됩니다. 이 상태는 눈이라는 감각기관(色)을 통해 수용(受)된 정보를 기억정보와 대조하여 심상(想)을 만들 수 있었기에 시지각은 있지만, 체지각을 발생하는 심상(想)이 만들어지지 않았기에 체지각이 발생할 수 없었다는 것입니다. 인지시스템의 조건이 달라져 이전과 다른 심상이 만들어지게 되면 같은 것도 달리 지각되거나 이전에 지각하지 못했던 것도 지각할 수 있게 된다는 것이지요. 심상을 만들어 사건·사물을 분별하는 기반이 유연하기에 무상한 생명흐름에 적응할 수 있었다고 하겠습니다.

둘째, 기억정보를 바탕으로 만들어지는 심상이 변한다는 것은 심상을 만드는 생각의 지도, 곧 기억의 자모음이 만든 배선망이 바뀐다는 것입니다.

그렇기 때문에 빈 마음 등을 경험하게 되면, 곧 어떠한 이미지로도 그릴 수 없는 마음상태 등을 체험하게 되면 이미지를 통해서만 세계를 지각하는 인지시스템에 구멍을 내는 것과 같습니다. 기억정보를 전환하는 구멍이 생기면, 심상을 만드는 깊은 마음상태가 바뀔 수밖에 없습니다.

그러다 보면 낱낱 지각활동이 생명계가 펼치는 하나의 사건이 아니고 그 사건 그대로 생명계를 온전히 드러낸 것인 줄 압니다. 자신의 생명활동이 시공간 전체의 생명활동과 융섭되면서 이루어지고 있다는 것을 안다는 것이지요. 이 상태를 부처님께서는 연기법이라고 하셨습니다. 생명의 정보가 시간적으로 상속되고 공간적으로 융합되면서 무상한 생명흐름을 연출하고 있다는 것이지요. 때문에 깨달았다는 것은 마음이 무엇을 깨달은 것처럼 보여도 실제로는 인지지도의 전환이 이루어졌다는 것을 뜻합니다. 그렇기에 보살의 지혜가 다른 지혜와 상대해서 더 크다는 뜻으로 다르다는 것이 아니며, 생명계 전체가 부처의 세계를 이룰 때까지 이타행을 멈추지 않는 법신을 성취했다는 점이 다르다는 것입니다.

셋째, 보살수행자는 번뇌가 치성하게 일어나고 사라지는 삶을 살지도 않지만, 모든 번뇌가 사라진 열반의 삶을 살기 위해 수행하는 것도 아닙니다. 열반의 삶을 이웃과 함께 살기 위해 수행을 시작했기 때문입니다.

넷째, 보살수행자는 이타행의 씨앗을 심어 뭇 생명 모두가 열반을 성취할 때까지 이타행을 한다는 점이 다르다는 것입니다.

다섯째, 보살수행자는 낱낱 생명활동이 생명공동체인 큰 수레(大乘) 안에서 상호 융섭으로 이루어진다는 것을 알기에, 뭇 생명을 위해 수행공덕을 쌓고 베푸는 것에 한계를 정하지 않습니다. 보살수행자는 수행의 출발부터 대승인 생명공동체를 위한 자리이타의 수행공덕을 쌓고 베풀기에 이보다 더 큰 공덕이 있을 수 없다는 것이지요.

대승인 생명계가 펼치고 있는 무분별지의 지성작용은 생명계 그 자체가 하나 된 생명공동체라는 것을 자각하지 않는 상태에서 이루어지는 데 반해, 보살수행자는 학습과 수행을 통해 이와 같은 생명계의 실상을 알아차려 생명공동체를 위한 수행을 쉬지 않기 때문에 다른 것과 비교할 수 없는 공덕을 짓고 베풀게 된다는 것입니다.

보살수행자가 수행을 완성해 여러 가지 공덕을 자유자재로 베풀고 있다고 해도, 실제로 그와 같은 공덕을 받고 있다고 알아차리기가 쉽지 않습니다. 이 말은 한편으로 보면 아쉬운 점이라고 할 수 있지만, 다른 면에서 보면 생명공동체를 이룬 생명체마다 자신의 세계를 살기 때문이라고 할 수 있습니다. 자신이 걸어온 삶의 길을 이웃 생명체들과 함께 만들었다고 하더라도 길을 걸어가는 품새가 다 다를 수밖에 없는 개체로서의 걸음걸이가 있다는 것입니다.

그렇기 때문에 자신의 길이 결핍된 길일 수 없음에도 불구하고 결핍됐다는 심상을 만든다면 결핍된 삶이 되고 만다고 하겠습니다. 걸어가는 품새를 만드는 활동과 습관, 곧 업(業)이 생명체마다 다르기 때문이며, 보살의 말을 듣는다고 하더라도 자신이 만든 틀 안에서 해석되기 때문이며, 해석된 것은 보살의 말이 아니라 자신의 말이 되기 때문입니다.

이 말은 시스템이 전환되지 않아 자신의 삶을 결핍됐다고 여기는 해석 채널이 작용하는 한 재물 등에 집착하는 마음을 강화시켜 스스로가 스스로를 어렵게 하며, 자신과 이웃을 이롭게 하는 선업을 짓지 않아 보살의 베풂도 받을 수 없다는 것입니다. 자신의 욕망이 충족되지 못했다는 결핍감이 증대되면 자신의 처지를 비관하기 쉽고, 충족됐을 경우는 그것으로 교만심 등을 키우면서 욕망의 크기도 키우므로 점점 충족된 삶을 살 수 없게 되어 보살의 베풂을 받기가 어렵다는 것이지요.

더 나아가 결핍된 자신의 처지를 온전히 다른 이들 때문이라고 여긴다면, 재물 등이 충족됐을 시 교만심도 증대돼 그것으로 타자를 괴롭히는 데 쓸 것이 뻔하므로 더더욱 보살의 베풂을 받기도 어렵고 알기도 어렵게 됩니다. 결핍감과 교만심을 다스릴 수 없다고 하면 가진 것이 자신만을 해롭게 할 뿐 아니라 이웃에도 해를 끼치기 쉽기 때문에 보살의 베풂과 가르침을 받을 수 있는 기회를 놓친다는 것이지요.

이는 수행자가 보살의 원력을 성취했다고 하더라도 아무에게나 그 공덕을 베풀 수 없다는 것과 같습니다. 그렇기에 보살수행에서 자신에게도 이익 되고 타자에게도 이익 되는 일이 무엇인지를 아는 지혜인 무분별지의 성취가 무엇보다 중요합니다.

8장
———

인식토대의
전환

8장 _ 인식토대의 전환

1. 전환의 의미

보살수행을 통해 수승한 지혜정보가 증장됐다는 것은 기억정보의 쓰임새가 달라졌다는 것으로 기억정보를 인연에 따라 자유자재하게 변용할 수 있다는 것이며, 기억과 욕망이 만든 결핍감과 교만심을 벗어나 걸음걸음마다 충만한 삶을 산다는 것입니다. 모든 번뇌가 끊어진 삶이며 심상에도 머물지 않고 빈 마음에도 머물지 않는 삶이기에, 이와 같은 삶을 '머물지 않는 열반(無住涅槃)의 삶'이라고 합니다. 삶의 토대가 완전히 바뀐 것이지요.

전환되지 않은 의식의 세계는 기억의 자모음이 만든 심상을 실체시하는 세계라고 한다면, 빈 마음을 체득한 수행자는 보이는 세계상이 기억정보를 토대로 만들어진 이미지의 세계라는 것을 알 뿐만 아니라, 그와 같은 앎이 기억정보에 스며들어 기억정보가 지혜정보로 활용될 수 있게 전환됐다는 것입니다. 분별된 언어이미지에 매인 인식은 무상한 생명의 흐름과 어긋나므로 집지한 기억정보에 기댄 인식은 오염된 인식이 될 수밖에 없으며, 생명의 흐름과 상응하여 자재하게 기억정보를 운용하는 인식은 청정한 인식이 될 수밖에 없다고 하겠습니다.

수행은 생명의 흐름과 상응하는 생각과 말과 행동을 체화해 가면서 오염된 인식인 집착심을 덜어내는 일이라고 할 수 있기 때문입니다. 청정한 삶과 물든 삶은 형성된 인식의 토대에 따른 구별에 지나지 않는다는 것입니다. 그러므로 무분별상태와 빈 마음 상태를 체화해 가는 강도에 따라 기억정보가 지혜정보로 전환되어 가다가, 제10지에 이르러 인식의 의지처(依)가 지혜로운 판단을 할 수 있는 토대로 완전히 전환된다(轉)고 해서 열반의 성취를 전의(轉依)라고도 합니다.

2. 전의의 과정

전의가 완성되어 가는 과정을 분류해 보면 다음과 같은 여섯 단계가 있습니다.

첫째, 반야바라밀을 성취하는 데 중요한 것은 학습입니다. 학습은 보살수행을 통해 무분별지를 성취한 분들의 이야기를 듣고서 바른 이해의 기초를 하나하나 다져 가는 것입니다. 삶의 흐름이 연대를 통해 이루어진다는 것은 일상의 직관적 이해로는 쉽게 접근하기 어렵기 때문입니다. 지동설을 이해하기가 어려웠던 것과 같습니다. 그렇지만 여러 가지 증거와 기술 발전을 통해서 지동설이 사실로 자리잡듯, 보살수행자들이 들려주는 이야기에 대한 이해도가 커져 가면 무분별지에 대한 이해도도 높아지게 된다는 것입니다.

무분별지에 대한 이해도가 높아진다는 것은 자아가 타자와 온전히 다른 실재로 존재하지 않는다는 것을 이해하는 것입니다. 이와 같은 이해는 자아가 생명연대에 의해서 자아로서 존재한다는 것을 안 것이므로, 자아의 욕망만을 충족하려는 삶이 자아의 존재방식과 어긋난다는 것도 알게 됩니다. 이와 같은 앎이 기억정보층에 스며드는 양이 커지면 자아의 욕망만을 충족시키려는 경향성도 줄어들게 됩니다. 학습과 사유를 통해 번뇌가 줄어들 기반이 형성된다는 것이지요.

둘째, 학습과 사유수행을 통해 무분별지가 발생할 수 있는 기반이 증장되어 가다가 임계점을 넘게 되면 생명흐름을 연대적 흐름이라고 보는 사유가 삶의 중심축을 이루게 됩니다. 삶을 이해하는 내부의 생각지도가 바뀐 것이지요. 아직 바뀌어야 할 세부사항이 많기는 해도 사건·사물들이 그 자체로 실재하는 것이 아니라 시공간의 인연망에 의해서 그렇게 드러나고 있다고 아는 앎, 곧 무분별지의 앎이 사유의 중심축에 자리 잡았다는 것입니다. 드러난 사건·사물들의 모습은 기억정보, 곧 경험데이터에 의해서 나타난 심상이라는 것을 알았기 때문입니다. 실재하는 사건·사물을 보는 것이 아니라 마음이 만든 영상이 사건·사물을 규정한다는 것을 알았다는 것입니다.

이와 같은 이해가 남긴 기억정보의 데이터가 증가하다가 제6지에 이르게 되면 심상에 현혹되지 않는 지혜정보가 충분히 쌓이게 됩니다. 곧 초지에서 제5지까지는 사건·사물의 이미지가 기억정보에 의해 만들어졌다는 앎인 지혜정보가 충분하지 않기에 드러난 이미지가 실재한다고 여기는 생각이 일어나기도 하지만(곧바로 잘못된 이해인 줄 알아차릴 수 있기에 그 이미지에 현혹되지는 않습니다), 제6지에 이르면 지혜정보의 데이터가 충분해 다시는 그와 같은 잘못된 이해가 발생하지 않습니다. 그래서 제6지를 반야(지혜)바라밀을 성취하여 미세한 이미지에도 현혹되지 않는 세계에 도달했다고 합니다. 그러므로 제7지부터는 주의를 기울이지 않아도 심상에 현혹되는 일이 없습니다.

셋째, 지혜정보의 데이터가 충분히 쌓여 인식되는 사건·사물이 기억정보가 만든 영상이라는 것을 저절로 알게 된 제7지부터 제10지까지는 이타행을 위한 실천정보를 축적해 가는 과정이라는 뜻에서 전의가 강도 높게 이루어지는 과정이라고 합니다. 힘써 이타행을 닦아 자수용지혜와 타수용지혜를 완성해 가는 과정을 삶의 의지처가 근본적으로 전환되어 가는 과정이라고 하는 것은,

이타행을 실현하기 위해서는 제6지의 반야바라밀을 성취한 것으로는 충분하지 않다는 것입니다.

넷째, 제10지에 이르러 자수용지와 타수용지를 원만하게 성취한 수행자를 부처라고 합니다. 기억정보가 자리이타의 지혜정보로 온전히 전환된 것입니다. 원만한 성취를 이룬 것이므로 번뇌에 의한 장애와 잘못된 이해에 의한 장애가 온전히 사라집니다. 심상에 현혹되는 일이 없으며, 심상에도 머물지 않고 심상이 사라진 것에도 머물지 않고, 인연 따라 이타행을 실천하는 힘을 갖춘 것입니다.

다섯째, 앞의 네 가지 전의를 통해 대승인 생명공동체의 삶을 원만하게 살 수 있는 힘을 형성하게 됩니다. 이 말은 자수용지만을 성취한 수행자는 생명의 실상인 대승을 온전히 알아차렸다고 할 수 없다는 것입니다.

여섯째, 전의를 이룬 수행자는 안다는 것이 만들어진 심상을 기반으로 사건·사물을 이해하는 줄을 직관했을 뿐만 아니라 심상을 만드는 기억정보의 데이터가 지혜정보의 데이터로 전환됐으므로 빈 마음을 자재하게 쓸 수 있게 됐다는 것입니다. 거친 것이든 미세한 것이든 그 실체가 실재하지 않는 줄 알며, 드러난 것이든 드러나지 않는 것이든 모두 생명연대의 관계망을 통해 그렇게 작용하고 있는 줄 아는 대승의 이해를 바탕으로 생사를 떠나지도 않고 열반에 머물지도 않는 삶을 살 수 있게 된 것이 대승의 전의라는 것입니다.

그러므로 보살수행자라고 하면서 자수용지를 성취해 생사를 해탈한 경지에 머무는 것으로 전의가 완성됐다고 여기는 것은 다음과 같은 세 가지 허물을 짓게 됩니다.

첫째, 생명계 그 자체가 하나의 생명공동체라는 것을 온전히 이해하지 못한 허물입니다.

둘째, 그렇다 보니 뭇 생명을 위해 적극적으로 이타행을 실천하려는 의지가 부족하게 된 허물입니다. 10지 가운데 제7지부터 제10지까지가 이타행을 완성하려는 수행덕목인 것만 보아도 보살의 수행공덕이 어디를 향해 있는가를 알 수 있다고 하겠습니다.

셋째, 인연처마다 자재한 삶을 살지 못한 허물입니다. 대승의 관점에서 보는 해탈은 번뇌가 치열하게 발생하고 있는 뭇 생명들이 해탈할 수 있게 하는 방편과 힘 등을 성취하는 것인 데 반해, 자수용지를 성취한 것을 해탈로 삼는 것은 자리와 이타가 함께 실현되는 생명계의 실상과 어긋난다는 것입니다. 그러므로 자수용지(自利)와 타수용지(利他)를 이뤄 이전과 다른 삶의 기반을 형성한 보살수행자는 생명의 실상과 온전히 계합한 삶을 살 수 있는 공덕을 성취한 수행자라고 할 수 있습니다.

대승의 해탈을 이룬 보살수행자는 번뇌와 잘못된 판단이 치열하게 발생하고 있는 생사의 바다에서 살고 있지만 그와 같은 것들에 물들지 않을 수 있는 수행공덕을 성취해 자신의 삶을 자재하게 살 뿐 아니라, 이타행을 위한 갖가지 방편과 지혜도 성취했기에 인연이 닿는 이들까지 대승의 삶을 살 수 있게 한다는 것이지요.

3. 게송으로 정리

인식토대의 전환을 게송으로 요약하면 다음과 같습니다.

심상에 현혹되면 빈 마음을 알 수 없어
한결같이 허망한 삶을 사나
심상이 만드는 편견을 떠나면
빈 마음이 드러내는 생명의 실상을 알아
삶의 모습마다가 진실한 삶.

진실한 삶은
어느 것에도 머물지 않는 삶,
이는 기억정보에 머물던 삶에서
앎의 근거가 온전히 전환된 삶으로
모든 집착으로부터 벗어난 자재한 삶.

생사를 만드는 집착에서 벗어난 것이 해탈이며
빈 마음으로 생명계의 인연과 공명하는 앎은
평등을 실현하는 지혜,
이와 같은 해탈과 지혜가 체화된 법신부처님은
생사가 곧 열반.

법신부처님의 삶은

생사를 버리지도 않고

생사를 버리지 않지도 않는 삶이며,

열반을 얻지도 않지만

열반을 얻지 않는 것도 아닌 삶.

9장
———

전환된 인식의 토대

9장 _ 전환된 인식의 토대

1. 지혜가 체화된 세 가지 몸

모든 번뇌와 잘못된 판단의 근거를 온전히 전환한 수행자는 생명의 실상이 들려주는 법문과 온전히 계합한 법신부처님이 되어, 어느 것에도 머묾 없이 인연과 계합하는 수승한 법문을 듣고 들려줍니다.

　어느 것에도 머물지 않는다는 것은 심상이 만들어지는 기억정보를 넘어 텅 빈 마음상태를 자재하게 쓸 수 있게 됐다는 것입니다. 인연 따라 기억정보를 변용할 수 있는 힘을 얻었기 때문입니다. 이 상태를 세 가지 관점에서 보면, 빈 마음 그 자체인 자성신(自性身)과, 빈 마음이 인연과 화합하여 '머묾 없는 활동을 할 수 있는 공능'을 뜻하는 수용신(受用身), 그리고 모든 인연과 통할 수 있는 빈 마음과 인연에 맞게 활동할 수 있는 공능이 융합하여 실제적으로 갖가지 변화를 시현하고 있는 변화신(變化身)으로 나눌 수 있습니다.

자성신은 부처의 지혜가 체화된 법신부처님을 뜻하는데, 수행의 내용으로 보면 빈 마음자리를 자재하게 쓸 수 있어 어떠한 심상에도 '머물지 않을 수 있는 공능'을 뜻합니다. 아무런 집착도 없기에 모든 인연과 가장 적의적절한 관계를 수용할 수 있는 지혜라고 하겠습니다.

수용신은 생명의 근본인 빈 마음은 빈 마음에도 머물지 않으면서 인연 따라 온갖 생명현상을 드러낼 수 있는 공능이라고 할 수 있습니다. 그러므로 빈 마음의 상태를 자재하게 쓸 수 있다는 것은 생명계가 펼치는 법문을 수용할 수 있다는 말이 됩니다. 생명체의 실상인 빈 마음자리가 법신의 실상이면서 생명계의 실상이 되기에, 언제나 청정한 법회가 이루어지고 있는 것이 대승의 법회라는 것이지요. 생명공동체가 펼치고 있는 법문을 수용하고 들려주는 일을 하는 것이 수용신이라는 것입니다.

변화신은 낱낱 생명체가 법신부처님인 생명계의 인연 따라 온갖 모습으로 살아가고 있는 것을 뜻합니다. 인연이 만든 생명체마다 법신부처님인 빈 마음에 의지해 살아가고 있다는 것입니다. 드러난 모습에서 빈 마음을 보는 일과 빈 마음이 만든 사건·사물들의 흐름을 알아차리는 일이 수행이기에, 수행자가 이 마음과 계합하지 못하면 드러난 모습만으로 사건·사물을 알아차릴 수밖에 없어 형상과 언어이미지 등에 집착하게 되지만, 집착을 떠나면 모든 사건·사물들이 그 모습 그대로 법신이 펼치고 있는 변화신이라는 것을 알 수 있게 된다고 하겠습니다.

2. 법신부처님에 대한 설명

지혜와 방편이 체화된 법신부처님을 설명하면서 빈 마음이라고 했는데, 이를 자세히 설명하면 다음과 같은 열 가지 항을 가지고 이야기할 수 있습니다.

1) 깨달음이 체화됨

전의를 이루어 깨달음이 체화됐다는 것은 다음과 같은 다섯 가지 상태를 이루었다는 것입니다.

첫째, 인식의 토대가 지혜정보로 완전히 전환된 상태입니다. 언어분별 등과 상응하여 사건·사물이 실재한다고 여기는 기억정보를 토대로 하는 인지시스템에서 마음챙김 수행으로 빈 마음을 체험하게 되면서, 곧 자아의 경계가 사라지거나 어떠한 심상도 없는 상태를 경험하게 되면서 분별상(分別相)에 집착하지 않고 세상을 보게 되었다는 것입니다. 언어분별에 의지해 세상을 보되 언어이미지에만 집착하지 않고, 경계가 사라지거나 빈 마음상태 등을 경험했다고 해서 그 상태만을 추구하지도 않는다는 것입니다. 사건·사물의 인연을 있는 그대로 볼 수 있는 지혜정보로 인식의 토대가 전환됐기 때문입니다.

둘째, 육바라밀을 원만하게 성취한 상태입니다.

보시바라밀을 성취했다는 것은 삶과 죽음에 연연하지 않는 지혜정보를 나눈다는 것이며(法施), 이익 등에 의해 현혹되지 않게 됨으로써 두려움 없는 삶터를 만드는 데 주저하지 않으며(無畏施), 의식주에 연연하지 않게 됨으로써 재물 등을 나누는 데 인색하지 않게 됐다(財施)는 것입니다.

지계바라밀을 성취했다는 것은 생각(意業)과 말(口業)과 행동(身業)이 자재하게 되어 항상 청정한 업을 짓게 되었다는 것입니다.

인욕바라밀을 성취했다는 것은 심상을 좇아 이리저리 치달리는 마음활동을 인내심을 가지고 지켜볼 수 있게 됐다는 것입니다. 그러다 보면 심상에 흔들리지 않아 마음작용을 있는 그대로 알아차릴 수 있을 뿐만 아니라, 마음상태에 따라 이전과 다른 심상을 만들어 내는 것을 볼 수도 있으며, 원에 따라 심상을 만들거나 변형시킬 수도 있게 됩니다. 이와 같은 관찰 내용도 체화되어 가므로 일정 정도의 강도를 넘어서게 되면 다음부터는 힘들이지 않고도 심상을 조율할 수 있게 됩니다.

이렇게 되면 들뜨지 않는 마음을 자재하게 쓸 수 있습니다.

자신의 마음을 있는 그대로 관찰하는 힘이 마음현상을 잘 알 수 있게 하는 데 그치지 않고 외부와의 연대도 잘할 수 있게 하는 터전도 되므로 이 상태를 승해자재(勝解自在)라고 합니다.

정진바라밀을 성취했다는 것은 원을 자재하게 이룰 수 있게 됐다는 것입니다(願自在). 모든 번뇌를 여의고 바른 판단을 지속적으로 할 수 있는 힘이 수행정진의 강도에 의해서 이루어지기 때문입니다. 보살의 원은 수행자 자신의 내적 평안과 지혜로운 판단 근거를 형성하는 자리(自利)와 뭇 생명들까지 그와 같은 이로움을 얻게 하는 이타(利他)를 동시에 충족시키는 것인데, 이와 같은 원도 정진을 통해서 이루어진다는 것이지요.

선정바라밀을 성취했다는 것은 여러 가지 신통력을 자재하게 쓸 수 있게 됐다는 것입니다. 일상의 경험을 기억의 자모음으로 치환하여 정보화하는 것은 과거를 기억하기 위한 일이라기보다는 기억을 토대로 미래를 준비하기 위한 것이므로, 선정수행의 경험은 이전과 다른 미래를 준비하는 정보를 생성하는 것과 같기 때문입니다. 생각의 지도가 바뀌어 수용된 감각정보를 이전과 다르게 해석할 수 있는 기반을 형성한 것이지요. 선정의식을 자주 경험한다는 것은 번뇌와 집착의 강도는 줄어들면서, 열반과 지혜의 강도는 증장하는 것과 같기 때문입니다. 강도가 달라진다는 것은 들리는 귀와 보는 눈이 달라진 것과 같습니다.

지금 여기서 일어나고 있는 인식내용이 과거와 미래까지 영향을 주고 있기 때문에 번뇌가 발생하지 않고 지혜가 증장되는 선정의식은 자신의 과거와 미래를 부처의 삶으로 바꿔 가는 것과 같습니다. 이를 신통력이라 합니다. 아울러 빈 마음으로 타인과 접속할 때 타인의 욕망구조가 잘 보이므로 다른 사람의 마음을 읽는 양상도 달라집니다. 그렇기에 선정바라밀을 성취한 수행자를 신통이 자재하다(神通自在)고 합니다.

반야바라밀을 원만하게 성취했다는 것은 생명계의 연기실상을 바르게 아는 근본지(根本智), 곧 생명계가 하나 된 생명공동체로서 생명체마다 이웃과 상관없이 존재할 수 없다는 공성의 지혜를 통달할 뿐만 아니라 성취한 지혜를 이웃과 나눌 수 있는 공능인 후득지(後得智)를 갖추게 됐다는 것을 뜻합니다. 빈 마음을 자재하게 쓸 수 있다는 것은 접속되는 정보를 왜곡 없이, 곧 편견 없이 있는 그대로 알아차릴 수 있는 지혜를 자재하게 쓸 수 있는 지자재(智自在)를 성취했다는 것이며, 이를 인연 있는 이들에게 그들의 근기에 따라 적의적절하게 설명할 수 있는 능력인 법자재(法自在)를 성취했다는 것입니다.

이상이 육바라밀을 성취한 수행자가 사는 삶으로 자재한 삶입니다.

셋째, 법신이 됐다는 것은 언어에 상응하는 사건·사물들이 그 자체로 실재한다는 인식인 변계소집성이 더 이상 작용하지 않는 반면, 빈 마음이 인연 따라 사건·사물의 이미지를 만들면서 수용된 정보를 해석하고 있는 것을 아는 원성실성의 인지가 발현되고 있다는 것입니다. 만들어진 심상을 실재라고 여기는 변계소집성의 인지현상은 없지만(無), 연기실상과 상응하는 원성실성의 인지현상은 있다(有)는 것입니다. 그렇기에 법신의 인지작용은 인지주체가 있어 인지를 주관하는 것도 아니지만(非有) 없는 것도 아니므로(非無), 인지가 발현하는 순간 인지의 주체와 객체가 성립되는 것과 같기에 주객 등에 대해서 있음(有) 또는 없음(無)으로 말할 수 없습니다.

법신이 됐다는 것은 인식의 토대인 아뢰야식이 지혜정보로 전환된 것이므로 기억이 만든 심상에 현혹되는 일, 곧 기억정보에 머물러 있는 유위(有爲)의 인지시스템이 더 이상 작동하지 않게 된 반면, 수행으로 체득한 지혜정보를 가지고 자비행인 무위의 원력을 자재하게 시현할 수 있게 됐다는 것입니다. 그렇기에 번뇌를 만드는 업을 짓지 않는다는 측면에서는 아무런 일을 하지 않는 것과 같고(非有爲), 지혜와 자비를 실현한다는 측면에서는 온갖 일을 하는 것과 같습니다(非無爲).

법신이 됐다는 것은 하나 된 생명공동체라는 측면에서는 법신을 이룬 수행자마다 서로 다른 법신을 성취했다고 할 수 없지만(同一法身), 수행자마다 그 모습 그대로 생명공동체를 대표하는 모습과 활동이라는 측면에서는 다른 법신을 성취했다(別離法身)고 하겠습니다.

법신이 됐다는 것은 있음과 없음, 유위와 무위, 같음과 다름이라는 두 가지 양상이 생명활동마다 적의적절하게 시현되고 있는 것과 같기에, 대비되는 두 가지 양상이면서도 두 가지의 실체가 없으니, 하나라고 해도 하나를 넘어서고 두 가지라고 해도 두 가지를 넘어선다는 것입니다.

이를 게송으로 정리해 보면,

나에 대한 집착은
허망한 실체에 의지한 집착
집착을 여의고
빈 마음을 체득한다면

일어나고 사라지는 현상마다
법신의 다른 모습으로
인연 따라 석가모니 부처님도 되고
아미타 부처님도 되고…….

인연의 관계망이 만든 율동이 각기 다른 만큼
부처님의 이름과 모습도 다르니
낱낱의 인연이 허망하지도 않고
그 모습 그대로 원만한 부처,

이 일을 처음 깨달은 석가모니 부처님은
법신부처님의 법문을 처음으로 듣고 부처님이 된 분이니
깨달음으로 보면 처음이나 법신으로 보면 처음조차 없어

머묾 없는 마음 씀이 법신의 자리와 계합해 법신이 되는 마음.

마음마음마다
석가모니 부처님이면서 법신부처님의 마음이라
부처님마다 모습과 활동양상은 천차만별이지만
부처된 마음으로 보면 한 부처님.

넷째, 법신부처님인 빈 마음은 심상에 현혹되지 않는 마음으로 생명계의 인연을 드러내는 바탕으로 항상 그렇게 작용하고 있습니다. 생명계의 흐름이 법신부처님의 원에 따라 흐르는 것과 같기 때문입니다. 어느 이미지에도 머물지 않고 인연 따라 이미지를 생성하고 해체하는 생명계의 흐름이, 마치 깨달은 마음이 인연 따라 자재한 마음을 쓰는 것과 같다는 것이지요.

생성된 이미지에 머물지 않는 것이 집착 없는 마음이며 기억정보에 오염되지 않는 청정한 마음으로 생명계의 원을 수용하는 마음입니다. 이 마음, 곧 심상에 현혹되지 않는 마음이 법신부처님의 법문을 듣게 하고 다른 이들에게도 법신부처님의 법문을 듣게 하여 함께 깨달은 세계를 이루고자 하는 원력을 쉬지 않게 합니다. 이 마음을 성취한 이가 보살수행자이므로 보살수행자의 수행 원력은 끝이 없이 상주한다고 이야기할 수 있습니다.

다섯째, 언어이미지를 빌려 법신부처님에 대해서 이런저런 이야기를 하고는 있지만 빈 마음상태는 모든 분별이미지가 사라진 상태며, 어느 경우 하나 된 앎조차 사라진 상태이므로 생각으로 그려 보는 것은 언제나 용두사미에 그치고 맙니다. 그래서 생각으로 헤아려서는 알 수 없다고 이야기합니다. 법신의 법문과 만나는 자리는 언어분별과 판단이 멈추어야 비로소 드러나기 때문입니다. 법문인데도 사건·사물을 일반화하는 언어, 곧 법(法)의 틀이 깨진 곳에서 오직 스스로 그렇게 존재하고 있는 것으로 자신이 법신인 것을 증명한다는 것이지요. 이곳은 일상의 비유로는 결코 엿볼 수 없는 자리, 곧 일상의 사유수단인 언어분별이 더 이상 작용하지 않는 자리이기 때문입니다.

2) 자리이타를 위한 지혜를 성취함

법신부처님은 기억정보가 지혜정보로 온전히 전환되면서 증득된 부처님입니다. 수행을 성취했다는 측면에서는 새롭게 얻은 마음과 같고, 법신부처님의 마음이 본래 머묾 없는 생명활동을 하고 있다는 측면에서는 발견한 마음과 같으며, 얻은 마음과 발견한 마음이 생명활동의 본래 자리라는 측면에서는 언제나 부처로 살고 있는 그 마음을 드러낸 것과 같다고 하겠습니다.

　　수행을 통해 초지법신을 증득했다는 것은 생명공동체의 실상과 계합하는 사건이 일어났다는 것입니다. 사유의 축이 온전히 바뀌게 되는 사건입니다. 무분별지가 사유의 중심축이 된 것이며, 생각하되 생각에 집착하지 않을 수 있는 공능을 성취한 것입니다.

이와 같은 공능이 있기에 함께 생명계를 이루는 이들을 위한 수행을 지속해 타를 이롭게 하는(利他) 후득지를 성취하고 제10지의 법신부처님을 증득할 수 있는 것입니다.

그러므로 근본지인 빈 마음을 자재하게 쓸 수 있는 공덕을 성취해 자기를 이롭게 하는 공능(自利)을 이루었다고 해도, 궁극의 법신부처님을 증득하기 위해서는 앞서 말씀드린 다섯 가지 수행(이 책 202~203쪽), 곧 집총수(執摠修), 무상수(無相修) 무공용수(無功用修), 치성수(熾盛修), 무희족수(無喜足修)를 잘 닦아 선정과 지혜수행을 성취해야 합니다. 이와 같은 수행으로 법신과 계합하는 양식을 쌓아 가다 삶의 근거가 기억정보에서 지혜정보로 완벽하게 전환될 때, 곧 의식 이면에 미세하게 작용하는 무의식의 층위에서 만들어진 이미지에 집착하는 습관의 기운이 온전히 사라질 때 스스로 법신이 되어 생명계의 법신과 계합하게 되기 때문입니다.

3) 지혜를 자재하게 씀

이렇게 되어야 법신을 증득했다고 하며, 다음과 같은 다섯 가지 자재한 마음을 쓸 수 있게 됐다고 합니다.

첫째, 색온(色蘊 : 몸)의 지각토대가 바뀌면서 얻게 된 자재입니다. 깨달은 수행자는 더 이상 만들어진 의미체계에 종속된 인지활동을 하지 않으면서 항상 맑고 평온한 삶을 자재하게 살기 때문에 자신의 삶터를 부처의 세계로 바꾼 것과 같으므로 삶터에 자재하게 됐다는 것입니다. 또한 자신의 형색 그대로가 언제나 부처의 형색인 줄 알 뿐만 아니라 모든 형색이 법신부처님의 다른 모습인 줄 알기에 특정 형색에 집착하거나 특정 형색이 되려 하지도 않기 때문에 자신의 모습에도 자재하게 됐다고 합니다. 나아가 인연 따라 펼쳐지는 생명계의 소리마다가 법신부처님의 법문인 줄 알기에 부처님의 법문을 자재하게 듣고 설할 수 있습니다. 생명계 그 자체가 법신부처님인 줄 안다는 것은 어느 것이든 그 자체로 최고의 가치를 갖는 모습이며 활동이라는 것을 아는 앎을 자재하게 쓴다는 것입니다.

이상의 자재는 오온 가운데 색온, 곧 중생의 신체가 법신으로 전환됨으로써 얻게 된 자재입니다.

둘째, 수온(受蘊)이 의지하는 지각토대가 바뀌면서 형성된 자재입니다. 우리들의 감각기관은 내외부에서 생성된 감각자료를 특정한 틀을 통해 받아들이고 해석하도록 되어 있으므로 이 틀을 벗어나기가 쉽지 않습니다. 그렇지만 마음을 살펴 아는 힘이 커지면 기존의 지각틀에 변화가 일어납니다. 지켜보는 마음상태에 따라 지각이미지가 달라지기도 하고 새로운 이미지가 만들어지는 것을 직관하게 되면서부터 일어나는 현상입니다. 그 결과 수용된 감각자료에 대한 해석도 달라집니다. 그러다가 일상의 의식시스템이 더 이상 작용하지 않게 되면 분별된 경계의 영역이 허물어지면서 분별 없는 세계를 경험하기도 하고 빈 마음을 경험하기도 합니다. 이와 같은 경험을 자재하게 할 수 있게 되면 어느 것에도 걸림 없는 마음을 쓸 수 있습니다. 번뇌와 무지를 형성하는 마음에서 벗어나 언제 어디서나 평온하고 즐겁게 살 수 있는 인지시스템을 형성한 것이지요.

셋째, 상온(想蘊)의 토대가 바뀌면서 얻게 된 자재입니다. 상, 곧 심상은 기억의 자모음을 재구성하여 만들어진 것이며, 심상이 만들어져야 의식적으로 생각하고 말하고 행동할 수가 있습니다. 이 말은 과거의 기억이라고 할지라도 기억의 자모음을 불러와 과거의 경험처럼 재구성해야 과거의 기억이 된다는 것입니다. 그러므로 심상이 만들어질 때 무분별지의 지혜정보가 개입되면, 곧 지혜의 자모음이 기억의 자모음과 함께 심상을 만들게 되면 번뇌와 무지의 인지작용에서 분별된 이미지에 머물지 않는 지혜로운 인지가 일어나게 됩니다. 심상을 구성하는 인지의 배선망이 바뀌면서 행온(行蘊)인 생각하기, 말하기, 행동하기가 자재하게 변할 수 있다는 것이지요.

넷째, 행온(行蘊)의 토대가 바뀌면서 얻게 된 자재입니다.

행온은 심상을 토대로 일어나기 때문에 상온에 자재하게 되면, 곧 심상에 현혹되지 않으면 생각하기 말하기 행동하기도 자재하게 되며, 자재한 생각 등이 기억의 자모음에 영향을 주면서 생각길을 재조정하기 때문에 행온의 토대가 바뀌게 된다는 것입니다. 무분별의 지혜작용이 기억의 자모음에 들어가면서 지혜의 통로가 만들어진다는 것이지요. 지혜가 작용하는 몸이 부처님의 몸이니, 지혜로운 마음 씀은 무량한 부처님 몸을 드러내는 것과 같으며, 세계를 부처의 세계로 장엄하는 것과 같습니다. 그렇기에 행온의 토대가 바뀌면 부처의 세계가 들려주는 법문을 듣고 뭇 생명들에게 지혜의 법문을 자재하게 들려줄 수 있게 됩니다.

다섯째, 식온(識蘊)이 바뀌면서 얻게 된 자재입니다.

기억의 창고이면서 분별의 토대가 된 아뢰야식이 전환돼 모든 지혜작용의 의지처라고 할 수 있는 대원경지(大圓鏡智)가 되고, 자아의식을 바탕으로 인지활동을 하는 말나식(末那識)이 전환돼 뭇 생명 모두가 법신부처님이 나타남임을 아는 평등성지(平等性智)가 되고, 만들어진 심상에 머물러 사건·사물을 판단하는 의식작용이 전환돼 사건·사물을 있는 그대로 관찰할 수 있는 힘을 얻게 되면 만들어진 이미지에 매몰되지도 않고 현혹되지도 않는 묘관찰지(妙觀察智)가 되고, 내외부에서 일어나는 지각정보를 특정한 감각틀로만 받아들이는 전5식이 전환돼 감각과 지각의 배선망을 자재하게 변용하게 되면 생명계의 연대적 생명활동을 폭넓게 받아들이는 성소작지(成所作智)가 되어, 자수용지혜와 타수용지혜를 적의적절하게 발현하여 자리이타행을 자재하게 실현할 수 있는 토대를 갖추게 된다는 것입니다.

4) 법신을 의지처로 삼는 것들

법신부처님을 의지처로 삼는 것에는 다음의 세 가지가 있습니다.

첫째, 법신을 의지해 나누는 다섯 가지 기쁨입니다. 일상의 삶을 살아가는 데는 시공의 경계를 분명하게 분별하는 것이 중요하기는 하지만, 생명계는 경계를 넘어서 하나 된 무분별의 세계를 바탕으로 분별의 세계가 펼쳐지므로 마음집중을 통해 무분별의 세계와 접촉하게 되면 기쁨이 충만하기도 하고, 빈 마음이 되면 모든 분별이 사라지기도 합니다. 그러므로 법신부처님과 계합한 분들은 빈 마음과 무분별의 세계인 공성의 지혜에 의지해서 분별의 세계를 바르게 이해하고 적의적절한 행동을 하게 됩니다.

공성의 지혜와 계합했다는 것은 다음의 다섯 가지 수행공덕을 성취했다는 것이며, 이를 통해 다섯 가지 크나큰 기쁨을 나눈다는 것입니다.

하나. 하나 된 생명공동체가 펼치는 갖가지 사건·사물들이 단지 하나의 사건·사물이 아니라 생명계 전체의 활동이 그 모습으로 드러나고 있다는 것을 온몸으로 체득했으므로, 자신의 일상이 법신부처님의 일상인 줄 알아 자신의 삶을 기쁨으로 맞이하고, 그 기쁨을 함께 나누는 것입니다.

둘. 함께 생명계를 이루는 뭇 생명 모두가 그 모습 그대로 법신부처님의 모습임을 깨닫게 하는 일을 쉬지 않고 함으로써 인연 있는 이들 모두에게 깨달음의 기쁨을 나누는 것입니다.

셋. 보살수행을 완성한 수행자는 시공의 경계가 사라진 세계(하나된 인식, 온전한 기쁨과 평온의 세계), 그리고 마음이라고도 말할 수 없는 빈 마음의 세계를 마음대로 맛보고 조율할 수 있습니다. 수행을 성취했다는 것은 모든 부처님의 가르침과 생명계 그 자체가 들려주는 법문을 통달했다는 것이며, 동시에 스스로가 법의 몸이 됐다는 것을 뜻하기 때문입니다.

인식의 토대가 전환된 것으로 보면 수행으로 법신을 성취했다고 할 수 있고, 본래 빈 마음의 세계가 생명계의 깊은 마음이며 법신의 자리라는 데서는 본래의 법신이 드러났다고 할 수 있습니다. 보살수행자는 이 자리를 나누는 것을 기쁨으로 삼는다는 것입니다.

넷. 보살수행자가 법신부처님과 계합하는 수행공덕은 시공의 경계를 넘어선 공덕이므로 흠결이 없는 원만한 공덕입니다. 생명계의 흐름과 온전히 계합한 인식의 토대(지혜정보)를 갖추었으므로, 곧 공성의 지혜를 갖추었으므로 심상에 현혹되지도 않고 심상에 집착하지도 않는 기쁨을 나눌 수 있다는 것입니다.

다섯. 법신이 된 자신이 곧 생명계의 법신도 되므로, 보는 행위 하나도 언제나 머묾 없는 무위(無爲)의 청정한 행위가 됩니다. 법신이 된 보살수행자는 법신을 보고 법신의 소리를 듣는 것이 아니라 보고 듣는 행위 그 자체가 법신이 되므로 무궁무진한 법신의 행위를 나누는 것을 기쁨으로 삼을 수 있다는 것입니다.

둘째, 법신부처님은 자수용신과 타수용신의 의지처가 됩니다. 수행은 법신부처님이 드러나게 하는 일이라고 할 수 있습니다. 일상의 인식이 의지하는 심상이 사라질 때 드러나는 빈 마음이 법신부처님의 자리이며, 빈 마음에 생명계의 인연을 담아 온갖 형상을 드러내는 것 또한 법신부처님의 공능입니다. 수행은 빈 마음이 드러나게 하는 힘을 심는 것과 같으며, 이 힘으로 심상에 매이지 않는 인식의 토대를 형성하는 것과 같으며, 생명의 흐름과 온전히 융합하는 활동을 할 수 있는 공능을 증장하는 것과 같습니다.

수행의 공능이 증장된다는 것은 심상에 현혹돼 잘못된 판단을 함으로써, 번뇌를 증장하는 인지시스템이 지혜정보를 운용하는 시스템으로 전환되어 간다는 것입니다. 전환될 때 지혜와 기쁨이 증장되는 것은 수행의 공덕을 자신이 수용하는 것(自受用智)과 같고 빈 마음으로 생명계의 인연을 법신의 공덕으로 채우는 것은 타인을 수용하는 것(他受用智)과 같으므로, 법신은 온갖 수용신이 의지하는 곳이 됩니다. 온갖 수용신이라고 하는 까닭은 생명체마다 자수용신과 타수용신의 양상이 다르기 때문입니다.

셋째, 법신은 온갖 변화신의 의지처가 됩니다.

변화신은 보살수행자가 성취한 자수용공덕과 타수용공덕에 따라 인연처마다 갖가지 양상으로 깨달음의 기쁨을 나누는 보살을 뜻합니다. 자수용공덕은 수행으로 성취한 과보(果報)이기 때문에 자수용법신을 보신(報身)이라고 이름하며, 수행공덕을 나누기 위해 인연에 수순하는 타수용법신을 변화신이라고 이름하기 때문입니다.

5) 법신이 성취한 수행공덕

다음의 여섯 가지 공덕을 성취해야 법신이 됐다고 합니다.

첫째, 인식의 토대인 아뢰야식의 기억정보가 대원경지의 지혜정보로 전환되어, 선분별과 무분별 그리고 빈 마음을 뜻대로 쓸 수 있는 대원경지, 평등성지, 묘관찰지, 성소작지를 성취해야 합니다. 이 말은 인식의 토대가 세계를 규정한다는 것이므로(唯識), 인식의 토대가 전환되어야 법신의 삶을 살 수 있다는 것입니다(轉識得智).

둘째, 이숙지를 얻어야 합니다.

앞서 말씀드렸듯이 법신이 됐다는 것은 신체의 인지시스템이 무분별을 실현하는 인지시스템으로 전환됐다는 것입니다. 같은 신체 같지만 세계상을 만들어 내는 인지의 구조가 바뀌었다는 것은 형상 등을 분별하는 눈 등의 작용에 항상 지혜작용이 동반된다는 것입니다. 이를 이숙지를 얻었다고 합니다. 이 말은 눈 등의 작용이 이숙지를 실현한다는 것이면서, 분별의 세계상을 만들던 이숙식이 더 이상 상속될 수 없게 됐다는 것입니다.

어느 경우나 인식의 토대가 되는 경험정보가 상속되지 않는 것은 아니나, 정보를 운용하고 해석하는 양상으로 보면 다르게(異) 익은(熟) 지혜(智)를 성취해 가는 것이 수행이라는 것이지요. 일상의 인식이 상속된 해석의 틀을 이용해 지금 수용된 정보를 해석하면서 기억정보의 강도를 다르게(異) 조율하는(熟) 지식(知)의 흐름이라고 한다면, 수행은 수행을 통해서 알게 된 정보를 기억으로 남기면서 일상의 인식흐름과 다른(異) 인지조건을 만들어 가면서(熟) 지혜(智)를 증장해 간다는 것입니다.

수행은 이숙식을 이숙지로 변환하는 과정이라 할 수 있으므로 무분별지를 성취했다는 것은 이숙지를 완성했다는 것입니다.

셋째, 불법에 안주해야 합니다.

생명계의 흐름은 잠시도 같은 양상으로 머무르지 않으면서, 찰나찰나 온갖 사건·사물을 생성하고 해체합니다. 드러나는 사건·사물로 보면 그것으로 존재하는 것 같지만, 그것이 그것이게 하는 것은 생명계 전체의 율동입니다. 어느 것이든 그 모습 그대로 생명계의 모습을 드러내면서 그 순간 그 모습으로 전체가 된다는 것이지요. 생명의 흐름과 온전히 상응하는 인지시스템을 갖춘 몸인 법신은 저절로 흐름과 함께하므로 특정 이미지에 머물지 않습니다.

생각과 말과 행동 하나하나가 분별된 자아만을 위한 일을 하지 않는다는 것입니다. 자아와 생명계는 다른 듯 같으며 같은 듯 다른 모습으로 하나인 줄 알기 때문입니다. 따라서 불법에 안주한 보살수행자는 함께 사는 뭇 생명들을 위해 한없는 자비심으로 그들의 아픔을 덜고 기쁨을 주는 일을 하게 됩니다.

불법에 안주한 수행자를 상징하는 것은 '모두가 행복하기를 바라는 마음(慈心)과 아픔이 없기를 바라는 마음(悲心), 항상 기뻐하기를 바라는 마음(喜心)과 항상 평온하기를 바라는 마음(捨心)'입니다. 수행은 그와 같은 일을 즐겁게 할 수 있는 법신이 되는 것입니다.

넷째, 인연 따라 일어나고 사라지는 모든 것들을 존중하고 받아들이는 일을 자재하게 할 수 있는 신통력이 있어야 합니다.

신통이란 분별과 무분별의 인지시스템을 자재하게 쓸 수 있는 능력입니다. 바른 분별지를 통해 특정한 인연으로 드러난 현재의 사건·사물을 이해하고, 무분별지를 통해 그것들을 있는 그대로 인정하면서 존중하고 아끼며 자애심으로 받아들이는 능력입니다.

이 능력을 길러 가는 것이 수행이므로, 수행의 내용으로 보면 마음의 넓이가 커지는 것과 같습니다. 그렇게 하다 보면, 곧 보살의 마음을 길러 가다 보면 어느 순간 자애로운 마음이 커지면서 받아들일 수 있고 껴안을 수 있는 일이 많아지게 됩니다. 신통력이 커진 것이지요. 그러다가 무분별지를 성취하게 되면 어느 것에도 걸림 없는 마음을 쓸 수 있습니다. 신통력이 완성된 것입니다.

다섯째, 지혜로운 언설을 자재하게 쓸 수 있어야 합니다.

생각의 도구라고 할 수 있는 언어의 일반상은 인연 따라 일어나고 사라지는 온갖 사건·사물들을 특정한 틀 속(法)에 넣는 것(化)과 같습니다. 그렇게 된 것들이 의식의 대상입니다. 눈이 형색을 상대하듯 생각(心所)까지를 알아차리는 마음(心王)인 의식은 법화(法化)된 심상만을 상대한다는 것입니다.

법화란 수용된 감각자료를 기억정보에 의거해서 심상으로 만드는 것입니다. 법화가 진행되어야 특정 심상, 곧 의식의 대상이 만들어지고 생각까지를 알아차리는 일이 가능하기 때문입니다. 심상이 만들어져야 그것을 통해 생각하고 말하고 행동하는 낱낱 사건이 발생하고(갖가지 마음현상: 심소), 그 사건들을 알아차리는 마음작용(일어나고 사라지는 마음현상들을 알아차리는 마음: 심왕)도 있을 수 있다는 것입니다. 심왕인 마음은 심상이 있을 때는 심상을 알아차리고 심상이 없을 때는 '없다'는 심상을 알아차리다가, 심왕조차 사라지게 되면 아무런 앎도 없는 상태가 됩니다. 이와 같은 심리현상을 자재하게 쓸 수 있게 됐을 때를 언설에 자재하게 됐다고 합니다.

그러므로 법신부처님이 되었다는 것은 심상을 통해 사건·사물을 인지하는 의식현상에 공성을 자각하는 지혜판단이 동반되는 것과 같아서, 심상에 현혹되지 않으면서 인연의 흐름에 맞는 인지를 자재하게 할 수 있습니다. 현혹되지 않는다는 측면에서 보면 자리(自利)를 완성한 것이고, 뭇 생명을 위해 걸림 없는 법문을 할 수 있게 된 것으로 보면 이타(利他)를 위한 방편을 완성한 것입니다.

여섯째, 선공덕(善功德)과 지혜를 충만하게 갖추어야 합니다.

심상에 현혹되지 않는 인식이 지혜의 작용이며, 이를 바탕으로 생각하고 말하며 행동했던 일이 남긴 힘을 선공덕이라고 합니다. 수행으로 형성된 지혜와 선공덕이 자리이타의 바탕이 된다는 것이지요. 법신부처님은 이 힘을 생명계의 안녕과 평온을 위해 아낌없이 씁니다.

법신부처님은 이상의 여섯 가지 공능이 충만한 분입니다.

6) 같기도 하고 다르기도 한 법신

수행자들이 지혜와 선공덕을 성취해 법신이 됐다는 것은 같은 법신이 됐다는 것입니까, 다른 법신이 됐다는 것입니까?

생명계는 하나의 생명공동체이면서 낱낱 생명활동이 이루어지고 있기 때문에 생명현상마다 생명계의 유일한 실재이면서 중첩된 현상이라고 할 수 있습니다. 이 말은 법신마다 같으면서 다르다는 것입니다.

같은 면은 법신활동의 본바탕이 연기공성이라는 것과, 걸림 없는 마음을 써서 하나 된 생명공동체를 위해 한없는 자비행을 즐겁게 한다는 것입니다.

다르다는 면은 개체뿐만 아니라 생명계 전체가 찰나찰나 다른 모습으로 생명활동을 하고 있으며, 그 모습을 떠나 다른 법신이 없다는 데서 모든 법신은 다르다는 것입니다. 공성을 바탕으로 생명활동을 하는 데서는 차이가 없는 듯하지만 공성이 펼치는 상호공명의 양상에서 보면 법신의 활동이 모두 다르다는 것이지요.

그러므로 법신의 활동과 계합한 수행공덕은 특정 양상에 머물지 않을 수 있는 유연성을 확장하는 것과 같습니다. 자수용신과 타수용신의 활동양상도 정해진 것이 아니라는 것입니다. 빈 마음을 기반으로 내외부가 공명하면서 발생하는 생명활동을 순간순간 다르게 담아내는 빈 마음과 마음현상들이 상호 융섭할 수 있는 공능을 확장하는 것이 수행이기 때문입니다. 생명활동과 인지시스템으로 보면 법신을 성취한 수행자마다 다르다고 할 수 없지만, 생명활동의 의지처인 생명계의 관계망이 수시로 변하므로, 변화에 상응하여 수시로 다른 모습으로 현상해야 한다는 점에서는 법신마다 다른 양상이 된다는 것입니다.

빈 마음에 수행공덕을 담아 인연마다 다른 모습으로 변하면서 깨달음의 생명활동을 하고 있는 변화신도, 공성의 지혜에서 보면 법신과 다르지 않고, 변화의 공능으로 보면 수용신과 다르지 않으나, 공성의 지혜공능을 실현하는 쪽에서 보면 각각 다른 현상으로 공성과 수행공능을 드러낸다는 것입니다.

7) 법신과 상응하는 공덕

① 뭇 생명과 나누는 수행공덕(1)

수행을 성취해 법신이 됐다는 것은 대승인 생명공동체와 온전히 상응하는 삶을 산다는 것을 뜻합니다. 이와 같은 삶을 가장 수승하고 청정한 삶이라고 하는 것은, 다음과 같은 스무 가지 공덕을 실현하는 삶이기 때문입니다.

첫째, 사무량심으로 뭇 생명을 대하는 것입니다.

함께 기뻐하고 함께 아파하면서 그들 모두가 궁극적으로 해탈하기를 바라는 마음입니다. 이 마음을 연민심이라고 합니다. 연민심으로 뭇 생명 모두가 기쁜 마음으로 함께하기를 바라면서, 갖가지 방편으로 기쁘게 살 수 있도록 도움을 주며(자무량심), 아파하는 이들에게 아픔을 여읠 수 있는 도움을 주며(비무량심), 대승인 생명공동체와 상응하는 삶이 주는 기쁨을 알게 하며(희무량심), 번뇌를 여의고 지혜롭고 평온한 삶을 살게 하는 공덕(사무량심)을 나누는 것입니다. 보살수행자가 법신부처님의 가르침에 의지하고, 공경한 마음으로 법신부처님께 예를 드리는 까닭도 여기에 있습니다.

둘째, 번뇌에 의한 장애와 지적장애를 모두 여의고 생명의 공덕과 상응한 삶을 산다는 것이며,

셋째, 법신이 됐다는 것은 자신의 생명계를 깨달음의 장으로 전환한 것과 같으므로 가장 수승한 세상과 상응한 삶을 살 수 있게 됐다는 것이며,

넷째, 어느 것에도 얽매이지 않는 마음을 씀으로써 낱낱 사건·사물의 공성과 계합하는 지혜를 실현하는 삶을 산다는 것입니다.

이와 같은 삶을 살 수 있는 것은 분별과 집착의 틀을 벗어났기 때문입니다. 이 마음이 해탈된 마음입니다(心解脫). 그렇기에 보살수행자는 이상의 세 가지 공덕을 성취한 부처님께 공경한 마음으로 예를 드립니다.

다섯째, 법신이 됐다는 것은 한 마디 말도 생명계의 안녕과 깨달음을 여는 공덕을 실현하기 위해 한다는 것입니다.

보살은 뭇 생명들과 지혜의 말을 나눠 그들 스스로가 빈 마음으로 인연 따라 온갖 생명현상을 드러내고 있다는 것을 알아차려,

모든 번뇌와 오염된 인식으로부터 벗어날 수 있도록 돕는 일을 그치지 않습니다. 그렇기에 법신부처님께 공경한 마음으로 예를 드리는 것입니다.

여섯째, 법신이 됐다는 것은 다음과 같은 다섯 가지 지혜공덕을 성취했다는 것입니다.

하나, 애써 주의를 기울이지 않아도 생명흐름의 실상을 아는 지혜입니다.

둘, 인연 따라 생성되고 소멸되는 심상의 실상을 알아 내부이미지에 집착하지 않는 지혜공덕입니다.

셋, 이미지에 집착하지 않는 지혜공덕을 성취했다는 것은 만들어진 심상에 현혹되지 않고 사건·사물을 있는 그대로 알아차려 걸림 없는 마음을 쓸 수 있는 지혜공능을 성취했다는 것을 뜻합니다.

넷, 만들어진 심상에 스며든 감정 등도 또한 실상이 아닌 줄 알아 언제나 고요한 마음으로 마음흐름을 지켜볼 수 있는 지혜입니다.

다섯, 생명흐름의 실상을 안다는 것은 기억정보가 현재의 인연을 해석하면서 현재를 왜곡한다는 것(만들어진 이미지에 집착하게 함)을 아는 것일 뿐 아니라, 기억(과거)에 매이지 않음으로써 다가올 미래조차 매임 없는 흐름이 되게 하는 지혜공덕을 성취했다는 것입니다. 보살수행자가 과거, 현재, 미래의 인연상을 있는 그대로 알아차리는 공능을 성취할 수 있는 까닭도 여기에 있습니다.

집착하지 않는 마음, 심상에 걸리지 않는 마음, 언어분별을 떠난 마음이 생명현상의 실상을 있는 그대로 아는 마음이라는 것이지요. 이와 같은 지혜를 성취한 수행자에게는 풀지 못할 문제가 없습니다. 그렇기에 법신부처님께 공경한 마음으로 예를 드리는 것입니다.

일곱째, 법신부처님이 됐다는 것은 자신이 깨달은 삶의 실상을 설명하는 데 걸림 없는 네 가지 지혜(이 책 191쪽)를 성취했다는 것입니다.

말을 한다는 것은 말에 담겨 있는 의미를 말이라는 도구를 빌려 전하는 것입니다. 그렇다 보니 언어가 사라진 경험조차 언어를 빌려 이야기할 수밖에 없습니다. 손짓 발짓 또한 언어의 영역과 다르지 않습니다. 사건·사물을 분류하는 모든 행위가 언어라는 것이지요.

이런 뜻에서, 언어는 의미를 담아내는 도구(能依)가 되고, 사건들은 언어에 의지(所依)해야 의미가 드러나게 됩니다. 법신을 성취한 수행자에게도 언어의 쓰임이 그와 같기는 하지만, 언어를 자재하게 쓸 수 있는 공능도 깨달음과 함께 생기기 때문에 걸림 없는 설법을 할 수 있다는 것입니다. 언어분별이 사라진 경험이 언어 쓰임의 영역을 넓힌 것과 같으며, 언어에 담겨 있는 의미의 영역을 확장한 것과 같기 때문입니다. 걸림 없이 쓸 수 있는 의미의 영역(所說)을 확장했다는 것은 특정의미체계에 걸리지 않고 인연 따라 언어표현을 자재하게 할 수 있는 지혜(能說)를 갖추었다는 것입니다. 그렇기에 법신을 성취해 삶의 실상을 이야기하는 보살수행자에게 공경한 마음으로 예를 드리는 것입니다.

여덟째, 법신이 된 보살수행자는 여섯 가지 신통을 갖추고서 수행 도중에 있는 이들이 집착과 번뇌를 여의고 법신을 성취하도록 돕는다는 것입니다.

법신보살은 내외부의 감각자료를 수용하고 해석하는 인지의 배선망을 인연에 따라 자재하게 변주함으로써 감수된 정보를 편견 없이 이해할 수 있으며, 이와 같은 이해는 필연적으로 다른 이들의 마음과 폭넓게 공명하기 때문에 수행자들이 인식의 토대를 전환시켜 집착과 번뇌를 여의고 지혜로운 삶을 살 수 있는 토대를 갖추게 하는 지혜를 나눌 수 있다는 것이지요. 그렇기에 법신을 성취한 보살수행자에게 공경한 마음으로 예를 드립니다.

아홉째, 인식의 토대가 전환된 보살수행자가 풍기는 기운이 남다르다는 것입니다.

탐욕과 분노와 무지가 없는 마음은 누구라도 의지할 수 있는 기운을 풍기기 때문입니다. 거친 파도를 피해(歸) 쉴 수 있는 의지처(依)가 됐다는 것이지요. 탐욕이 사라진 마음은 나누는 마음이 되고, 분노가 사라진 마음은 이웃을 껴안은 마음이 되고, 무지가 사라진 마음은 생명흐름과 온전히 상응하고 공명하는 마음이 된 것입니다. 누구라도 존중하고 믿을 만한 마음이며, 해탈의 문을 여는 데 부족함이 없는 마음입니다. 그렇기에 보살수행을 성취한 수행자에게 공경한 마음으로 예를 드리는 것입니다.

열째, 보살수행을 성취해 법신이 됐다는 것은 다음과 같은 네 가지 청정한 공덕을 이루었다는 것입니다.

하나, 무의식적으로 심상을 만들고 심상에 집착하는 인지시스템이 변해서, 곧 심상이 허상인 줄 알아차리는 지혜가 저절로 작용하는 시스템이 형성돼 번뇌를 만들지 않게 됐다는 것입니다.

기억정보가 지혜정보로 전환됐다는 것은 무의식적인 신체의 활동양상이 지혜로운 마음 씀을 자재하게 할 수 있게 됐다는 것을 뜻하기 때문입니다. 인지시스템이 이와 같이 변한 상태를 몸이 청정하게 됐다고 합니다. 삶을 탐하지도 않고 죽음을 두려워하지도 않는 인지망이 완성된 것이지요.

둘, 인지망의 한 축인 신체가 청정해졌다는 것은 수용되는 외부의 세계도 청정하게 됐다는 것입니다.

청정한 내부나 청정한 외부가 따로 있는 것이 아니라 지각이미지가 내부와 외부의 오염과 청정을 규정하기 때문입니다. 마음관찰로 내부가 수승해진 만큼 외부도 수승하게 변한다는 것입니다. 이를 외부청정이라고 합니다.

셋, 몸이 청정해졌다는 것은 내부와 외부를 청정하게 하는 무의식적인 인지망이 흔들리지 않게 됐다는 것이며, 그 결과 마음 씀마다 선정의식을 자재하게 쓸 수 있게 됐다는 것입니다.

이와 같은 의식흐름을 한결같이(等) 들뜨지 않는 마음가짐(持)이라고 하여 등지청정이라고 합니다.

넷, 심상을 만들어 내부와 외부를 인지하는 일반적인 의식의 흐름이 분별영상을 중심으로 세계를 이해하는 것이라고 한다면, 선정의식은 분별을 만드는 시스템의 스위치가 잠시 멈추면서 드러나는 의식현상입니다. 그러므로 선정의식을 경험하게 되면 분별영상을 자기가 만들고 있다는 것을 알게 됩니다.

인지의 조건이 달라지면 일상에서는 경험하지 못했던 영상을 볼 수도 있으며, 주객이 사라진 합일된 인지상태를 경험하기도 하고, 어떤 경우는 영상이 만들어지지 않는 상태가 되면서 빈 마음상태를 경험하기도 합니다. 때문에 선정의식상태를 자재하게 들고 날 수 있다는 것은 인지되는 사건·사물이 마음이 만든 영상에 기초한 해석이라는 것을 깊고 넓게 이해하는 토대를 구축한 것이라고 할 수 있습니다. 이를 지혜청정이라고 합니다. 그렇기에 보살수행을 성취해서 이상의 네 가지 청정을 얻은 분에게 공경한 마음으로 예를 드리는 것입니다.

열한째, 법신이 됐다는 것은 자기가 만든 분별영상에 현혹되어 탐욕 등의 마구니에게 현혹된 수행자들에게 갖가지 방편을 시현하여 마구니로부터 벗어나게 할 수 있는 네 종류의 힘을 성취했다는 것입니다.

네 종류의 힘은 다음과 같습니다.

하나, 방편을 적의적절하게 사용하는 힘입니다.

심상을 만드는 기억정보는 오랜 기간 동안 학습을 통해서 쌓이게 되는데, 그 정보 가운데는 사실과 어긋난 것도 많으며, 자신의 삶을 힘들게 하는 심상인데도 불구하고 계속 만들어지는 경우도 많습니다. 사실과 어긋난 내용 가운데 으뜸은 심상이 기억정보를 바탕으로 재구성되고 재현된 것인 줄 모르는 것입니다. 인지된 심상대로의 사건·사물이 내외부에 실재한다고 여기는 것입니다. 그렇기에 보살수행을 처음 시작하는 이들은 의식의 흐름을 있는 그대로 지켜보는 연습을 하거나, 이미지를 그릴 수 없는 주문을 외우거나, 일상의 인과율과 논리로는 풀 수 없는 질문을 던지면서 심상으로부터 자유롭게 되는 수행을 합니다. 심상에 현혹되지 않는 연습과 학습이 기억정보층에 스며들게 되면서 이전과 다르게 사건·사물을 볼 수 있는 토대가 형성되다가 임계점을 넘으면 관점의 전환이 일어나기 때문입니다.

법신이 된 보살수행자는 수행자마다 상속된 생명정보의 발현양상과 학습된 내용이 다른 것을 알고 각자에게 어울리는 방편을 적의적절하게 써서 심상에 현혹되지 않게 돕는다는 것입니다.

둘, 법신이 된 보살수행자는 수행자들에게 세계의 부분으로 존재한다고 여기는 자기가 실제로는 '세계 그 자체'임을 알게 하며, 아무런 영상조차 만들어지지 않는 빈 마음에서 인연 따라 생명흐름이 이루어지고 있는 것을 알게 하여, 법신인 자기 자신에게 귀의하도록 하는 힘을 갖습니다.

셋, 법신이 된 보살수행자는 수행자들이 일시적으로 분별의식을 넘어서면서 경험하게 된 기쁨과 새로운 세계이해를 가지고 모든 번뇌와 무지로부터 벗어났다는 잘못된 생각을 하지 않도록 돕습니다.

궁극적인 해탈은 일시적 경험에 있지 않고, 그와 같은 경험을 자재하게 할 수 있을 만큼 인식의 토대가 바뀌어야 하기 때문입니다. 심상은 말할 것도 없고 빈 마음에도 머물지 않고, 인연 따라 분별과 빈 마음을 자재하게 운용하는 공능이 있어야 궁극적인 해탈이며 청정이라는 것입니다. 심상만으로 보면 허상이지만 허상 이외 다른 실상이 없고, 실상이지만 허상을 만들지 않으면 인지지도에 잡히지 않기에, 허상에도 머물지 않고 실상에도 머물지 않는 인식의 토대를 갖춘 것이 진정한 청정이며 해탈이라는 뜻입니다.

법신이 된 보살수행자는 인연 있는 이들에게 청정한 생명흐름과 계합하도록 도와, 특정한 의식상태에 머물려는 마음이 마구니의 현혹이라는 것을 알게 한다는 것입니다.

넷, 법신이 된 보살수행자는 생명계 전체가 하나의 큰 수레를 함께 타고 있는 것과 같은 생명공동체의 실상을 온전히 알아차렸을 뿐만 아니라, 그 가운데서 자리와 이타의 일을 적의적절하게 실현할 수 있는 힘을 갖춘 수행자입니다. 대승인 생명공동체와 계합한 삶의 모습만이 궁극의 깨달음이며 청정한 삶이라는 뜻입니다. 그러므로 자아의식을 근간으로 사건·사물을 분별하는 삶의 태도가 청정하지 못하다고 하며, 수행을 통해 번뇌 없는 삶을 살 수 있는 공능을 갖춘 것만으로는 완전한 해탈을 이루지 못했다고 합니다. 번뇌 없는 삶에 머물려는 마음이 마구니며 생명공동체의 실상을 가리는 마음이 되기 때문입니다.

법신이 된 보살수행자는 대승의 삶을 온전히 살 수 없게 하는 마구니의 작용을 잘 알아, 수행자들이 그로부터 벗어나 생명의 실상과 계합한 삶을 살게 하는 힘을 갖추었으니, 어찌 공경하지 않고 예를 드리지 않을 수 있겠습니까?

열두번째, 법신이 된 보살수행자는 인지의 실상과 생명의 흐름을 온전히 알아차려, 번뇌와 무지로부터 벗어난 인지시스템을 완성한 분입니다. 이를 바탕으로 인연 있는 이들이 번뇌와 무지의 장애로부터 벗어나게 돕습니다. 그러므로 보살수행자를 공경하고 보살수행자에게 예를 올리는 것입니다.

열세번째, 법신이 된 보살수행자는 생각과 말과 행동이 언제나 생명의 실상과 계합하므로 자신만의 이익과 명예 등을 보호하기 위한 생각과 말과 행동을 하지 않습니다. 그러다 보니 다른 사람들의 시선이나 평판에 현혹되는 일도 없습니다. 심상에 현혹되지 않는 힘이 단순히 내부의 사건에만 적용되는 것이 아니라 삶의 장 전체로 퍼져 자신의 삶터를 깨달음의 장으로 만든 것입니다. 탐욕 등의 틀이 그 틀을 통과하는 사건·사물들을 탐욕의 대상으로 만들 듯, 틀 없는 빈 마음은 삶의 장을 탐욕이 작용하지 않는 터전으로 만든 것과 같다는 것입니다. 그렇기에 법신보살은 '자신의 생각과 말과 행동을 지키기 위한 보호막을 칠 필요가 없습니다'(三不護).

열네번째, 자신의 생각과 말과 행동에 특별한 보호막을 칠 필요가 없어진 수행자는 자신을 칭찬하거나 비난한다고 해서 더 기뻐하거나 싫어하지 않으며, 덤덤한 관계라고 해서 그들과 소원해지지도 않습니다. 흔들리지 않는 마음으로 인연 있는 이들에게 내적 평안을 얻어 자신의 삶터가 깨달음이 실현되는 삶터가 되도록 도울 뿐입니다.

함께 생명공동체를 이루는 이들의 생각과 말과 행동에 법신의 인연이 스며들도록 하여 번뇌와 무지로부터 벗어나게 한다는 것입니다(三念住). 그렇기에 열세번째와 열네번째의 힘을 성취한 보살수행자를 공경하고 그분들에게 예를 드리는 것입니다.

열다섯번째, 법신이 된 보살수행자는 언어이미지에 매이지도 않고 분별영상에 대한 집착도 없으므로 생명계의 흐름과 온전히 계합한 삶을 살 수 있습니다. 생명계를 있는 그대로 느끼고 아는 지혜가 체화된 상태이기 때문입니다. 그래서 법신보살의 인지활동을 '모든 것을 아는 지혜'의 활동이라고 합니다. 지혜수행인 마음챙김을 통해 '없다는 인지조차 발생하지 않는 절대무(絶對無)'의 상태인 빈 마음을 체험하고 이를 체화해, 분별영상에 현혹되지 않으면서도 낱낱의 사건·사물들의 연기실상을 관통하는 인지시스템이 완성됐기 때문입니다. 그렇기에 보살수행자를 공경하고 그분들에게 예를 드리지 않을 수 없습니다.

열여섯번째, 법신이 된 보살수행자는 자신의 깨달음과 수행 경험을 인연 있는 이들에게 이야기하여 그들이 평온한 삶을 살 수 있도록 돕습니다. 이때 중요한 것은 때와 장소와 그 사람이 살아온 과정에서 익혔던 삶의 역사를 아는 것입니다. 어느 누구도 똑같은 삶을 살아온 것이 아니기 때문에 일방적으로 자신의 이야기를 전한다는 것은, 그 일이 선의인 것이 분명해도 결과가 좋지 않을 수 있기 때문입니다. 보살수행자들이 여러 가지 방편을 익혀야 하는 까닭도 여기에 있습니다. 시간과 장소 그리고 이야기의 내용과 강도가 듣는 사람과 맞아떨어지지 않는다면 헛고생이 될 확률이 높다는 것이지요.

법신이 된 보살수행자는 자신의 노력이 헛되고 쓸데없이 되지 않도록 하는 힘을 갖추고 있다는 것입니다. 그렇기에 보살수행자를 공경하고 그분들에게 예를 드리는 것입니다.

열일곱번째, 법신이 된 보살수행자는 언제나 대승인 생명공동체를 위한 대비심을 가지고 인연 있는 이들이 익혀 온 습관에 맞추어 가장 적절한 법문을 합니다. 자신의 심상이 만들어진 과정과 흐름을 깊이 관찰하게 되면서 생명계의 흐름도 알게 됐기 때문입니다. 곧 낱낱 생명체들이 펼치는 심상이 한 생명체의 세계상을 만드는 데 머무는 것이 아니라 생명계 전체에 스며들어 생명흐름에 영향을 주고 있다는 것을 알게 됐다는 것입니다. 자신의 마음을 살피는 일이 생명공동체를 이루는 이들의 기운을 아는 일이 되며, 자신의 흐름을 잘 살필수록 다른 이의 흐름도 잘 알 수 있는 까닭도 여기에 있다고 하겠습니다.

그러므로 자신의 생명흐름과 낱낱 모습을 있는 그대로 껴안아 받아들이면서 평안한 마음을 유지할 수 있는 힘이 다른 이의 삶도 평안하게 볼 수 있으며 안아줄 수 있는 힘이 됩니다. 부처님의 마음인 자비심이 안팎으로 자비의 기운을 나누는 바탕이 되고,

인연 있는 이들에게 평안함과 즐거움을 나누는 바탕이 된다는 것이지요. 보살수행이 깊어질수록 커진 자비심이 스스로를 법신으로 만들고 세계를 법신들의 삶터로 만듭니다. 그렇기에 이분들을 공경하고 이분들에게 예를 드리는 것입니다.

열여덟번째, 법신이 된 보살수행자는 신체가 수용하는 정보가 깨달음을 실현하는 요소로 작용하게 하는 공덕을 갖추게 됩니다. 중생의 업으로 가득 찼던 신체가 지혜가 가득한 신체로 전환됐다는 것입니다. 심상을 만드는 기반이 바뀌었다는 것이지요. 그렇기에 생각과 말과 행동마다 지혜의 활동이 되며, 기억이 만든 미래의 영상이 현재 의식으로 드러나는 과정을 온전히 알아차릴 수 있기에 과거, 현재, 미래의 흐름을 아는 데에 걸림이 없습니다. 어떤 마음상태에서도 지혜가 작용한다는 것입니다. 그렇기에 보살수행을 완성한 수행자를 공경하고 그분들에게 예를 드리는 것입니다.

열아홉번째, 법신이 된 보살수행자는 '모든 것을 아는 지혜'(一切智地)를 성취합니다. 수행자가 심상을 조율할 수 있다는 것은 분별된 시공간의 경계를 넘어 우주 그 자체가 되는 무분별의 경험을 뜻대로 할 수 있다는 것입니다. 자신이 우주가 된 것과 같은 상태에서는 우주의 모든 것을 아는 것과 같으며, 빈 마음(絶對無) 상태를 경험하게 되면 존재와 비존재의 구분도 사라지게 됩니다. 그러므로 선정의식을 자재하게 조율할 수 있다는 것은 모든 존재상이 생겨나고 사라지는 경험을 앉은 자리에서 할 수 있다는 것입니다. 이것이 법신의 지혜, 곧 형상 등에 매이지 않는 마음 씀입니다. 어느 것에도 매이지 않아야 생명계의 인연이 펼치는 모든 것들을 있는 그대로 알아차릴 수 있다는 것이며, 이를 바탕으로 생각하고 말하며 행동하기 때문에 자리(自利)와 이타(利他)를 뜻대로 펼칠 수 있다는 것입니다.

어느 것에도 머물지 않는 법신의 빈 마음이 인연 따라 모든 것을 알 수 있다는 것은 있음과 없음 등을 자재하게 조율할 수 있는 보신(報身 : 수행공덕의 과보가 체화된 몸)을 성취했기 때문이며, 보신의 공능을 써서 인연과 상응하는 생각과 말과 행동을 자재하게 할 수 있는 몸인 응신(應身)의 공능을 성취했기 때문입니다. 법신이 된 보살수행자는 삼신(法身, 報身, 應身)을 성취했기에 모든 의혹을 끊을 수 있는 지혜와 공덕을 갖추게 됐다는 것입니다. 그렇기에 보살수행자를 공경하며 그분들께 예를 드리는 것입니다.

② 뭇 생명과 나누는 수행공덕(2)

이상 열아홉 가지가 법신이 된 보살수행자가 성취한 수행공덕이며, 그 밖에도 다음의 여섯 가지 공덕과 상응하기에 법신이 된 보살수행자를 궁극의 공덕을 성취한 분이라고 합니다.

첫째, 자성공덕과 상응한다는 것입니다.

기억정보에 의지한 인지시스템이라고 할지라도 인지 그 자체로 보면 청정하고 물듦이 없으나, 심상에 집착하는 순간 생명의 흐름과 어긋나게 됩니다. 심상을 만드는 것은 현재의 인지시스템에서 보면 불가피하겠지만 흐름과 상응하지 못한 인지는 집착을 강화하는 것과 같으며, 강화된 만큼 머묾 없는 흐름과 어긋나는 폭도 커지므로 번뇌 또한 깊어지게 됩니다.

　법신이 된 보살수행자는 생명흐름과 상응하는 인지시스템을 갖춘 것과 같아 생명의 흐름이 만든 정보의 실상을 알아차릴 수 있으므로, 만들어진 기억정보를 쓰되 집착하지 않을 수 있는 터전을 마련한 것과 같습니다. 깨달음이라는 사건이 수행자 한 사람의 내부에서 일어난 변화에 그치지 않고 그와 접속하는 세계까지를 변하게 한 것과 같은 이유도 여기에 있습니다. 집착 없는 마음과 상응하는 생명계의 흐름을 청정한 법계라고 하는데, 깨달음으로 청정한 법계를 아는 것이 아니라, 깨달음이 내외부를 청정하게 한 것과 같기 때문입니다. 이렇게 되어야만 심상(法)을 만들어 사건·사물을 인식(意識)하나 심상에 집착하지 않는 앎을 뜻대로 펼치는 공덕인 자성공덕과 상응했다고 이야기할 수 있습니다.

　둘째, 수행공덕이 체화되어 간다는 것은 기억정보에 집착하는 마음의 강도가 줄어 간다는 것입니다. 그러다가 어느 것에도 집착하지 않게 되면 법신의 과(果)를 이루었다고 할 수 있으므로, 법신이 된 보살수행자를 수행공덕과 상응한 분이라고 합니다.

　셋째, 육바라밀 수행(因行)을 통해 성취한 덕(果德)과 상응한다는 것입니다.

　넷째, 육바라밀 수행은 수행 도중에서부터 자리와 이타의 공덕을 쌓아 가므로 깨달음으로 자리가 완성됨과 동시에 이타행을 위한 공능도 완성되므로, 부처가 됐다는 것은 뭇 생명들의 안락과 행복을 위한 방편공덕과 상응한다는 것입니다.

다섯째, 생명의 실상을 깨닫고 생명계의 안락과 행복을 위한 방편을 갖추었다는 것은 인연 있는 이들과 상응하여 수행공덕을 나눌 수 있게 됐다는 것입니다.

여섯째, 수행공덕을 나눈다는 것은 함께하는 이들이 쌓아 온 인식토대를 이해하고, 그에 맞추어 말과 행동을 자재할 수 있는 공덕과 상응한다는 것입니다.

이상의 여섯 가지 공덕과 상응하는 부처님은 오랫동안 익혀 온 인식의 습속을 이겨 자신과 세계를 근본적으로 바꾼 것과 같습니다. 어느 때 어느 곳이나 매임이 없는 마음을 쓸 수 있게 된 것입니다. 그러므로 법신이 된 보살수행자는 인식의 습속을 이긴 것에서도 뭇 생명 가운데 으뜸일 뿐 아니라, 그와 같은 공덕을 뭇 생명과 나누는 것에서도 으뜸이니 다함 없는 공덕 나누기가 미치지 않는 곳이 없습니다. 눈이 있는 자는 언제 어디서나 법신보살을 만나고 볼 수 있으나 눈이 없으면 지척도 천리라고 하겠습니다.

8) 깊고 깊은 수행공덕

법신부처님을 설명하면서 깊고 깊다고 하는데 무엇 때문에 그렇게 이야기합니까?

첫째, 다음의 네 가지 이유로 깊고 깊다고 합니다.

하나, 부처님이 된 사건이 깊고 깊다는 것입니다.

무의식적으로 이루어지고 있는 인식의 토대가 전환됐기 때문입니다. 수행으로 성취한 지혜의 자모음을 자재하게 쓸 수 있는 인지의 연결망을 만들었기 때문에 깊고 깊다는 것입니다.

둘, 생사에도 머물지 않고 열반에도 머물지 않는 부처로서의 삶이 깊고 깊다는 것입니다.

생명의 흐름은 찰나찰나 생명정보를 상속하면서 현재의 인연을 해석하고, 해석된 결과를 가지고 다음 인연을 맞이하고 있습니다. 순간순간 만들어지고 해체되는 심상만이 자신의 세계라는 것입니다. 그렇기에 특정 심상에 머물기를 고집하는 것은 생명의 흐름과 어긋나는 집착에 지나지 않습니다. 부처가 됐다는 것은 어느 것에도 머물지 않는다는 것이 아니라 머물 수 있는 것이 본래 없다는 것을 알았다는 것이며, 그와 같은 앎을 실현할 수 있는 힘을 갖추었다는 것입니다.

셋, 부처님이 행하는 생각과 말과 행동은 깊고 깊다는 것입니다.

기억정보가 지혜정보로 전환됐다고 해서 기억이 지혜로만 작용하게 됐다는 것은 아닙니다. 모든 심상은 지금 재구성된 것이기 때문입니다. 과거의 경험이 그 모습 그대로 저장되는 것이 아니라 순간순간 기억의 자모음으로 해체되어 기억된다는 것이며, 기억을 회상할 때도 기억의 자모음을 모아 재구성해야 회상이 가능하다는 것입니다. 인지를 발생시키는 연결망에 수행으로 성취된 지혜의 자모음이 들어갈 때 지혜로운 판단이 가능하다는 것이지요. 법신이 된 보살수행자의 인지망에 생명공동체라는 해석을 주도하는 지혜의 자모음이 항상 작용함으로써 법신으로서의 생각과 말과 행동을 하게 된다는 것입니다.

넷, 부처님의 식생활이 깊고 깊다는 것입니다.

여기서의 식생활은 음식물을 섭취하는 것만을 뜻하는 것이 아닙니다. 생각과 감각자료를 수용하는 것, 그리고 이것들을 알아차리는 인식 모두가 생명의 음식이기 때문입니다. 법신이 된 보살수행자의 인지망에는 탐욕의 자모음이 빠진 것과 같습니다. 그러므로 음식물에 대한 지각과 사유과정이 청정하고, 이와 같은 인지과정을 알아차리는 마음도 청정합니다. 안팎으로 청정한 식생활이 이루어지고 있기 때문에 법신이 된 보살수행자의 식생활이 깊고 깊다는 것입니다.

둘째, 다음의 세 가지 이유 때문에 깊고 깊다고 합니다.

하나, 법신마다 같으면서도 다르기 때문입니다.

생명계 그 자체는 '시공의 경계를 구분하는 분별'과 '경계 너머와 접속하는 무분별' 그리고 '순간순간 이전의 접속망을 해체하는 빈 마음의 속성'이 하나처럼 작용하고 있습니다. 그렇지만 이와 같은 작용을 있는 그대로 자각하여 심상에 매이지 않는 마음을 쓸 수 있는 것은 법신이 된 보살수행자라야 가능합니다. 깨닫고 나서야 비로소 자신의 삶을 온전히 자각한다는 것이지요. 그렇기에 심상에 집착하는 삶의 태도를 내려놓지 못한 인지활동을 무지무명(無知無明)에 오염됐다고 합니다. 깨닫고 난 보살수행자들의 자각내용에 집착이 없다는 측면에서 모든 법신보살의 인지 상황이 같다고 할 수 있으며, 집착 없는 마음 씀이 깨달은 마음 씀이 되는 이유는 생명의 흐름이 그와 같기 때문입니다. 그러나 생명현상이 한량없듯 법신의 모습 또한 한량없습니다.

둘, 법신이 된 보살수행자들의 활동양상이 헤아릴 수 없이 다양하기 때문입니다.

보살수행자가 성취한 깨달음의 내용, 곧 생명체마다 독자적인 세계를 살면서 하나 된 생명공동체를 이루고 있다는 연기법을 깨달았다는 데서 보면 한 가지라고 할 수 있지만, 생명공동체를 위한 활동인 이타행의 양상으로 보면 인연마다 다른 활동을 한다는 것입니다. 이타행이라는 활동내용으로 보면 한 가지(一業)이지만 활동양상으로 보면 한량없다(無量)는 것이지요.

셋, 법신이 된 보살수행자의 집착 없는 빈 마음은 견고하나 이타행을 시현하기 위해서 갖가지 방편을 쓰는 데는 한없이 유연하기 때문입니다.

셋째, 법신보살은 생명계가 펼치고 있는 모든 생명현상과 상응하여 분별상(分別相)과 무분별성(無分別性) 그리고 빈 마음(空性智慧)을 뜻대로 펼칠 수 있기에 법신보살의 지혜가 깊고 깊다는 것입니다.

뜻대로 펼칠 수 있는 것은 이 셋은 이름만큼 다르기도 하지만 분별영상이 무분별성과 빈 마음을 토대로 일어나고 있고, 무분별성도 분별영상을 잠재적으로 품고 있는 것과 같으며, 인연 따라 영상이 생성되고 해체된다는 것은 인지의 과정에서 반드시 빈 마음상태를 지난다는 것이므로, 이 셋은 셋이면서 하나며 하나이면서 셋이 되기 때문입니다.

넷째, 무위의 생명흐름과 계합한 지혜활동이 깊고 깊다는 것입니다.

자각하건 자각하지 못하건 공동체로서의 생명흐름이 지속되는 것은, 생명정보를 주고받으면서 서로 이야기를 나누고 있기 때문입니다. 그러기 위해서는, 곧 수용된 정보를 알아차리기 위해서는 특정 이미지를 생성하고 해체하면서 생명의 관계망이 펼치고 있는 변화를 읽어 내야 하고, 읽어 낸 정보를 기억으로 남겨야 했을 것입니다. 스스로 그러한 무위(自然無爲)도 정제된 정보가 작용하는 것과 같으므로 무위인 듯한 생명흐름도 해석된 유위의 정보를 바탕으로 이루어지고 있다고 봐야 된다는 것입니다. 그렇기에 정보의 생성만큼이나 해체도 중요합니다. 생명의 흐름이 항상 여러 파형들이 공명하면서 일어나기 때문입니다.

이미 형성된 정보에만 머물게 되면 무상한 생명흐름과 온전히 계합한 해석활동이 일어나기 어려울 뿐만 아니라 현재를 과거의 그림자로 만들기 쉽습니다. 그렇기에 과거의 그림자로 남는 해석행위를 오염된 정보활동이라고 합니다. 오염된 활동은 미래를 지향하면서 과거를 욕망하는 것과 같습니다.

생성과 해체가 무상으로 일어나고 있는 생명의 흐름과 계합한 마음, 곧 깨달은 마음이란 생명의 실상과 생명의 흐름이 본래부터 특정 정보에 머물지 않는 것을 자각하고 다시는 오염된 욕망과 상응하지 않는 마음을 쓰는 것입니다. 오염된 정보를 쓰지 않는 것이 아니라 오염된 정보를 완전히 해체한 것과 같습니다. 빈 마음과 계합하여 모든 것들이 그 자체로 실재하지 않는 것을 알게 되면서, 욕망 그 자체가 실재하지 않는 것을 알게 됐기에 뭇 생명을 위한 마음 씀이 깊고 깊다는 것입니다.

다섯째, 법신이란 무지에 근거한 욕망을 여의고 공성의 지혜가 체화된 몸이므로 깊고 깊다고 합니다.

부질없는 욕망과 상응하지 않는 마음을 쓰는 일도 쉽지 않지만(욕망을 여읜 마음), 생명의 실상은 본래부터 욕망에 의해 오염될 수 없다는 것을 알아야(공성의 지혜), 떠나보내야 할 욕망도 실재하지 않는 것을 알게 됩니다.

이런 뜻에서 오염된 기억정보에 현혹된 마음 씀을 손님이 주인 행세를 하고 있는 형국이라고 합니다(客塵煩惱). 그러므로 손님이 떠나고 나면, 곧 헛된 욕망이 만드는 꿈에서 깨어나면 생명계가 펼치고 있는 진리의 소리를 있는 그대로 듣고 쓰게 됩니다. 겉으로 드러난 것이 가장 깊은 속내를 드러내고 있다는 것을 안 것이지요. 이 마음은 생과 사가 열반과 다르지도 않고 같지도 않다는 것을 아는 마음이므로 생사를 버리고서 열반을 취하려고 하지 않습니다. 일상이 그대로 열반의 세계가 된 것이므로 깊고 깊은 삶이라고 합니다.

여섯째, 세계 자체가 하나의 생명공동체라는 것을 깨달은 법신보살은 궁극적으로 이타행이 자기 이익의 완성이라는 것을 알고 그 일을 하므로, 하는 일마다 깊고 깊은 일이 된다는 것입니다.

이타행 그 자체가 생명공동체의 생명활동과 같으므로 이타행을 하면서도 그 일이 타인을 이롭게 하는 행위라고 생각하지 않는다는 것입니다. 쉽게 생각하기 어려운 일이기에 깊고 깊은 일이라는 것이지요.

일곱째, 빈 마음만이 생명의 실상이 아니고 모든 현상 또한 생명의 실상임을 체득했기에 깊고 깊다고 합니다.

우리의 인지시스템은 현상들을 일반화하여 분별한 것이 기억의 자모음으로 남아 있다가 인연 따라 이들이 모여 심상을 만들어 감수된 감각정보를 해석하는 것입니다. 이와 같은 인지시스템이 살아가는 데 너무나 유용했기에 만들어진 심상에 집착하는 강도도 커질 수밖에 없었을 것입니다. 그러므로 심상에 머물게 되면 심상이 허상인 줄 알 수 없을 뿐만 아니라 빈 마음과의 접속도 어렵게 됩니다.

법신이 됐다는 것은 허상에도 머물지 않고 빈 마음에도 머물지 않게 되면서 모든 현상이 허상이면서 실상인 줄을 알았다는 것입니다. 생명공동체가 펼치는 현상이 법신부처님의 모습이며 소리인 줄 안 것이지요. 마치 태양이 사건·사물의 실상을 있는 그대로 드러낸 것과 같습니다.

여덟째, 법신이 된 보살수행자는 자신의 몸이 진리의 몸이 되면서, 생명공동체에 또 다른 법신의 파형을 중첩시킨 것과 같기에 깊고 깊다고 합니다.

깨닫게 되면 드러나는 진리의 파동이지만, 깨닫지 못하면 깊이 숨어 있는 것과 같습니다. 하지만 깨닫지 못한 마음에도 항상 진리의 파형이 중첩돼 있으므로 마음 한 번 돌리면 법신의 세계가 온전히 드러납니다. 생명계는 하나 된 생명공동체이면서 중생의 수만큼 낱낱의 세계상이 상호작용하면서 생명활동을 하는 공동체이기에, 수행자 한 사람이 법신이 됐다는 것은 생명공동체를 또 다른 법신의 파형으로 흔드는 사건이 되어 뭇 생명들에게 부처의 소리를 드러내는 것과 같기 때문입니다. 그러나 중첩된 파형에서 법신의 파형과 접속할 때만 들리는 소리라 쉽게 들을 수는 없습니다. 법신이 됐다는 것은 한편으로는 생명의 실상과 계합했다는 것이면서 집착 없는 자신의 이야기를 생명계에 펼치고 있는 것과 같기에 깊고 깊다는 것이지요.

아홉째, 법신이 된 보살수행자의 마음 씀이 깊고 깊다는 것입니다.

빈 마음과 심상을 뜻대로 조율할 수 있는 지혜로운 마음 씀을 체화한 보살수행자는 인연에 따라 최적의 심상을 연출할 수 있습니다. 보살수행을 성취한 수행자는 이익 등에 흔들리지 않을 수 있는 토대를 갖추었기에, 인연마다 흔들림 없는 마음으로 한없는 자애심과 연민심 그리고 함께 기뻐하는 마음과 평온한 마음을 나눌 수 있는 신체가 됐다는 것입니다.

열째, 법신이 된 보살수행자는 인연처마다 깨달음을 위한 도량을 만들기에 깊고 깊다는 것입니다.

법신보살은 생명흐름의 인연에 따라 뭇 생명의 이익과 안락을 위해 다양한 법향을 펼칩니다. 법신보살이 펼치는 향기는 경계를 넘어설 뿐 아니라 경계 자체가 사라지는 무분별의 세계에서 흘러나오기 때문에 누구라도 쉽게 공명하지는 못하지만 보살수행자는 인연 따라 다양한 법의 향기를 펼치는 수고를 마다하지 않는다는 것이지요.

열한째, 법신이 된 보살수행자에게는 번뇌종자가 하나도 없기에 깊고 깊다고 합니다.

초지보살도 자아와 시간과 공간의 경계를 분별하지만, 분별된 것들이 그 자체로 존재한다는 생각을 하지 않습니다. 무분별의 세계와 빈 마음의 상태를 경험하게 되면서 인식의 실상을 직관했기 때문이며 기억정보 속에 그와 같은 지혜정보가 확고하게 자리 잡혔기 때문입니다. 확고하게 자리 잡혔다는 것은 초지 이전 상태로 되돌아가지 않을 정도로 지혜정보가 아뢰야식에 스며들었다는 것이며, 이후로는 지혜정보가 증장되어 가는 일만 일어난다는 것입니다. 그러다가 인식의 토대인 아뢰야식의 기억정보가 지혜정보로 완전히 전환되면 10지 보살이 됩니다.

뭇 생명들과 함께 법향을 나누기 위해서 그렇게 한다는 것입니다. 제8지 이상이 되면 무의식층에서 작동하고 있는 번뇌종자의 기운이 너무 약해져 무의식층에서조차 번뇌의 심상이 만들어지지 않게 되며, 제10지가 되면 번뇌종자가 완전히 사라지게 되므로, 법신이 된 보살수행자(초지부터 법신보살이라고 부릅니다)가 번뇌를 끊고 지혜정보를 증장하는 일을 깊고 깊다고 하는 것입니다.

열두번째, 보살수행을 한다는 것은 분별의 지식과 무분별의 지혜 그리고 빈 마음상태를 자유자재로 경험하고 조율할 수 있는 힘을 기르는 것과 같기에 깊고 깊다고 합니다.

심상을 토대로 하는 사유의 세계를 넘어 사유가 도달하지 않는 불가사의한 앎과 앎조차 사라진 영역을 직접 체험했을 뿐만 아니라 그 영역을 의지대로 드나들 수 있는 인지시스템을 갖춰 간다는 것이지요. 그렇기 때문에 분별하는 사유의 영역에만 머무는 것은 번뇌가 되지만 무분별과 빈 마음을 자재하게 쓸 수 있게 되면 분별 또한 지혜의 작용이 됩니다. 번뇌의 영역이 깨달음의 영역으로 바뀐 것입니다.

무분별의 세계를 경험하면서 자아의식을 중심으로 한 분별상에 대한 집착이 사라진다는 것은 삶과 죽음을 나누는 경계도 사라진 것을 경험한 것이므로, 생사가 열반을 바탕으로 일어나고 있다는 것을 체험한 것이라고 할 수 있습니다. 일상의 사유로는 분명하게 분별되는 삶과 죽음이 실제로는 열반으로 하나라는 것입니다. 불가사의한 사유영역이라고 할 수 있겠지요. 법신이 된 보살수행자의 사유양상을 깊고 깊다고 하는 까닭도 여기에 있습니다.

이상의 열두 가지가 법신이 된 보살수행자의 삶이기에 법신보살의 삶과 사유를 깊고 깊다고 합니다.

9) 염불수행

① 일곱 가지 염불공덕

법신이 되는 보살수행 가운데 법신의 공덕을 생각생각으로 이어가는 염불수행이 있습니다. 그렇다면 염불공덕, 곧 잊지 않고 기억해야 하는 법신부처님의 공덕은 몇 가지가 있을까요?

세상을 보고 이해한다는 것은 자신이 만든 세계상을 본다는 것이며, 기억정보를 통해 알아차린다는 것이라고 말씀드렸습니다. 그러므로 법신부처님의 공덕을 뜻대로 이미지화할 수 있는 염불삼매를 성취했다고 하면 자신의 세계가 법신의 세계가 됐다는 것을 뜻합니다. 염불수행을 할 때 이미지화해야 하는 법신의 공덕은 일곱 종류가 있습니다.

하나, 법신이 됐다는 것은 기억정보를 지혜정보로 전환하여 자신의 세계를 부처의 세계로 만드는 공덕을 성취했다는 것입니다. 그러므로 염불수행자는 일어나고 사라지는 심상이 환상인 줄 알아차려야 하며, 환상인 줄 아는 앎의 힘이 커져야 모든 세계상과 융섭하는 마음을 쓸 수 있게 된다는 것을 잊지 않아야 합니다.

여기서 모든 세계상이라고 하는 것은 생명체의 수만큼 많은 세계상이 있다는 것을 뜻합니다. 각자의 사유습관이 자신의 세계상을 이루고 있기 때문입니다. 개념이 같은 낱말조차도 실제로는 각자의 세계상이 스며들어 있는 중첩된 이미지의 다른 세계이면서 같은 세계라는 것입니다. 수행자는 누구라도 자신이 보고 듣는 것이 객관적인 실재라고 여기는 사유습관을 전환해야 깨달음을 이룰 수 있다는 것입니다. 보살의 걸림 없는 이타행이 다른 이의 사유습관을 바꿀 수는 없는 까닭도 여기에 있습니다.

받아들인 정보를 해석하는 인지시스템이 비슷하기 때문에 공유하는 사유의 세계가 없는 것은 아니지만, 생각 그 자체가 자신의 세계이기 때문에 온전히 일치하는 사유의 세계가 있을 수 없다는 것이지요. 어떤 의미에선 법신보살의 가르침을 학습한 인연이 법신보살의 걸림 없는 이타행을 규정한다는 것이라고까지 말할 수 있다는 것입니다.

둘, 염불수행자는 중첩된 생명계의 사유 그 자체가 근본적으로 특정 이미지에 머물지 않고 인연 따라 온갖 이미지를 생성하고 해체하면서 생명활동을 하고 있다는 것을 잊지 않아야 합니다. 머물지 않는 생명계의 흐름이 중첩된 법신의 세계이기 때문입니다. 그러므로 내부이미지에 머무는 것이 머묾 없는 법신의 사유세계를 가리고 있다는 것을 잘 알아, 심상에 현혹되지 않고 인연 따라 심상을 자재하게 변환할 수 있는 공능을 기르는 것이 모든 장애를 떠나는 길이며, 생명의 흐름과 상응하는 지혜를 뜻대로 쓰는 것과 같은 것임을 생각생각으로 이어 가는 것이 염불수행이 된다고 하겠습니다.

셋, 생명체들이 하고 있는 사유양상은 기억정보를 토대로 현재의 인연을 해석하는 것이므로, 해석하는 행위 그 자체 속에 현재와 어긋나는 요소가 있을 수밖에 없습니다. 현재를 있는 그대로 해석하지 못한 무지와 그에 따라 일어나는 번뇌가 생각마다 그림 자처럼 따를 수밖에 없다는 것입니다. 머묾 없는 생명흐름 그 자 체인 법신의 생명활동과 어긋나는 일이지요. 그러므로 염불수행 자는 자신의 삶이 무분별의 생명계와 융섭한 상태에서 찰나찰나 분별상을 만들어 수용된 정보를 해석하는 삶을 살고 있다는 것을 잊지 않아야 합니다.

넷, 염불수행자는 염불수행이 생명계와 온전히 하나 되는 수 행임과 동시에 생명계가 생명체의 숫자만큼 중첩된 세계임을 알 게 하는 것인 줄 알고, 염불수행으로 이룬 공덕을 회향하는 것이 자신의 생명활동을 온전하게 하는 것임을 잊지 않아야 합니다.

다섯, 염불수행자는 염불수행 그 자체가 지혜수행의 근간인 줄 알아야 할 뿐 아니라, 상호간에 복덕을 나누어야 생명활동이 영위될 수 있다는 것을 잊어서도 안 됩니다. 능력에 따라 언제 어 디서나 지혜와 복덕을 나누는 일이 동반되어야 염불수행이 증진 된다는 것을 잊어서는 안 된다는 것입니다.

여섯, 염불수행자는 법신보살 또한 언어일반상과 같은 이미 지를 만들어 사건·사물을 해석하지만 그 이미지에 매이지 않으 며, 수행공덕을 나누지만 바람 없이 그냥 나누기만 하면서 경계의 벽을 넘나들기 때문에 언어일반상에 오염되지 않는다는 것을 잊 지 않아야 합니다.

일곱, 염불수행자는 법신인 생명계의 흐름 자체가 사건·사물 들을 생성하고 해체하면서 생명활동을 하고 있다는 것을 잊지 않아야 하며, 뭇 생명 모두가 생명의 흐름을 바르게 아는 지혜를 증장시켜 기억정보에 매이지 않아야 해탈하게 된다는 것을 잊지 않아야 합니다.

염불수행자가 이상의 일곱 가지 마음가짐을 잊지 않아야 하는 까닭은 이상의 마음 씀이 법신이 갖추고 있는 일곱 가지 원만한 생명활동과 상응하기 때문입니다. 이와 같은 마음 씀을 잊지 않으면,

염불하는 마음 그대로가 원만한 수행이라는 것이며,

염불하는 그 마음이 법신의 공덕을 갖추고서 사는 것과 같다는 것이며,

염불하는 그 마음이 매임 없이 흐르는 생명의 흐름과 상응하는 것이므로 청정한 마음이 된다는 것이며,

염불하는 그 마음이 법신과 같은 생명활동을 한다는 것이며,

염불하는 그 마음이 생명계 전체가 궁극적으로 열반의 즐거움을 성취하게 하는 마음이라는 것이며,

염불하는 그 마음이 특정한 심상에 유혹되지 않고 인연의 흐름을 있는 그대로 알아차리는 마음이라는 것이며,

염불하는 그 마음이 중첩된 생명계의 낱낱 생명체가 그 모습 그대로 자신의 생명계를 드러내는 것이면서 이웃 생명계를 살리는 일이 된다는 것을 아는 마음이며, 그들 모두에게 수행공덕을 회향하는 마음이 된다는 것입니다. 염불하는 마음이야말로 가장 원만한 생명활동이 된다는 것이지요.

② 염불하는 마음이 청정한 세계

한 사람의 인식토대가 바뀌었다는 것은 그 사람이 살아가는 세계 또한 새로 태어난 것과 같습니다. 뭇 생명 모두가 유일무이한 하나의 세계에서 살아가는 것 같지만, 실제로는 자신의 세계상을 만들고, 그 세계상으로 다른 세계상과 접속하면서 자신의 세계를 살아가기 때문입니다. 깨달음을 성취한 순간 자신과 접속하는 세계 또한 깨달은 세계가 된다는 것입니다. 생명체의 수만큼 많은 세계가 있듯 깨달은 분들의 수만큼 청정한 부처의 세계도 있다고 하겠습니다.

그렇다면 청정한 부처의 세계가 갖고 있는 공통의 이미지는 무엇일까요?

보살 『백천계경』의 서문에서는 부처의 세계를 다음과 같이 묘사하고 있습니다.

하나, 가장 밝은 빛의 세계라고 묘사하고 있습니다. 그 까닭은 집착하는 마음이 있는 한 그 마음이 생명의 실상을 가려 그림자를 실재로 착각하는 어두운 인식으로부터 벗어날 수 없지만, 집착하는 마음을 내려놓고 보면 자신의 삶 전체가 빛으로 장엄된 세계와 같다는 것입니다.

둘, 갖가지 보배로 장엄된 세계이면서 시공간의 경계가 사라진 세계라고 묘사하고 있습니다. 앞서 말씀드린 대로 선정의식이 깊어져 분별된 자아와 시공간의 경계가 사라지면 무분별의 세계가 드러나고 무분별의 지혜가 작용한다고 할 수 있는데, 이때 경험하는 심리상태는 기쁨으로 충만하고 색깔 등도 더없이 밝고 빛나기 때문입니다.

자아를 중심으로 한 경계의 벽이 허물어져야 보배로 장엄된 것과 같은 원만한 세계가 드러난다는 것입니다. 일상의 인지상황에서는 잘 드러나지 않는 세계상이 펼쳐지고, 안온하고 평화로우며 밝고 빛나는 상태에서 기쁨이 충만하기에 가장 뛰어난 생명활동이 일어나고 있는 세계라고 하겠습니다. 이 세계에서는 무분별의 지혜가 작용하기에 어떤 심상에도 현혹되지 않습니다. 이 마음을 자재한 마음이라고 하며, 번뇌의 그림자를 만들지 않기에 청정한 인식이 일어나고 있다고 묘사한 것입니다.

선정의식이 깊어져야 이와 같은 세계를 경험하기는 하지만, 일상의 의식이건 선정의 의식이건 의식되는 이미지를 만들고 있는 것은 무의식입니다. 무의식층에서는 수용된 정보에 대한 모든 심상(분별상과 무분별상)이 만들어지고 있으나, 주의가 기울여진 것만이 의식되는 심상이 되기 때문에 드러난 이미지만이 그 순간 유일한 세계상이 될 수밖에 없다는 것입니다. 의식 이전에는 무수한 세계상이 중첩되어 있는 것과 같다는 것이지요.

주의를 끄는 세계상도 실제로는 학습된 결과라고 할 수 있습니다. 학습의 강도가 큰 것이 의식되기 쉽다는 것입니다. 그러므로 시공간의 경계를 자재하게 넘어설 수 있는 인지습관을 이루게 됐다면 수없이 많은 자기를 있는 그대로 인정할 수 있으며, 다른 이들 또한 그와 같이 볼 수 있을 것입니다.

셋, 그렇기에 깨달은 이가 사는 세계에는 한없이 많은 보살수행자 등이 운집해서 산다고 묘사하고 있습니다. 깨달은 마음이 '깨닫지 못한 이의 마음속에 숨어 있는 것과 같은 깨달은 마음'과 접속하면서 깨달은 마음으로 하나 되기 때문입니다.

넷, 아울러 '깨달은 마음이 펼치는 기쁜 마음'이 '다른 이들이 숨겨 놓은 것과 같은 기쁨'과 접속하기에 부처의 세계는 기쁨이 충만한 세계라고 묘사합니다. 집착의 그림자라고 할 수 있는 번뇌를 남기지 않는 지혜가 자신과 자신의 세계를 밝은 빛과 아름다운 꽃으로 장엄한다는 것입니다. 마음 하나 살펴 아는 수행이 자신의 여정을 막힘없이 흐르도록 한다는 것입니다.

더 나아가 분별에도 걸리지 않고 무분별에도 걸리지 않는 마음집중과 마음살핌의 강도가 커진다면 빈 마음상태를 자재하게 운용할 수 있어, 어떤 이미지에도 집착하지 않는 마음을 쓸 수 있게 됩니다. 이와 같은 마음 씀이 생명의 흐름과 온전히 상응하는 마음이므로 특별한 것을 원하지 않으면서도 인연처를 공덕이 충만한 부처의 세계로 만든 것과 같다고 하겠습니다.

법신이 된 보살수행자가 사는 세상을 정토라고 하는 까닭도 여기에 있습니다. 법신이 된 마음이 자신이 사는 세계를 청정하게 만드는 것과 같기 때문입니다. 다만 중생의 수만큼 많은 세상이 있기 때문에 수행자 한 사람이 성취한 청정한 세계가 모든 세계를 청정하게 할 수는 없습니다. 법신보살은 집착 없는 마음을 자재하게 쓰기 때문에 항상 평온하고 즐거운 삶을 산다고 할 수 있지만,

그 마음만으로 다른 이들의 세계를 청정한 세계로 만들 수는 없다는 것입니다. 서로간에 영향을 주고받으면서도 낱낱 생명체의 삶은 언제나 자신의 모습으로 삶의 의미를 드러내는 단 하나의 세계이기 때문입니다.

10) 법신보살의 보살행

법신된 마음 또한 중첩된 세계상과 접속하면서 인지활동을 하기는 하지만, 인지된 내용으로만 보면 뭇 생명들의 지혜공성과 접속하는 것과 같습니다. 접속을 통해 심상을 만들기는 하지만 심상에 집착하지 않기에 다른 이들과 지혜를 나누는 것과 같다는 것이지요. 이와 같은 인지가 자신의 세계를 청정하게 하는 것과 같으며, 중첩된 세계에 청정함을 증폭시키는 것과 같다는 것입니다.

그렇기에 법신이 된 보살수행자는 언제 어디서나 다음과 같은 다섯 가지 활동을 합니다.

첫째, 수행자들에게 심상을 만들어 지각작용을 하고 있는 인지시스템을 알게 하여 온갖 집착으로부터 벗어나 쓸데없는 고통을 당하지 않게 합니다.

둘째, 지각작용을 잘 살펴 알게 했다는 것은 수행자의 기억정보에 마음살핌이라는 지혜의 씨앗을 심는 것과 같으며, 궁극적으로 수행자의 기억정보가 지혜정보로 전환하게 되어 미래에 받게 될 악업의 씨앗을 제거하는 것과 같으므로, 법신보살은 인연 있는 이들을 좋은 세상으로 안내하는 활동을 하는 것과 같습니다.

셋째, 법신이 된 보살수행자는 이미 익힌 습관을 내려놓지 못해 불편한 삶을 살아가고 있는 이들에게 자신의 생각과 말과 행동을 알아차려 습관의 토대를 전환할 수 있도록 돕습니다.

넷째, 보살수행자는 인연 있는 이들에게 '자신과 타자를 경계 짓고, 분별된 것들을 일반화하여 이름붙이면서 이름과 상응하는 주체가 실재한다'고 여기는 인지시스템을 알게 하고, 빈 마음을 체험하게 하여, '언어의 세계인 분별의 세계'와 '언어 경계를 넘어선 무분별의 세계' 그리고 '빈 마음의 세계'를 자재하게 쓸 수 있도록 돕는 활동을 합니다.

다섯째, 보살수행자는 모든 이들이 각자의 세계를 살면서도 중첩된 세계에서의 생명활동을 한다는 것, 곧 생명활동이 이루어지고 있는 세계는 중첩된 것으로 보면 하나의 생명공동체이며, 그 속에 낱낱의 생명활동이 이루어지고 있는 대승의 세계를 알리는 활동을 한다는 것입니다.

법신부처님이 된 보살수행자가 하는 다섯 가지 활동은 인연 있는 이들이 궁극적으로 부처의 삶을 살게 하는 데 도움을 주는 활동입니다. 그렇다 보니 함께하는 이들의 습관에 따라 법신보살의 활동양상도 천차만별이겠지만, 그 내용으로 보면 모두가 부처의 삶을 살 수 있도록 돕는 것입니다. 부처님이 펼치는 온갖 활동을 같으면서도 다르고 다르면서도 같다고 이야기하는 까닭도 여기에 있습니다.

3. 법신보살의 회향

1) 하나 된 생명공동체

법신이 된 보살수행자가 성취한 수행공덕을 원만하다고 하는 까닭도 뭇 생명 모두가 하나 된 생명공동체의 일원인 줄 알아 자신이 성취한 모든 공덕을 생명공동체를 위해 회향하기 때문입니다.

그렇기에 빈 마음을 자재하게 쓸 수 있게 됐다는 것도 빈 마음에서 피어나는 온갖 심상이 중첩된 생명계의 인연과 함께 피어나는 것을 체득한 것에 그치지 않고, 생명의 장을 깨달음의 공간으로 전환하는 방편 등을 익힌 이후를 이야기합니다. 이 말은 이미 익힌 습관의 흐름, 곧 기억정보들의 재구성을 통해 만들어진 낱낱 심상과 상응하는 언어이미지에 집착하다 보면 생명계의 흐름과 온전히 상응하는 꽃을 피우기가 어렵다는 것입니다.

어렵기는 하지만 마음챙김의 공덕이 기억정보에 스며들어 지혜의 씨앗을 심게 되면 어느 순간 지혜의 꽃이 피게 되므로, 수행자는 누구라도 깨달음을 성취하고 그 공덕을 생명공동체에 회향하는 삶을 살게 될 것입니다. 왜냐하면 낱낱 생명체는 하나의 생명공동체에서 낱낱 생명활동을 하기 때문입니다.

생명계 전체가 큰 수레(大乘)인 하나의 수레(一乘)에 함께 탄 것과 같은 생명공동체라는 것이며, 낱낱 생명체가 펼치는 생명활동 그 자체가 생명계의 울림과 같다는 것입니다. 그렇기에 생명활동 하나마다 그 무게가 같다고 합니다. 울림과 무게가 같은 이유로 다음의 여덟 가지를 들고 있습니다.

첫째, 무분별과 빈 마음을 경험한다는 것은 분별하는 장벽이 허물어지면서 전일적인 존재상태를 경험한다는 것입니다. 이 상태에서는 경계를 만들어 사건·사물을 구별하고 비교하는 인지가 발생하지 않습니다. 존재 실상의 다른 면이 잘 드러난 것이지요. 이 상태를 원성실성이라고 하며, 원성실성에서 보면 생명체들의 무게가 같다는 것입니다.

둘째, 일상의 인지시스템에서는 '생각을 알아차리고 있는 것'과 같은 내적 자아가 있는 듯하지만, 마음살핌이 깊어지면 자아라는 인지의 장벽이 허물어지면서 자아의식이 사라진 인지현상을 경험하게 되고, 이 상태를 넘어서면 빈 마음상태가 드러나게 됩니다. 새로운 세계를 생성한 것과 같습니다.

일상의 분별 세계는 무분별 세계와 빈 마음 세계를 기반으로 이미지화된 것이므로, 낱낱 분별상이 그 자체의 본질을 갖고 있지 않습니다. 인연화합으로 보면 자아가 있지만, 본질로 보면 자아가 없다(無我)는 것입니다. 낱낱 생명체마다 인연총상의 자아이면서 동시에 무아이기에 생명체들마다 존재 가치가 차이 나지 않는다는 것입니다.

셋째, 일상의 인지시스템은 기억정보에 매여 있다고 할 수 있습니다. 이를 집착이라고 합니다. 이것이 집착인 이유는 무상한 생명흐름과 온전히 상응할 수 없기 때문입니다. 기억정보가 만든 심상과 현재가 멀어진 만큼 지금 여기의 삶에서 자기 소외가 일어나게 된다는 것이며, 자기 소외의 크기만큼 무지와 번뇌가 뒤따른다는 것입니다. 집착으로부터 벗어난 상태(해탈)를 깨달음이라고 하는 까닭도 여기에 있습니다. 지금 여기에서 일어나고 있는 자기의 삶과 온전히 상응한 삶을 사는 것이 깨달음이라는 것이지요.

보살수행자는 누구라도 집착으로부터 벗어난 해탈의 삶을 산다는 데서 깨달음으로 하나 된 생명의 수레(一乘)를 탔다는 것이며, 깨닫지 못한 이들 또한 그렇다는 것입니다.

넷째, 생명체들이 자신의 삶을 영위하기 위해 이용하고 있는 기억정보는 생명체의 수만큼 다르지만 그 또한 고정되어 있는 것은 아닙니다. 기억정보의 변이와 전환이 일어날 수 있다는 것입니다. 수행으로 깨달음이 가능한 까닭도 여기에 있으며, 깨달음으로 기억정보가 지혜정보로 전환됐다고 해도 깨달은 수행자마다 지혜정보가 같지 않은 까닭도 여기에 있습니다.

기억정보가 지혜정보로 전환됐다는 말은 기억정보가 사라졌다는 것이 아니라 기억정보를 집착 없이 쓸 수 있는 공능을 갖게 됐다는 것이며, 수행으로 성취한 다양한 지혜의 씨앗을 기억정보처럼 갖고 있다는 것을 뜻하기 때문입니다. 함께 하나의 생명계를 이루는 생명체이면서도 각자 다른 얼굴을 하고 있는 중첩된 생명계의 흐름이 일승이라는 것입니다.

다섯째, 일승인 생명계의 흐름이 그와 같기 때문에 낱낱 생명체마다 일승을 대표하는 얼굴이 됩니다. 얼굴마다 생명계 전체의 인연이 녹아 있기에 생명체마다 평등하다는 것입니다.

여섯째, 생명의 흐름에는 인연에 따른 일정한 길이 있습니다. 이를 도(道)라고도 하고 법(法)이라고도 합니다. 순간순간의 인연으로 보면 하나도 같은 것이 없지만, 곧 길을 이루는 인연으로 보면 매 순간 다르지만 물이 흐르는 것과 같이 생명의 흐름에도 우연과 필연을 넘나드는 일정한 법칙이 있다는 것입니다. 깨달은 분들은 이 길을 꿰뚫어 보았으며, 본 것을 인연 있는 이들에게 들려준 것이 지금까지 전승된 가르침입니다.

가르침을 전하는 경전이 한두 가지가 아닌 것은 천하의 물길이 다른 것과 같으며, 인연의 다름에도 불구하고 머묾 없이 흐르는 물을 보면 다르다고만 할 수 없듯, 부처님의 가르침이 인연 있는 이들이 생명의 실상을 깨닫게 한다는 데서는 같다고 하겠습니다(法平等).

일곱째, 석가모니 부처님께서 깨닫게 된 인연은 '청소년기에 우연히 찾아온 무분별과 빈 마음의 세계를 경험한 일, 곧 깨달은 마음이면서 신체인 자신의 법신이 우연찮게 드러난 일'과 '일상에서 경험하는 부자유' 그리고 '출가 이후 여러 스승님들의 가르침'이 상호작용한 결과라고 할 수 있습니다.

그러나 그 가운데 가장 큰 인연이라고 할 수 있는 것은 자신의 법신을 경험한 일이라고 할 수 있습니다. 왜냐하면 고행을 멈추고 자신의 마음현상을 있는 그대로 알아차린 마지막 며칠간의 수행은 온전히 자신의 법신을 드러내는 수행이라고 할 수 있기 때문입니다. 이처럼 깨달음이란 한편으로 보면 내재된 것과 같은 법신을 드러내는 일과 같으나, 다른 한편 수행으로 빈 마음을 자재하게 쓸 수 있는 법신을 만들어 가는 것과 같습니다.

여덟째, 그렇기 때문에 빈 마음을 자재하게 쓸 수 있는 수행을 성취해 법신이 됐다는 것은 무언가를 이룬 몸이 아니라 인연 따라 걸림 없이 무언가를 이룰 수 있는 상태를 갖춘 것과 같다고 하겠습니다.

궁극의 깨달음이란 '아무 색깔도 없는 가운데 인연 따라 적의적절한 색깔을 드러내는 힘'이 있는 듯 없는 듯 작용하는 상태라는 뜻입니다. 부처님의 깨달음을 일승이라고 하는 까닭도 여기에 있습니다. 생명체마다 빈 마음인 일승을 토대로 각기 다른 세계상을 만들면서 생명을 상속하고 있다는 것이지요.

2) 중첩된 생명현상

생명체마다 빈 마음을 기반으로 자신의 역사정보를 만들면서 생명계의 흐름과 접속하고 있습니다. 생명흐름을 빈 마음에서 보면 어떤 심상도 그릴 수 없을 것 같으나, 빈 마음에 함장된 생명정보의 공명이 낱낱 생명체의 생명현상으로 드러나면서 생명의 역사를 만들어 간다는 것입니다.

법신의 근본인 빈 마음으로 보면 깨달음을 성취한 수행자마다 같은 색깔이라고 할 수 있고, 수행자마다 갖고 있는 생명정보로 보면 깨달음의 색깔 또한 헤아릴 수 없이 많을 수밖에 없다는 것이지요. 빈 마음으로 보면 두 개의 세계가 없으나 중첩된 생명 정보의 율동이 공명하면서 펼쳐지는 생명현상으로 보면 현상마다 각기 다른 부처의 세계를 만드는 것과 같다는 것입니다.

깨닫지 못한 마음이 그 마음으로 자신의 세계를 만들어 다른 세계와 접속하듯, 깨달은 마음도 그 마음으로 뭇 생명의 세계와 접속한다는 것입니다. 깨닫지 못한 마음은 깨달은 마음조차 깨닫지 못한 마음으로 만들고, 깨달은 마음은 깨닫지 못한 마음조차 깨달은 마음으로 만든다고 하겠습니다. 중생의 수만큼 많은 중생의 세계도 있고, 중생의 수만큼 많은 부처의 세계도 있다는 것입니다. 중생은 욕망의 빛으로 중첩된 생명의 세계를 물들이고, 부처는 빈 마음의 빛으로 중첩된 세계를 밝힌다는 것이지요.

3) 생사 속에서 열반을 삶

깨달음을 성취해 법신이 됐다는 것은 자신의 생명계를 법신으로 전환했다는 말과 같습니다. 이 상태가 궁극적인 열반의 세계라고 할 수 있으나 생명계 그 자체는 생명들이 만든 생명정보가 상속되는 현장이므로, 생명계는 새로 생겨나거나 소멸해 없어지는 것이 아니라 변화의 연속이라고 해야 하겠지요. 그러므로 법신이 됐을 때만, 곧 자신의 생명계를 열반의 세계로 전환했을 때만 진실로 '생멸의 모습으로 생멸 없는 삶'을 산다고 하겠습니다.

자아와 시공간 등의 경계를 정하는 영역이 개입된 인지시스템에서는 사건·사물을 분별해야만 안다는 사실이 발생하나, 경계를 나누는 영역의 스위치가 꺼지면 분별을 통해 발생하는 모든 집착과 괴로움을 넘어선 고요하고 평온한 세계를 경험하게 된다는 것입니다. 이 상태를 뜻대로 경험할 수 있어야 인식의 토대가 전환됐다고 할 수 있습니다.

머묾 없는 생명계의 흐름 속에 지혜정보가 함께할 때 생명계 그 자체도 부처님의 세계가 된다는 것이지요. 생명계는 중첩된 인연들이 끊임없이 변하면서 흐르는 생명공동체이기 때문입니다.

4) 수용신은 자성신이 아님

법신이 됐다는 것은 스스로 법신이 되는 수행공덕을 성취했다는 것이며, 다른 이들을 위해 수행공덕을 나누는 공능도 성취했다는 것입니다. 생명의 실상 그 자체가 특정한 색깔에 머물지 않는 흐름, 곧 빈 마음이 인연 따라 흐르고 있는 것과 같기 때문에, 수행으로 빈 마음을 이루는 것이 아니라 빈 마음을 경험하고, 빈 마음이 인연 따라 생성하는 공덕을 나눌 수 있는 공능을 성취한 것이 수행의 공덕이라는 것입니다. 수행으로 빈 마음을 자재하게 쓸 수 있는 수행공덕을 성취한 몸을 수용신이라고 하며, 생명의 실상이며 빈 마음을 자성신이라고 하는 까닭도 여기에 있습니다.

수용신이 자성신이 아닌 까닭으로는 다음의 여섯 가지를 들 수 있습니다.

첫째, 우리가 보는 것은 부처의 빈 마음이 아니라 수행공덕으로 장엄된 몸이기 때문입니다.

둘째, 우리가 보는 것은 부처의 빈 마음이 아니라 인연 따라 갖가지 양상으로 깨달음을 이야기하는 몸이기 때문입니다.

셋째, 우리가 보는 것은 부처의 빈 마음이 아니라 자신이 갖고 있는 안목과 상응하는 몸만을 보기 때문입니다.

넷째, 우리가 보는 것은 부처의 빈 마음이 아니라 자신이 갖고 있는 견해가 변함에 따라 보이는 몸도 변하기 때문입니다.

다섯째, 우리가 보는 것은 부처의 빈 마음이 아니라 부처가 인연 따라 드러내는 갖가지 수행공덕으로 장엄된 몸만을 보기 때문입니다.

여섯째, 중생의 인식토대인 기억정보가 지혜정보로 전환된 것이 부처의 빈 마음이라고 할 수 있는데, 일상에서의 앎이 기억의 자모음이 모여 내부이미지를 만들고 난 후이므로 일상의 인식 그 자체로는 아뢰야식을 볼 수 없듯, 부처가 펼치는 지혜의 말씀을 듣는다고 해서 빈 마음을 보는 것이 아니기 때문입니다.

우리 마음의 본 바탕인 빈 마음을 자성신이라고 할 수 있는데, 인연 따라 빈 마음이 기억정보의 창고인 아뢰야식도 되고 지혜정보의 창고인 대원경지도 되기 때문이며, 기억정보의 창고라고 할 수 있는 아뢰야식이 지혜정보의 창고라고 할 수 있는 대원경지로 전환돼 지혜정보를 뜻대로 쓸 수 있게 될 때를 수용신이라고 이름하기 때문입니다. 수용신이란 수행공덕을 수용한 몸이라는 뜻입니다.

　이상과 같은 이유로 자성신과 수용신은 다르며, 우리가 볼 수 있는 것은 수용신이라는 것입니다.

5) 변화신은 자성신이 아님

보살수행으로 깨달음을 성취하고 법신보살이 됐다는 것은 시비선악을 가리는 분별영역이 자신의 욕망을 중심으로 작동하지 않는다는 것이며, 뜻대로 주객의 경계가 사라진 무분별의 세계와 빈 마음상태를 자재하게 쓸 수 있게 됐다는 것입니다.

　분별의 세계와 무분별의 세계 그리고 빈 마음의 세계는 인지된 내용으로 보면 각기 다른 세계인 것 같지만, 인지의 실상을 보면 표층인 분별작용 또한 심층인 빈 마음속에 내재돼 있는 기억의 자모음과 지혜의 자모음이 내부영상을 만들면서 인지된 세계이기 때문에, 인지시스템을 조율할 수 있는 공능을 갖추게 되면 집착 없는 마음을 자재하게 쓸 수 있게 된다는 것입니다.

　빈 마음상태란 기억의 자모음과 지혜의 자모음이 심상을 만드는 역할을 쉬고 있는 상태라고 할 수 있으며, 무분별의 세계는 시공의 경계를 만드는 자모음의 역할이 쉬게 됨으로써 드러나는 세계라고 할 수 있으며, 분별은 기억 또는 지혜의 자모음이 모여 심상을 만들고 난 후의 지각 세계라고 할 수 있기 때문입니다 이것을 자성신과 수용신 그리고 변화신과 연계하여 해석해 보면, 빈 마음은 심상을 만드는 자모음이 제 색깔을 드러내기 전의 상태이면서 인연 따라 각기 다른 심상을 만들 수 있는 공능의 자리이기에 자성신이라고 할 수 있고, 자성신이 어떤 심상을 만들 것인가를 정하는 데 중요한 역할을 하는 인지습관을 수용신이라고 할 수 있으며, 자성신이 수용된 감각자료를 해석한 연후에 드러나는 생각과 말과 행동을 변화신이라고 할 수 있다는 것입니다.

그럼에도 불구하고 오랫동안 선정과 지혜를 닦아 보살의 수행공덕을 성취한 수행자라야 삼신을 자재하게 쓸 수 있기 때문에, 곧 수행의 과보를 수용하고 이를 자재하게 쓸 수 있기 때문에 깨달음이 삼신을 만드는 것과 같다고 할 수 있지만, 생명의 실상에서 보면 생명체마다 삼신을 바탕으로 생명활동을 하고 있다고 할 수 있습니다. 깨닫지 못하면 생사의 바다에서 헤매고 있고, 깨달은 이들은 생사의 바다 속에서 열반의 삶을 살 수 있는 까닭도 여기에 있습니다.

그렇기 때문에 지혜로운 마음을 자재하게 쓸 수 있다고 해도 드러난 마음을 자성신이라고 할 수는 없습니다. 오랜 수행으로 인지의 시스템에 변화가 온 것으로 보면 보통 일은 아니지만, 곧 자성신을 뜻대로 쓸 수 있을 정도의 수행습관이 만들어졌다는 것은 보통 일이 아니지만, 수용신과 변화신이 자성신 그 자체일 수가 없기 때문입니다.

변화신이 자성신이 아닌 이유를 다음의 여덟 가지로 설명하고 있습니다.

첫째, 오랫동안의 선정수행으로 인식의 토대가 전환되면서 나타난 마음활동이 변화신이기 때문입니다.

둘째, 인식의 토대가 전환됐다는 것은 부처로서의 삶이 새로 시작됐다는 것이 아니라 자신의 전 역사를 부처의 삶으로 전환한 것과 같기 때문입니다.

셋째, 빈 마음이란 아무런 것도 없는 상태가 아니라 기억의 자모음과 지혜의 자모음이 특정 심상을 만들기 전의 상태라고 할 수 있기 때문입니다.

수행은 이들 자모음을 조합하여 번뇌와 무지가 작용하지 않게 하는 습관을 기르는 것과 같습니다. 과거를 잊지 않고 기억하되 그것에 집착하지 않고 현재의 인연에 따라 자모음의 연결망을 바꾸는 능력을 기르는 것과 같다는 것이지요. 연결망이 바뀐다는 것은 생각의 지도에 변화가 생겼다는 것입니다. 생각의 지도가 바뀐 것이 변화신이기에 변화신을 자성신이라고 할 수 없다는 것입니다.

넷째, 생명의 실상이라고 할 수 있는 머묾 없는 생명흐름의 양상 가운데 하나는 필요가 없는 과거의 정보를 폐기하는 것이라고 할 수 있기 때문입니다.

한때는 유용한 정보였겠지만 현재의 흐름에 장애가 되는 정보를 집착한다는 것은 쓸데없는 짐을 지고 있는 것과 같습니다. 보살수행자의 수행력이 깊어졌다는 것은 새로운 정보를 획득했다는 것도 있지만 지고 있는 짐을 미련 없이 내려놓을 수 있는 마음이 커졌다는 것입니다. 오랫동안 보살수행으로 유연한 마음 씀이 확장된 것은 자성신의 영역이라기보다는 변화신의 영역이라는 것이지요.

다섯째, 유연한 마음 씀이 확장된다는 것은 자성신인 빈 마음이 확장된다는 것이 아니기 때문입니다. 마음 관찰로 학습된 습관을 꿰뚫어 보는 공능이 커지면서 이미 익힌 습관을 내려놓을 수 있는 힘도 커졌다는 것입니다.

부처님께서 6년 동안이나 계속했던 고행을 내려놓고 나서야 인지시스템에 깨달음이 장착되는 변화가 있었다는 것이지요. 마음흐름을 있는 그대로 알아차리는 마음챙김으로 깨닫게 된 것이 좋은 예라고 하겠습니다.

여섯째, 하나의 심상에 집착하는 마음은 자신의 세계를 그 하나에 국한시키는 것과 같으며, 생명현상 속에 중첩되어 있는 대부분의 생명활동을 모르는 것과 같습니다. 이는 깨달은 사람이 하나의 현상 속에 들어 있는 무한한 세계를 보면서, 인연 따라 새로운 세계상을 펼치는 변화신을 얻는 것과 다르다는 것입니다.

일곱째, 변화신으로 보면 하나의 신체라고 할 수 있고, 변화신을 이루는 인연으로 보면 생명계 전체가 참여하고 있다고 할 수 있지만, 실상에서 보면 변화신마다 고유한 자신의 세계를 건립한다고 할 수 있기 때문입니다.

한 세계에 한 부처님이나 여러 부처님이 있는 것이 아니라 깨달음을 이룬 순간 자신의 세계를 깨달은 세계로 만들면서 다른 세계와 접속한다는 것이지요. 깨달았거나 깨닫지 못했거나 마음마다 고유한 자신의 세계상을 만들면서, 그 세계로 이웃 마음 세계와 접속한다는 것입니다. 생명체의 수만큼 자성신, 수용신, 변화신이 있고, 각자의 삼신이 만든 세계에 중생의 수만큼이나 많은 세계가 중첩되었기에, 서로 다른 삼신의 세계와 접속한다는 것입니다.

여덟째, 생명계가 생명체의 수만큼이나 많은 세계가 중첩되어 있다는 것을 체험한 보살수행자는 단지 자신의 세계를 열반의 세계로 전환한 것으로 수행을 완성했다고 여기지 않기 때문입니다. 보살수행자는 수행으로 성취한 공덕을 '하나의 세계이면서 무량한 세계가 중첩된 생명계'를 열반의 빛으로 장엄하는 것을 자신의 일로 삼을 수밖에 없다는 것입니다. 수행의 완성과 끝이 그와 같기에 한없는 변화신으로 온갖 인연을 수용하게 된다는 것입니다.

6) 빈 마음인 여래신

수용신과 변화신은 깨달음을 기반으로 무상한 생명흐름의 인연과 상응하여 수행공덕을 나누는 활동이라고 할 수 있습니다. 이것을 제외하고 또 다른 생명의 실상이 있을 수 없기 때문입니다. 그렇다면 무상하지 않은 여래신이 있다는 것은 무슨 뜻입니까?

생명계는 온갖 인연이 중첩된 세계며, 중첩이 가능한 것은 생명계를 이루는 낱낱이 찰나찰나 드러난 현상을 비우면서 여러 인연들과 융합하기 때문입니다. 이를 빈 마음의 공명이라고 합니다. 빈 마음이 있기에 생명계의 인연이 활발하게 펼쳐질 수 있다는 것입니다. 아무런 현상이 없는 것이 빈 마음이 아니라, 온갖 정보로 가득한 빈 마음의 떨림이 이웃 빈 마음의 떨림과 공명하기에 갖가지 인연현상들이 생성될 수 있다는 것이지요. 빈 마음이 공명하는 장이 없다면 낱낱 생명현상과 수행공덕도 있을 수 없어, 수용신과 변화신도 나타날 수 없다는 것입니다.

특정 이미지에 머물지 않는 생명계의 빈 마음이 법신이면서 수용신과 변화신의 의지처가 되고, 상주하는 여래라고 할 수 있지만, 마음집중으로 빈 마음을 직접적으로 경험하지 못하면 없는 것과 같다는 것입니다. 현상으로만 보면 무상한 흐름이지만 모든 현상이 사라진 빈 마음으로만 보면 시공간조차 사라진 것과 같아 무상하다거나 상주한다는 개념조차 성립되지 않습니다. 그러므로 '무상하지 않다'라는 말로도 여래법신을 표현하기에는 한계가 있다고 하겠습니다.

여래 그 자체라고 할 수 있는 법신의 떨림에 의해서 수용신과 변화신도 있을 수 있으므로 생명흐름은 이들 삼신이 언제나 함께한다고 해야겠지요. 그래서 수용신을 수용신으로 드러난 법신이라고 해서 등류신(等流身)이라고도 하며, 생명의 공덕은 법신의 공덕과 상응하는 생명공덕이므로 법신의 공덕을 수용하는 일이 멈추지 않는다고 하여 수용신이라고 이름했다는 것입니다.

수용신을 이룬 수행자가 공덕을 수용하고 지속적으로 공덕 나누기를 할 수 있는 것도 여기에 있으며, 생명공덕을 수용하고 나누는 일을 하는 변화신의 역할이 생명계가 다하는 날까지 지속될 수 있는 까닭도 여기에 있습니다.

7) 공덕을 나누는 머묾 없는 변화신

변화신만 놓고 보면 상주하지 않는다고 할 수 있는데, 부처님께서 변화신으로 깨달음을 시현하고 있는 까닭은 무엇입니까?

첫째, 변화신은 생명의 인연과 상응하여 제 역할을 합니다. 따라서 상응하는 조건이 달라지게 되면 다른 현상으로 생명의 실상을 드러낸다고 하겠습니다. 부처님이 펼치는 공덕 나누기도 이와 같습니다. 법신이 된 보살수행자는 누구라도 법신의 공덕을 나누는 것으로 깨달음을 실현하기 때문입니다.

둘째, 우리들의 마음을 분별심과 무분별심 그리고 빈 마음으로 나누어 볼 수 있습니다. 셋으로 나눌 수는 있으나 상호 공명하는 마음의 장으로 보면 하나의 마음이라고 할 수 있으며, 작용양상으로 보면 차이가 있다는 것입니다. 빈 마음의 영역이 있기에 온갖 인연과 상응하여 분별하는 마음작용과 분별 없는 마음작용이 있을 수 있다는 것이지요. 그러므로 수행자가 빈 마음에만 머물고자 한다면 생명의 실상과 어긋난 바람이 되고 맙니다.

법신보살이 변화신으로 깨달음을 실현한다는 것은 다른 수행자들에게 어느 마음현상에도 머물러서는 안 된다는 것을 보여주는 것이며, 빈 마음을 자재하게 쓸 수 있는 공능을 성취해야 10지 보살이 된다는 것입니다.

셋째, 상주하는 것과 같은 빈 마음에 의지하여 모든 생명현상이 드러나므로 빈 마음이 마음현상의 중심이 된다고는 할 수 있지만, 갖가지 현상과 상응하지 않는 빈 마음도 없으므로 변하는 마음을 존중하는 것이 부처님을 존중하는 것이 된다는 것입니다.

부처님을 존중하는 것은 법신과 상응하는 수행공덕을 성취하고 그 공덕을 나누기 때문이라고 할 수 있지만, 궁극적으로는 법신이 변화를 통해 법신의 생명공덕을 펼치고 있으므로 낱낱 생명현상을 존중하는 것이 수행자가 갖추어야 하는 마음이라는 것입니다.

넷째, 낱낱 생명현상은 그것만으로 보면 하나의 현상에 지나지 않는 것 같지만, 그 현상이 발현되기 위해서는 생명계 전체가 함께 공명해야 합니다. 하나하나의 현상 그대로가 생명계의 얼굴이며 법신의 공덕이 그 모습으로 드러난다는 것이지요. 그러므로 무상한 현상들을 법신으로 보는 수행정진을 이어 가야 진정한 보살수행자라고 할 수 있다는 것입니다.

다섯째, 앞서 말씀드린 세 가지 마음은 하나의 마음이 세 가지 마음현상으로 작용하고 있다고도 할 수 있고, 세 가지 마음이 상호작용하면서 하나의 마음처럼 있다고도 할 수 있는데, 이 모두가 생명계의 떨림과 공명하면서 일어나고 사라집니다. 그러므로 마음현상 하나하나를 알아차리는 수행이야말로 상주하는 법신의 작용을 아는 마음이면서, 알아차리는 그 마음도 법신의 작용이 현상한 것이라고 할 수 있습니다. 머묾 없는 생명계의 인연들이 펼치는 지금 여기의 변화를 알아차리되 어느 현상에도 머물지 않는 마음이 집착을 떠난 마음작용이면서 빈 마음의 공능과 상응하는 마음작용이기 때문입니다.

여섯째, 지금 여기에서 일어나고 있는 생명현상을 있는 그대로 알아차린다는 것은 그것만이 그 순간 만나게 되는 유일한 생명현상이면서, 지성이 불성의 작용을 하는 순간이기 때문입니다. 그렇게 알아차리는 앎이 부처의 세계를 만든다는 것입니다. 무상한 흐름과 상응하는 마음이 집착 없는 마음이면서 집착하는 마음을 경책하는 스승이 되는 까닭도 여기에 있습니다.

8) 법신보살의 큰 울림

법신이 된 보살수행자들이 보여 주는 머묾 없는 삶, 곧 변화신이 펼치는 삶의 궤적은 수행자들로 하여금 지금 여기를 온전히 사는 것이야말로 정진의 본 모습이라는 것을 알게 하는 큰 울림이 됩니다. 왜냐하면 머묾 없는 생명계의 흐름과 상응하는 마음이 집착 없는 마음이기 때문입니다. 빈 마음에서 갖가지 현상이 일어나고 갖가지 현상이 빈 마음이 되는 것을 알아차려, 현상에도 집착하지 않고 빈 마음에도 집착하지 않는 마음챙김이 될 때 생명흐름의 실상인 지성작용이 불성으로 작용하는 것을 온전히 드러내고 있다는 것입니다.

집착 없는 생명흐름과 상응하는 마음챙김은 마음현상마다 하나의 세계를 이룰 수밖에 없다는 것을 알게 합니다. 실상에서 보면 생명계는 생명의 숫자만큼 또는 마음현상만큼 많은 세계가 중첩된 세계이기 때문입니다. 중첩된 세계상이라고 하더라도 다른 이의 마음이 자신의 마음세계를 좌지우지할 수 없다고 말씀드렸습니다. 빈 마음으로 보면 깨달은 이와 깨닫지 못한 이가 다른 것도 없지만, 각자의 빈 마음이 펼치는 파동의 결은 생명계의 역사와 자신의 역사가 공명하면서 발생하는 것이므로 같으면서도 다르고 다르면서도 같기 때문입니다.

부처님이 펼치는 공명파가 깨달음을 시현하는 파동의 결이라 하더라도 그것을 알아차리는 것은 생명계와 자신이 만든 인지시스템을 토대로 이루어진다는 것입니다. 그러므로 깨닫고 보면 생명계와 상응하는 빈 마음을 자재하게 쓰면서 생명계가 들려주는 깨달은 소리를 들을 수 있지만, 깨닫기 전에는 기억정보에 매인 이해를 넘어서기 어렵습니다. 보살수행을 성취해 법신보살이 되어야 뭇 생명의 법신과 상응하는 삶을 살게 된다는 것입니다.

10장

나가는 말

10장 _ 나가는 말

지금까지 부처님께서 설하신 아비달마 대승경 가운데 대승의 가
르침을 통섭한 부분을 설명해 보았습니다.

모두들 부처님과의 인연으로 해탈의 삶을 사시기를 바랍니다.